Biopolítica, governamentalidade e educação

Introdução e conexões, a partir de Michel Foucault

Coleção Educação: Experiência e Sentido

Sylvio Gadelha

Biopolítica, governamentalidade e educação

Introdução e conexões,
a partir de Michel Foucault

1ª edição
2ª reimpressão

autêntica

Copyright © 2009 Sylvio Gadelha
Copyright © 2009 Autêntica Editora

Todos os direitos reservados pela Autêntica Editora. Nenhuma parte desta publicação poderá ser reproduzida, seja por meios mecânicos, eletrônicos, seja via cópia xerográfica, sem a autorização prévia da Editora.

EDITORA RESPONSÁVEL
Rejane Dias

EDITORA ASSISTENTE
Cecília Martins

COORDENADORES DA COLEÇÃO "EDUCAÇÃO: EXPERIÊNCIA E SENTIDO"
Jorge Larrosa
Walter Omar Kohan

REVISÃO
Lira Córdova

CAPA
Alberto Bittencourt
(sobre imagem de Vincent van Gogh,
Prisioneiros se exercitando – óleo sobre tela, 1890 – Detalhe)

DIAGRAMAÇÃO
Luiz Flávio Pedrosa

Dados Internacionais de Catalogação na Publicação (CIP)
(Câmara Brasileira do Livro, SP, Brasil)

Gadelha, Sylvio

  Biopolítica, governamentalidade e educação : introdução e conexões, a partir de Michel Foucault / Sylvio Gadelha. – 1. ed.; 2. reimp. – Belo Horizonte : Autêntica Editora, 2016. – (Educação: Experiência e Sentido)

  Bibliografia.
  ISBN 978-85-7526-414-0

  1. Educação 2. Educação - Filosofia 3. Filosofia política 4. Foucault, Michel, 1926-1984 5. O Estado 6. Poder (Filosofia) I. Título. II. Série.

09-07334					CDD-370.1

Índices para catálogo sistemático:
1. Biopolítica, governamentalidade e educação : Filosofia foucaultiana 370.1

Belo Horizonte
Rua Carlos Turner, 420
Silveira . 31140-520
Belo Horizonte . MG
Tel.: (55 31) 3465 4500

www.grupoautentica.com.br

Rio de Janeiro
Rua Debret, 23, sala 401
Centro . 20030-080
Rio de Janeiro . RJ
Tel.: (55 21) 3179-1975

São Paulo
Av. Paulista, 2.073,
Conjunto Nacional, Horsa I
23º andar . Conj. 2301 .
Cerqueira César . 01311-940
São Paulo . SP
Tel.: (55 11) 3034 4468

*A Sérgio e Sônia Gadelha e a
Michel e Solange Debrun.*

Um dia perceberemos que o principal dever, o dever inevitável de um cidadão correto e digno, é o de deixar sua descendência no mundo; e também que ele não tem o direito de permitir a perpetuação do cidadão incorreto. O grande problema da civilização é assegurar um aumento relativo daquilo que tem valor, quando comparado aos elementos menos valiosos ou nocivos da população [...]. O problema não será resolvido sem uma ampla consideração da imensa influência da hereditariedade [...]. Eu desejo muito que se possa evitar completamente a procriação de pessoas erradas; e é o que se deve fazer, quando a natureza maligna dessas pessoas for suficientemente flagrante. Os criminosos devem ser esterilizados, e aqueles mentalmente retardados devem ser impedidos de deixar descendência [...] a ênfase deve ser dada à procriação de pessoas adequadas.

Theodore Roosevelt
26º Presidente dos Estados Unidos da América

Uma classe particular de capital humano, consistente do "capital configurado na criança", pode ser a chave de uma teoria econômica da população.

Theodore Schultz

[...] a nacionalidade brasileira só embranquecerá à custa de muito sabão de coco ariano.

Renato Kehl
Maior defensor da eugenia no Brasil

O homem, durante milênios, permaneceu o que era para Aristóteles: um animal vivo e, além disso, capaz de existência política; o homem moderno é um animal, em cuja política, sua vida de ser vivo está em questão.

Michel Foucault

SUMÁRIO

Apresentação..11

Introdução...15

Capítulo I
Genealogias: Michel Foucault e o poder................................21

Capítulo II
Soberania, disciplinas e dispositivo da sexualidade................49

Capítulo III
Biopolítica: dimensões e interfaces...81

Capítulo IV
Biopolítica, governamentalidade e educação........................119

Capítulo V
Biopolítica e educação: laços, exemplos e perspectivas........171

Referências..215

Apresentação

Alfredo Veiga-Neto[1]

Diz um conhecido adágio que "nenhum livro merece sua própria Apresentação". Mas também diz um outro ditado: "nenhum crítico está à altura da obra que critica". Seja, ou não, um mais verdadeiro do que o outro, o fato é que oscilo entre esses dois extremos sempre que me é dada a tarefa de comentar um livro... Em outras palavras: como ressaltar tudo o que me parece positivo, útil e interessante e, ao mesmo tempo, não parecer que estou me derramando em elogios gratuitos, vazios e exagerados?

Além desse dilema, há mais um que se coloca num outro plano, a saber, no âmbito das relações que, eventualmente, o comentador mantém com o autor da obra comentada. Tal dilema pode ser assim formulado: como não deixarmos que, no comentário, a amizade e a admiração que se tem pelo autor interfira demais naquilo que dizemos e, ao mesmo tempo, não nos censurarmos, não nos policiarmos, a ponto de deixar por demais descarnado o próprio comentário?

---

[1] Alfredo Veiga-Neto é doutor em Educação. Professor titular do Departamento de Ensino e Currículo e professor convidado do PPG-Educação da Faculdade de Educação da Universidade Federal do Rio Grande do Sul. E-mail: alfredoveiganeto@uol.com.br.

Assim é que mais uma vez me coloco nesta difícil posição: tento manter um ponto de equilíbrio entre as situações extremas acima referidas. Assim é que, mesmo sendo breve, tomarei muito cuidado para mostrar o quanto considero oportuno e importante este livro do professor Sylvio Gadelha. De fato, *Biopolítica, governamentalidade e educação* reúne várias qualidades. Sem qualquer ordem de importância, comecemos pelo texto.

Escrito em linguagem clara e acessível, mas ao mesmo tempo rigorosa e elegante, este livro vem se reunir àquele conjunto – não muito numeroso, é verdade... – de obras que, no campo da educação, não apenas têm o que dizer, mas sabem como fazê-lo: expõem e argumentam com clareza, atingem e afetam seus leitores e leitoras agudamente. Sendo assim, este livro interessa tanto àqueles que se ocupam com questões mais (digamos...) técnicas do campo da razão política, em Foucault, quanto àqueles mais empenhados em ensaiar mudanças no campo das práticas sociais – e, especialmente, educacionais.

No que diz respeito às discussões teóricas que desenvolve e articula, esta obra chega duplamente em boa hora. Por um lado, com as publicações recentes dos textos integrais dos cursos que Michel Foucault ministrou no *Collège de France*, está-se abrindo um fértil e interessantíssimo veio para novas e incomuns análises do liberalismo e do neoliberalismo, da globalização, da Teoria do Capital Humano, do multiculturalismo, do imperativo da inclusão social, etc.[2] Por outro lado, mas ligado à questão anterior, está o fato de que cada vez fica mais claro ser necessário lançar mão de novas ferramentas conceituais se quisermos compreender melhor o mundo de hoje para, a partir daí, tentarmos modificar o que nos parece injusto, arbitrário, violento e ilegítimo.

---

[2] O próprio Curso *Nascimento da Biopolítica – 1978-1979*, foi publicado na França em 2004 e só em 2008 foi traduzido no Brasil (FOUCAULT, 2008a).

Em ambos os casos, é mais do que evidente a presença da Educação, desde a formulação das políticas educacionais mais abrangentes até a microfísica das práticas educativas. Deem-se tais práticas nos espaços escolares mais restritos de uma sala de aula ou deem-se elas nos espaços mais amplos da mídia, parece que mais do que nunca a educação se coloca como um campo de práticas e correlatos saberes da maior importância para as sociedades contemporâneas.

Deixando de lado os esquematismos e reducionismos que infelizmente povoam boa parte da bibliografia brasileira no campo da educação, Sylvio Gadelha nos oferece outras maneiras de olhar e de problematizar o tempo presente. No fundo, o que ele faz é uma crítica radical justamente no ponto em que a biopolítica se articula com a educação. Também por isso, tenho certeza de que a leitura atenta deste livro muito contribuirá para o refinamento e o aprofundamento daquilo que, a uma primeira vista, pode nos parecer trivial. Nesse sentido, me veem as palavras de Foucault (2004, p. 180):

> *La critique consiste à débusquer [la] pensée et à essayer de la changer: montrer que les choses ne sont pas aussi évidentes qu'on croit, faire en sorte que ce qu'on accepte comme allant de soi n'aille plus de soi. Faire la critique, c'est rendre difficile les gestes trop faciles. Dans ces conditions, la critique (et la critique radicale) est absolument indispensable pour toute transformation.*[3]

---

[3] "A crítica consiste em caçar [o] pensamento e ensaiar a mudança; mostrar que as coisas não são tão evidentes quanto se crê, fazer de forma que isso que se aceita como vigente em si não o seja mais em si. Fazer a crítica é tornar difíceis os gestos fáceis demais. Nessas condições, a crítica (e a crítica radical) é absolutamente indispensável para qualquer transformação" (FOUCAULT, 2006a).

Introdução

O projeto inicial deste livro era, talvez, demasiado ambicioso. Visava a abordar diretamente a relação entre biopolítica e educação nas sociedades ocidentais modernas, explorando suas condições de possibilidade, bem como as singularidades que eventualmente marcariam o exercício de uma e de outra nesse início de milênio, nas sociedades contemporâneas. Todavia, e isso só foi ficando claro aos poucos, fui me apercebendo que essa relação entre biopolítica e educação não constituía um fato óbvio, dado de antemão, devidamente apontado, analisado e dimensionado, mas sim um problema, no sentido de que não me pareciam suficientemente evidentes os nexos entre uma e outra, tanto no passado como em nossos dias. Essa impressão veio a ser fortalecida ao retornar à leitura daquele que, a meu ver, pensou em termos mais consistentes a noção de biopolítica: Michel Foucault. De fato, objetivamente falando, ele não tomou a educação – como o fez, por exemplo, com a medicina social (a medicalização da vida, a instalação de um dispositivo da sexualidade), a polícia, a previdência social e o racismo biológico de Estado, dentre outros – como um dos mecanismos estratégicos privilegiados para o exercício de biopoderes e da biopolítica nas sociedades ocidentais modernas. Essa constituía, pois, uma primeira dificuldade em relação ao projeto original que tinha em mente, forçando-me a recuar no tempo, e ao próprio Foucault, para um melhor exame das possibilidades de posicionamento dessa relação.

A segunda ambição, por sua vez, era a de abordar a relação entre biopolítica e educação utilizando-me também das formulações e/ou conceitos de outros autores, mais ou menos próximos de Foucault, que, seja por trabalharem nas trilhas por ele abertas, seja em estreito diálogo com suas formulações, contribuíram ou vêm contribuindo, em maior ou menor medida, para uma melhor compreensão de fatores ligados ao tema/problema da biopolítica. Tais eram os casos de Gilles Deleuze e Félix Guattari, de Michael Hardt e Antonio Negri, Giorgio Agamben e, por fim, de Roberto Esposito. Aqui, a dificuldade consistia no pouco espaço disponível para desenvolver as formulações desses autores, para articular suas contribuições às do próprio Foucault, ao problema da biopolítica e às suas virtuais relações com a educação.

A terceira ambição, por fim, almejava abordar a biopolítica buscando dar conta de sua complexidade, tanto no sentido de seguir suas transformações e seus desdobramentos históricos até nossa contemporaneidade, quanto no de captar a rica transversalidade que esse tema/problema guarda com um sem número de outros processos, questões e fenômenos que crivam as condições de vida em nosso presente. Com efeito, um estudo mais aprofundado da biopolítica – e de suas possíveis ligações com a Educação – demandaria a construção de complexas cartografias, agenciando fatores os mais diversos, que se estendem das peculiaridades da nova geopolítica mundial, passando pelas vicissitudes desse "novo espírito do capitalismo" (transnacional e financeiro), pelo papel decisivo das grandes corporações nas sociedades contemporâneas (para Deleuze, "sociedades de controle"), pela questão da insegurança social (Castel), pela instituição e ampliação do chamado terceiro setor, pelos valores que subjazem à ideia e à disseminação de uma cultura do empreendedorismo, pelo *marketing* e pelo *branding*, pelas revoluções no campo das biotecnologias, da telemática e das comunicações, até os fenômenos de imigração, de hibridismo cultural, de exclusão social, de nossas relações com a alteridade, etc.

Em meio a tudo isso, e a despeito dessas dificuldades, dei-me conta de que o termo biopolítica, aqui e ali, bem ou mal, começava a popularizar-se, mesmo que ainda discretamente, amiúde em estreita ligação com os problemas e lutas em torno do meio ambiente e da saúde coletiva (bioética, uso de transgênicos, etc.), e, secundariamente, com questões e mobilizações em torno de políticas públicas e programas sociais nos campos da saúde e da educação (caso do programa Bolsa-Família), bem como no campo da segurança pública. Todavia, e esse fator foi decisivo na decisão sobre o objetivo e a articulação definitivos a serem dados ao livro, constatei também que em boa parte dos casos a biopolítica e os problemas que ela concerne vinham sendo abordados desde uma perspectiva de análise do poder que era eminentemente jurídico-política e/ou jurídico-filosófica. E isso, vale dizer, tanto numa direção qualificada como conservadora, neoliberal, quanto numa direção qualificada como progressista, que se diz "crítica". Ora, essa perspectiva de análise do poder se afasta consideravelmente daquela praticada por Foucault: arqueogenealógica, histórico-política e/ou histórico-filosófica, estratégica, imanentista e microfísica. Não bastasse isso, em que pesem as contribuições anteriores de Walter Benjamin, Hannah Arendt e de outros autores ao tema, foi Foucault quem efetivamente abordou a biopolítica como tecnologia política, explorando sua constituição, sua lógica, suas dimensões e suas interfaces com outras tecnologias de dominação e formas de governamentalidade (poder soberano, disciplinas, normalização, regulamentação, governamentalização).

Com isso, quero salientar que a biopolítica não se reduz meramente a um tema, mas implica um problema, ou melhor, uma posição (e/ou posições) de problema, envolvendo lógicas e estratégias *sui generis*, sendo Foucault quem posicionou e desenvolveu de forma mais substancial e original essa problemática, nos fornecendo, além disso, novos analisadores conceituais para o entendimento do que se passa em nosso presente.[1] Assim, a título de exemplo, como compreender essa "nova" tecnologia política, nos termos de Foucault, prescindindo-se de suas relações de implicação com uma mecânica de poder que tinha como modelo a soberania, mas também com o dispositivo disciplinar e com o dispositivo da sexualidade? Como compreendê-la sem fazer menção às funções estratégicas exercidas pela *sexualidade* e pela *norma* (duas outras formulações caras a Foucault), no sentido de proporcionarem uma acomodação recíproca desses dispositivos à biopolítica, e vice-versa?[2] Nesses termos, para quem que se coloca em relação de afinidade teórica e política com o autor de *Vigiar e punir*, abordar a biopolítica sob outra perspectiva de análise (jurídico-política e/ou jurídico-filosófica), se bem que possível, pareceria, senão um contrassenso, uma tarefa destituída de significado.

---

[1] Para CASTRO (2005), por exemplo, *"Foucault ha renovado la problemática y ha conferido a la noción de biopolítica un valor interpretativo y una potencia especulativa que modifican notablemente el cuadro de la filosofía política contemporánea. A pesar de ello, su análisis deja abiertas algunas cuestiones fundamentales: por un lado, la relación entre categorías jurídicas y biopolítica; por otro, la relación de reversibilidad entre política de vida (biopolítica) y política de muerte (tanatopolítica)"*.

[2] "Os conceitos de *biopolítica* e de *biopoder* surgem na reflexão foucaultiana como o ponto terminal de sua genealogia dos micropoderes disciplinares, iniciada nos anos 70. Ao mesmo tempo em que são depositários de todo um conjunto de análises e conceituações previamente estabelecidos, também inauguram pequenos deslocamentos, nem por isto irrelevantes, em relação àquilo que o autor havia pensado anteriormente em obras como *A verdade e as formas jurídicas* e *vigiar e punir*. Assim, a compreensão do sentido do conceito de biopoder depende, em um primeiro momento, do entendimento de algumas das teses centrais da microfísica foucaultiana do poder" (DUARTE, 2006, p. 47).

Considerando todas essas dificuldades e fatores, decidi tomar um caminho diverso, menos pretensioso e, certamente, menos arriscado. Em primeiro lugar, meu objetivo passou a ser conduzir o leitor ao tema/problema da biopolítica, tal como posicionado e desenvolvido por Michel Foucault. Para tanto, julguei necessário, de um lado, iniciar essa caminhada voltando ao início dos anos 1970, período em que Foucault toma o poder como objeto primeiro de sua análise genealógica; de outro, acompanhá-lo em suas pesquisas e análises subsequentes, desde o momento em que, experimentando tomar a guerra como analisador privilegiado das relações de dominação, a biopolítica emerge aos seus olhos como questão imediata e problema de grande magnitude. Assim, só depois de percorrida essa trajetória, de trabalhadas as noções capitais à compreensão da biopolítica em Foucault, até o exame que ele faz da questão da governamentalidade, e mantendo-me nos marcos de seu pensamento, é que me centrei propriamente no desafio de tentar sugerir e pensar algumas possíveis relações entre biopolítica e educação, sem pretensões de uma abordagem exaustiva.

De todo modo, minha aposta – e justificativa – foi a de que o leitor pudesse ter em mãos uma obra de caráter declaradamente introdutório, que focasse sua atenção em apenas uma das diversas problemáticas analisadas por Foucault, a biopolítica, centrando-se prioritariamente num determinado período de sua *démarche*, que se estende aproximadamente de 1974 a 1979. Nesse sentido, a única originalidade do livro reside em tentar apresentar ao leitor, de forma coerente e sistemática, tanto quanto me foi possível, essa *démarche*, em suas diversas facetas e desdobramentos. Até onde sei, ainda não dispomos no Brasil de uma obra com essas características. Pelo menos idealmente, o livro foi escrito de modo a servir a um triplo propósito: fornecer aos estudantes de Pedagogia, Psicologia, de Serviço Social, de Sociologia, Economia, História, etc. uma visão básica do modo como Foucault concebe o exercício do poder, na triangulação que envolve as sociedades de soberania, as sociedades disciplinares e as de controle; explicitar como, em seu "empirismo cego", Foucault foi levado a se deparar com o problema da biopolítica, posicionando-o e desenvolvendo-o sob diferentes perspectivas e; por fim, apresentar ao leitor alguns elementos básicos desde os quais ele possa pensar possíveis agenciamentos entre biopolítica e educação.

Ao final, o leitor encontrará uma bibliografia de apoio e a sugestão de uma filmografia ligada ao tema. Já finalizado este livro tomei conhecimento do lançamento da edição brasileira de *Vocabulário de Foucault*, de Edgardo Castro (Belo Horizonte: Autêntica, 2009). Recomendo aos leitores consultar, pelo menos, os verbetes "Biopoder", "Biopolítica", "Disciplina", "Governo", "Poder", "População" e "Sexualidade".

Quero agradecer a Silvio Gallo e Alfredo Veiga-Neto por terem me instigado, em 2005, num encontro da ANPEd, a escrever este livro. Alfredo não só se dispôs a publicá-lo na Coleção Temas & Educação, como fez valiosas considerações e estimulou-me permanentemente a enfrentar este desafio. Todavia, como a versão final extrapolou os limites daquela coleção, devo à generosidade de Walter Kohan a oportunidade de publicá-lo nesta outra coleção da Editora Autêntica. Agradeço também a Roberto Machado e Luiz B. L. Orlandi, cujas ponderações a respeito de alguns pontos foram decisivas neste trabalho. Que eles não sejam responsabilizados por suas eventuais falhas e incorreções.

Sylvio Gadelha
Fortaleza, fevereiro de 2009

Capítulo I

Genealogias: Michel Foucault e o poder

Se há um filósofo sem o qual a discussão sobre a biopolítica torna-se superficial, para não dizer vazia, ele é Michel Foucault. E isso decorre não só do que ele pensou a respeito do poder, da política, das formas mediantes as quais as sociedades ocidentais modernas foram disciplinarizadas, estrategizadas, regulamentadas, normalizadas, governamentalizadas, mas, também, e mais substancialmente, do fato de que a noção de biopolítica tem uma assinatura eminentemente foucaultiana. Com efeito, ele começou a desenvolvê-la por volta de 1974, para se referir ao modo como a medicina social, em meados do século XIX, serviu como estratégia de controle e regulação da vida das populações. A leitura desse filósofo logo nos revela que não estamos apenas diante de mais um ponto de vista (jurídico-político e/ou jurídico-filosófico) sobre esses diversos assuntos, senão que nos confrontamos com uma maneira de pensar outra, com um tipo de argumentação histórico-filosófica e/ou histórico-política extremamente singular, diferente do que estamos habituados a lidar, cujo estilo e o *modus operandi* requerem de nós paciência, atenção e disponibilidade. Não bastasse isso, se o que está em jogo é apresentar e explorar aspectos diversos relacionados à biopolítica, Foucault funciona, no meu entender, como a tocha que ilumina o acesso a esse misto de tema e problema, assim como referência maior para o debate contemporâneo que vem se criando em torno do mesmo. Além disso, ele serve como verdadeiro elo, como intercessor privilegiado para uma série de desenvolvimentos posteriores, direta ou indiretamente relacionados à biopolítica, encetados diferentemente por filósofos, tais como Gilles Deleuze, Félix Guattari, Antonio Negri, Michael Hardt, Giorgio Agamben e Maurizio Lazzarato. Nesse sentido, talvez não seja exagerado afirmar que, em se tratando de biopolítica, todos os caminhos passam por Foucault.

Todavia, para que melhor se compreendam os sentidos de biopolítica e de biopoder, e para que se possa articulá-los à educação, penso ser produtivo, senão necessário, remontar, neste primeiro capítulo, à singular forma com que Foucault desenvolveu suas formulações em torno do poder. Há cerca de 40 anos, passado o ápice da "onda estruturalista", o pensamento, a política, a economia, as grandes disciplinas científicas no âmbito das ciências humanas e outras instituições passaram a ser auscultados e questionados em seus compromissos com o *status quo* e com o sistema capitalista, por efeito de uma aliança entre os "saberes sujeitados" e certa crítica teórica erudita (Foucault, Deleuze, Guattari, Lyotard, Derrida, etc.). Toda essa agitação intelectual e política que movimentou a França no final dos anos 1960 e início dos anos 1970 suscitou uma série de pesquisas genealógicas e forneceu a Foucault importantes elementos, desde os quais ele pôde desenvolver sua própria *genealogia do poder*, caracterizando as sociedades disciplinares e os processos de normalização e regulamentação que lhes eram correlatos, a partir de uma abordagem imanentista e microfísica do poder.

Por outro lado, há que se levar em conta que essas "pesquisas genealógicas" a que me refiro acima não se limitaram exclusivamente ao território francês, envolvendo e influenciando somente pensadores como Foucault, Gilles Deleuze e Félix Guattari. Elas entraram em ressonância, ademais, com outras experiências, a exemplo daquela experimentada pelo operaísmo italiano (Cocco; Pilatti, 2002, p. V-VI), à qual Antonio Negri se encontrava intimamente ligado, e cujos desdobramentos vieram posteriormente a interessar a Michael Hardt, professor de teoria literária na Universidade de Duke (EUA) e futuro parceiro intelectual desse filósofo. Além disso, essas e outras experiências também repercutiram no pensamento de outro filósofo italiano, Giorgio Agamben, o qual expressa textualmente que suas formulações em torno da biopolítica se desenvolveram a partir das trilhas abertas por Foucault.

O que está em jogo nas genealogias

Na passagem dos anos 1960 aos anos 1970, emerge toda uma agitação intensiva, intelectual e política que tornará possível pensar em novas bases o exercício do poder, seja no âmbito da teoria, seja no da prática. Em última instância, ela levantará questionamentos contundentes às maneiras mesmas como eram concebidas as relações entre a primeira e a segunda. Filósofos como Gilles Deleuze, Félix Guattari e Jean-François Lyotard, dentre outros, já não podiam fazer vistas grossas, nem às barbaridades cometidas em nome do Comunismo, da Liberdade e da Revolução,[1] nem tampouco ao modo passivo como as "massas" reagiam em face do poder (fosse ele, de um lado, fascista, stalinista ou nazista, fosse ele, de outro, capitalista). O filósofo Gilles Deleuze (2002, p. 25-26), evocando Espinosa (do *Tratado teológico-político*), toca no âmago dessa questão:

> [...] por que o povo é profundamente irracional? Por que ele se orgulha de sua própria escravidão? Por que os homens lutam "por" sua escravidão como se fosse sua liberdade? Por que uma religião que reivindica o amor e

---

[1] Registre-se que Lyotard fez parte, junto com Claude Léfort, Cornelius Castoriadis e outros, no período de 1956 a 1966, do comitê editorial da revista socialista *Socialismo ou Barbárie*, a qual foi responsável pelas primeiras críticas feitas às atrocidades cometidas pelo regime stalinista.

a alegria inspira a guerra, a intolerância, a malevolência, o ódio, a tristeza e o remorso?

Para Deleuze e Guattari, essa questão retornaria posteriormente, no século XX, ganhando especial atualidade numa indagação feita por Wilhelm Reich: "por que as massas desejam o fascismo?" Esse incômodo voltaria a retornar, particularmente nos anos 1950 (período em que se inicia a "desestalinização" da União das Repúblicas Socialistas Soviéticas (URSS), da rebelião dos trabalhadores húngaros, da guerra de independência da Argélia, etc.), em última instância, por ocasião da tentativa tardia de um acerto de contas da teoria com o fascismo e o stalinismo, essas duas aberrações que permaneciam ainda mal elucidadas. Era inevitável, pois, que no início dos anos 1970 os discursos filosóficos ou científicos – inclusive aqueles ligados à "esquerda oficial" –, que se viam a si mesmos como neutros, desinteressados em relação ao poder, críticos, revolucionários, verdadeiros e fiéis reveladores da realidade, fossem colocados sob suspeição. E isso não apenas em face de temas amplos e macrossociais, mas também diante de problemas mais específicos, regionais, relativos a um domínio microfísico da realidade. Por que razão, por exemplo, o marxismo (por uma via althusseriana) e a psicanálise (por uma via lacaniana), mas também a etnologia e a semiologia, se preocupavam tanto em adquirir *status* de cientificidade? Seria porque isso supostamente abalizaria suas respectivas críticas a outras práticas e saberes? Com efeito, ao procederem dessa forma, com esse *desejo de verdade*, não se davam conta de que sua pretensão tropeçava justamente no fato de não questionarem "a autoridade em nome da qual se efetuavam essas críticas" (DESCAMPS, 1991, p. 16), ou seja, de não questionarem o desejo de poder que animava essa pretensão à cientificidade. Frente a essa ambição, e aos dilemas que ela evocava, Foucault (1999, p. 15) contrapunha as seguintes questões:

Quais tipos de saber vocês querem desqualificar no momento em que vocês dizem ser esse saber uma ciência? Qual sujeito falante, qual sujeito discorrente, qual sujeito de experiência e de saber vocês querem minimizar quando dizem: "eu, que faço esse discurso, faço um discurso científico e sou cientista"? Qual vanguarda teórica-política vocês querem entronizar, para destacá-la de todas as formas maciças, circulantes e descontínuas de saber?

É necessário assinalar que todas essas críticas, engendradas num plano eminentemente filosófico, particularmente aquelas voltadas ao poder, se não se identificavam, pelo menos se entrelaçavam, em estreita solidariedade, ao que Foucault denominou de insurreição dos "saberes sujeitados", isto é, a uma agitação crítica, intensiva, autônoma, dispersa, mas eficaz, encetada por saberes locais, que terminou por colocar em questão "o efeito inibidor próprio das teorias totalitárias [...], das teorias envolventes e globais" (FOUCAULT, 1999, p. 15). Por saberes sujeitados, Foucault entendia duas coisas. De um lado, conteúdos ou blocos de saberes históricos que, apesar de reais, presentes e atuantes na vida social, se encontravam como que encobertos, silenciados, esvaziados de seus sentidos e efeitos, pela ação mascaradora e disciplinarizadora própria dos grandes conjuntos funcionais e sistemáticos que perfaziam aquelas teorias. O movimento da antipsiquiatria (David Cooper, Ronald Laing), a esquizoanálise (Deleuze e Guattari), a análise institucional (Georges Lapassade, René Lourau), a pedagogia institucional (Michel Lobrot, Ardoino, F. Oury e Ayda Vasquez), a daseinsanálise (Medard Boss), dentre outros, são exemplos desses tipos de saberes locais sujeitados.[2] De outro lado, e diversamente, tratava-se de

---

[2] René Lourau (1976, p. 15) ilustra bem a desqualificação desses saberes, ao se reportar à institucionalização da *Análise Institucional* na universidade, no caso, em Paris VIII (Vincennes), em 1973: "Os limites desta institucionalização surgirão de resto nitidamente (1975) através da recusa ministerial de legislar estudos de terceiro ciclo colocados sob o signo da 'pedagogia institucional':

> [...] toda uma série de saberes que estavam desqualificados como saberes não conceituais, como saberes insuficientemente elaborados: saberes ingênuos, saberes hierarquicamente inferiores, saberes abaixo do nível do conhecimento ou da cientificidade requeridos. [...]: o do psiquiatrizado, o do doente, o do enfermeiro, o do médico, mas paralelo e marginal em comparação com o saber médico, o saber do delinquente, etc. – esse saber que denominarei, se quiserem, o "saber das pessoas" (e que não é de modo algum um saber comum, um bom senso, mas, ao contrário, um saber diferencial, incapaz de unanimidade e que deve sua força apenas à contundência que opõe a todos aqueles que o rodeiam [...]. (FOUCAULT, 1999, p. 12)

Pois bem, para Foucault, tomados nesses dois sentidos, e na medida em que vieram à tona, ganhando visibilidade na cena social, com o auxílio de uma crítica erudita, a qual os ajudou a escapar aos mecanismos que buscavam filtrá-los, classificá-los, hierarquizá-los e ordená-los, os saberes sujeitados concorreram, a um só tempo, não só para a crítica ao poder, mas tornaram-se eles mesmos o móvel que tornou possível essa crítica. Tomava corpo, então, todo um "saber histórico das lutas" (FOUCAULT, 1999, p. 13), isso a que Foucault chamou de genealogia, ou melhor, uma série de pesquisas genealógicas múltiplas que acoplavam, à crítica oriunda dos saberes eruditos, a memória viva dos combates dos saberes localizados. Todo esse movimento, além disso, serviu de conteúdo para repensar a ação política e militante, assim como para a invenção de novas táticas de luta contra os efeitos de poder estabelecidos, seja pela institucionalização de saberes científicos,

---

Lapassade, Lobrot, Lourau, bem como Ardoino, apesar de terem atingido a fase do letrado influente (assistentes), encontram-se assim ostracizados da 'cidade científica', dez anos depois de terem (no que se refere aos três primeiros citados) lançado o Grupo de Pedagogia Institucional [...] O argumento oficial contra eles é sempre também ambivalente: não são sérios, e 'querem destruir as instituições'[...]".

seja pela universidade, por aparelhos políticos, escolares, pela "rede teórico-comercial" psicanalítica, dentre outros.

Guardadas algumas diferenças, parte desse apanhado que fiz até aqui almejou seguir de perto uma espécie de retrospecto crítico-avaliativo, realizado por Foucault, da atmosfera intelectual e política na qual e sob efeito da qual ele desenvolveu suas próprias pesquisas genealógicas. É desse "balanço", por assim dizer, que Foucault se ocupou na primeira metade da aula que abre o curso *Em defesa da sociedade*, proferido no *Collège de France*, a partir de janeiro de 1976. Todavia, nessa mesma aula (de 7 de janeiro), tendo chegado a esse ponto, Foucault se indaga sobre o destino dessas pesquisas genealógicas, dessa insurreição dos saberes sujeitados. Com o passar dos anos, e de olho nas "mudanças de conjuntura", pergunta-se se ainda é o caso de celebrá-los como antes, se eles, no afã da resistência, não poderiam cair na tentação de erigirem para si mesmos "um solo teórico contínuo e sólido", capaz de dar fim à sua fragmentação, e, ainda, se eles, em que pesassem seus efeitos disruptores e suas descontinuidades, não correriam o risco de serem recodificados e anexados justamente pelas instituições e discursos instituídos a que combatiam, perdendo assim sua força e sua singularidade. Sem que tivesse em mente esvaziá-los ou minimizá-los, Foucault ponderava, no entanto, que, pelo menos no que lhe dizia respeito, o prosseguimento substancial dessas lutas demandava uma análise minuciosa daquilo que de mais importante nelas estava em jogo, ou seja, o poder. Mais especificamente, precisava ele, fazia-se necessário avaliar até que ponto, como, e em que termos a análise do poder poderia ser deduzida da economia:

> O que está em jogo em todas essas genealogias, vocês sabem, mal tenho necessidade de precisar, é isto: o que é esse poder, cuja irrupção, cuja força, cuja contundência, cujo absurdo apareceram concretamente no decorrer destes últimos

> quarenta anos, ao mesmo tempo na linha de desmoronamento do nazismo e na linha de recuo do stalinismo? O que é o poder? Ou melhor – porque a pergunta: "O que é o poder?" seria justamente uma questão teórica que coroaria o conjunto, o que eu não quero –, o que está em jogo é determinar quais são, em seus mecanismos, em seus efeitos, em suas relações, esses diferentes dispositivos de poder que se exercem, em níveis diferentes da sociedade, em campos e com extensões tão variadas. *Grosso modo*, acho que o que está em jogo em tudo isso é o seguinte: a análise do poder, ou a análise dos poderes, pode, de uma maneira ou de outra, ser deduzida da economia? (FOUCAULT, 1999, p. 19)

Ora, ao afirmar isso, penso que Foucault estava querendo sugerir aos seus ouvintes quatro coisas: em primeiro lugar, que, para ele, o poder devia ser concebido como relacional e estratégico, exercendo-se de múltiplas formas (através de diversos mecanismos e dispositivos) e em diferentes níveis sociais; em segundo, e por isso mesmo, que talvez não fosse mais suficiente pensá-lo, tal como se fazia corriqueiramente, como podendo ser deduzido da economia; em terceiro, que, desde o início dos anos 1970, ele mesmo vinha procurando problematizá-lo desde outra perspectiva – microfísica e imanentista; em quarto lugar, por fim, que, naquele momento (1975-1976), talvez a guerra (e não a economia) viesse a constituir um analisador mais produtivo para as suas pesquisas genealógicas. Esse último ponto leva Foucault a explorar e desenvolver diretamente o problema do biopoder e da biopolítica, tanto nesse mesmo curso (em sua última aula, de 17 de março), como nos que proferirá nos dois anos seguintes no *Collège de France*. Os três primeiros pontos, por seu turno, nos remetem às primeiras elaborações de sua genealogia do poder. A rigor, ambos se encontram estreitamente ligados, e é por isso mesmo que me servirei, neste e no próximo capítulo, da exposição das formulações iniciais de Foucault sobre o poder, para só então, no Capítulo III, abordar propriamente o biopoder e a biopolítica.

A genealogia foucaultiana: poder disciplinar e panoptismo

O que significa, exatamente, para Foucault, indagar se é possível e/ou viável deduzir, da economia, a análise do poder, ou as análises do poder? Quais os elementos decisivos que essa indagação envolve, e o que ela coloca em jogo para o trabalho do cartógrafo das relações de poder? Essas indagações são cruciais para entendermos como e em que sentido as formulações de Foucault vão se distanciando cada vez mais das tradicionais análises do poder realizadas pela ciência política, sejam elas de caráter liberal, sejam elas socialistas. Por outro lado, são justamente as respostas a essas perguntas que nos esclarecem em que termos não há propriamente uma ruptura radical entre o Foucault arqueologista do saber e o Foucault genealogista do poder – ou, como aponta Alfredo Veiga-Neto (2003, p. 46-49), seguindo Morey (1991), entre o que seriam os dois primeiros eixos e/ou domínios ontológicos das pesquisas desenvolvidas por Foucault até aquele momento: o ser-saber e o ser-poder. Contudo, tendo em vista os inúmeros escritos de Foucault a respeito deste último domínio – que vão desde livros, artigos, entrevistas, palestras e intervenções, até suas aulas no *Collège de France* – e considerando, ainda, que já dispomos em nossa língua de bons resumos e apanhados críticos sobre diversos tópicos da arqueogenealogia foucaultiana (MACHADO, 1981; RIBEIRO, 1985; VAZ, 1992; MARIGUELA, 1995; FONSECA, 1995; PAIVA, 2000; QUEIROZ, 1999; PORTOCARRERO; CASTELO BRANCO, 2000; RAGO; ORLANDI; VEIGA-NETO, 2002; PEREIRA, 2003; CALOMENI, 2004) – inclusive voltados para o campo educacional (SILVA, 1994; VEIGA-NETO, 1995, 2003) –, limitar-me-ei aqui, dentro do possível, e com alguma liberdade, a uma apresentação e descrição concisas do assunto, buscando ater-me àqueles aspectos que me parecem essenciais à sua compreensão.

Pois bem, em se tratando da análise do poder político, afirma Foucault, haveria um "ponto comum" entre, de um lado, as concepções jurídico-políticas (liberais) e, de outro, certa concepção marxista.

Esse elemento seria a tendência de ambos em analisar o poder sob um prisma "economicista" (FOUCAULT, 1999, p. 19). Mas o que isso quer dizer? No primeiro caso, que remete às formulações dos teóricos do "contrato social" – Locke, Hobbes e Rousseau –, no século XVIII, o que Foucault busca evidenciar é que tais formulações nos dão a entender que o poder é um direito – entendido em termos substanciais, como uma coisa – que se possui como a qualquer outro bem e que, nesse sentido, poder-se-ia transferi-lo ou aliená-lo, total ou parcialmente, por intermédio de "um ato jurídico ou um ato fundador do direito [...], que seria da ordem da cessão ou do contrato" (FOUCAULT, 1999, p. 20). Estes, por sua vez, teriam por objetivo constituir uma soberania política. Há aqui, segundo Foucault, uma manifesta analogia entre poder e bens, e, portanto, entre poder e riqueza; esclarece-se, pois, em que sentido essas concepções jurídico-políticas deduzem a análise do poder da economia.

Já no caso do que seria uma concepção marxista, as coisas se passam de uma forma diferente, remetendo a uma "funcionalidade econômica" do poder:

> "Funcionalidade econômica", na medida em que o papel essencial do poder seria manter relações de produção e, ao mesmo tempo, reconduzir uma dominação de classe que o desenvolvimento e as modalidades próprias da apropriação das forças produtivas tornaram possível. Neste caso, o poder político encontraria na economia sua razão de ser histórica. (FOUCAULT, 1999, p. 20)

Ora, indaga Foucault, será mesmo que a economia é sempre primeira, em face do poder? Este tem de ser, necessariamente, finalizado ou funcionalizado por ela? E, diversamente – mas somente em termos –, será realmente adequado tomar o poder como algo que se modela pela mercadoria, como quer certo marxismo? Como Foucault buscou escapar a esse dilema? Não se tratava, obviamente, de minimizar ou negar a efetiva participação da economia no problema – nosso filósofo permanecia atento a Marx, a seu modo. Gostaria, a propósito, de sugerir ao leitor que tome todas essas questões como "pano de fundo" à compreensão do problema em pauta, isto é, como, talvez, as grandes questões que motivaram e desafiaram a construção da genealogia foucaultiana, nos primeiros anos da década de 1970. Buscando pensar o poder de uma forma diferente da oferecida por essas duas versões anteriormente descritas – as quais, como vimos, partilhavam de um pressuposto semelhante –, Foucault se viu diante da necessidade de forjar novos instrumentos analíticos e de orientar suas pesquisas tomando algumas precauções metodológicas. Esses instrumentos e essas precauções vão se delineando e clarificando aos poucos; de uma parte, à medida que inicia, prossegue e amadurece sua caracterização das "sociedades disciplinares", de outra, à medida que explora a ação, complementar ao dispositivo disciplinar, do dispositivo de sexualidade. Vejamos, então, como se dá pelo menos parte desse processo.

No memorial que preparou para ingressar como professor no *Collège de France* – em concorrência com Paul Ricoeur e Yvon Belaval, os outros dois postulantes –, após apresentar resumidamente seus trabalhos anteriores, Foucault propõe o tema de pesquisa de que pretendia ocupar-se ("saber da hereditariedade") caso fosse aprovado para a cátedra de "História dos sistemas de pensamento". Curiosamente, todavia, depois de ganhar a disputa, já em 1971 desvia seu interesse para outro objeto de pesquisa: a prisão. Sua dedicação a esse tema coincide com um momento em que a dimensão política de seu pensamento se transmuta, chegando Foucault inclusive a engajar-se ativamente em lutas sociais, a exemplo daquela encetada pelo Grupo de Informações sobre as Prisões (GIP), criado por ele mesmo em 8 de fevereiro de 1971. Como bem assinala Didier Eribon (1990, p. 201), a prisão de fato constituía um problema bem concreto, "pois não se tratava só de arquivos, mas também das ações políticas que ele vai empreender em ligação direta com os movimentos sociais que hão de revirar o sistema penitenciário." Com efeito, não era para menos: Foucault irá mostrar que a delinquência é fabricada pelas prisões, que nelas funciona uma surpreendente "gestão dos ilegalismos" e que, uma vez que se tenha passado por elas, era praticamente impossível para lá não retornar. Seus cursos, assim, encaminham-se na direção do estudo de questões de justiça e de direito penal, assim como na perspectiva de uma história das relações entre a psiquiatria e a justiça penal.[3] Em 1975, por fim, é lançado *Vigiar e punir*, livro monumental, que tinha por objetivo:

> [...] tentar estudar a metamorfose dos sistemas punitivos a partir de uma tecnologia política do corpo onde se poderia ler uma história comum das relações de poder e das relações de objeto. De maneira que pela análise da suavidade penal como técnica de poder, poderíamos compreender ao mesmo tempo como o homem, a alma, o indivíduo normal ou anormal vieram fazer a dublagem do crime como objetos da intervenção penal; e de que maneira um modo específico de sujeição pôde dar origem ao homem como objeto de saber para um discurso com status "científico". (FOUCAULT, 1991, p. 26-27)

Desse grande livro, tendo em vista o que nos interessa, o importante a destacar é que, ao examinar o que sucede ao direito penal e aos sistemas punitivos a partir de meados do século XVIII, Foucault se dá conta de que, ao passo que os antigos suplícios[4] foram gradativamente dando lugar a outras formas de punição, menos ruidosas, menos visíveis e nas quais sofrimento

---

[3] *Teorias e instituições penais* (1971-1972); *A sociedade punitiva* (1972-1973); *O poder psiquiátrico* (1973-1974) – este já traduzido no Brasil (FOUCAULT, 2006b).

[4] Execuções públicas marcadas por atrocidades, tais como o esquartejamento, a perfuração das vísceras, o derramamento de óleo nos corpos dos condenados, sua queima em fogueiras, etc. Segundo Foucault (1991, p. 11-12; 18), os suplícios desaparecem, como forma de punição, entre 1830 e 1848.

físico e a dor tendiam a ser atenuados, a justiça penal assumiu outras feições e novos modos de funcionamento, esquivando-se discretamente, e cada vez mais, da parte de violência que envolvia efetivamente seu exercício. Assim, por um lado, já não fazia mais sentido tirar a vida de um corpo, apelando para uma crueldade explícita, amplificada pelo espetáculo bizarro que encenava esse tipo de punição em praça pública. Ao contrário, o corpo do condenado, doravante, seria utilizado como instrumento e/ou intermediário de novas modalidades de punição, as quais passavam pelo enclausuramento, pelo trabalho forçado, pela privação da liberdade, e por uma série de outras obrigações e interdições. Por outro lado, em meio a uma série de escândalos que abalavam a justiça tradicional, sobrevieram novos projetos de reformas, uma nova teoria da lei e do crime – que envolvia, por seu turno, uma nova justificação, moral ou política, do direito de punir –, bem como novos códigos penais, os quais funcionaram de modo a propiciar que a justiça penal se desinvestisse, aos olhos do público, do desconforto (vergonha, culpa) de fazer valer a execução da pena, infligindo sofrimento aos condenados. Isso foi garantido pela progressiva autonomização de todo um mecanismo burocrático-administrativo que passou a se encarregar dessa tarefa, mas não sem que se orientasse por um novo princípio emanado pela justiça moderna, qual seja, de que o fundamental já não era tanto punir, senão corrigir, reeducar e/ou curar o criminoso. Foucault observa aí um outro e interessante deslocamento. O caso é que, desde então, essa correção, reeducação e/ou cura já não devia mais ter por objeto o corpo do condenado, e sim sua alma. A esse propósito, Foucault (1991, p. 21) cita o princípio de Mably: "Que o castigo, se assim posso exprimir, fira mais a alma do que o corpo".

Perfila-se assim, como veremos mais adiante, uma nova e ampla economia do poder, cujo acesso nos será dado pelo exame dessa nova economia da punição. Em linhas gerais, para além das modificações históricas, não muito significativas, relativas àquilo que era tolerado de fato e àquilo que era permitido de direito pela Lei, o que devemos reter dessa economia da punição é o fato de ela ter promovido uma série de "substituições de objeto": em vez de se julgar o crime, propriamente dito, passou-se a julgar as paixões que o motivavam – o que nos reenvia à alma do criminoso –; além disso, para efeito desse julgamento, o discurso puramente jurídico – que até então era visto como competente para dar cabo dessa tarefa – viu-se substituído por outro, médico-psiquiátrico, que ganhava em prestígio e foi secundado, com o passar do tempo, por discursos psicopedagógicos e assistenciais. Num trecho longo e magistral, Foucault (1991, p. 21-22) resume o essencial desse jogo de substituições:

> Sob o nome de crimes e delitos, são sempre julgados corretamente os objetos jurídicos definidos pelo Código. Porém julgam-se também as paixões, os instintos, as anomalias, as enfermidades, as inadaptações, os efeitos de meio ambiente ou de hereditariedade. Punem-se as agressões, mas, por meio delas, as agressividades, as violações e, ao mesmo tempo, as perversões, os assassinatos que são, também, impulsos e desejos. Dir-se-ia que não são eles que são julgados; se são invocados, é para explicar os fatos a serem julgados e determinar até que ponto a vontade do réu estava envolvida no crime. Resposta insuficiente, pois são as sombras que se escondem por trás dos elementos da causa, que são, na realidade, julgadas e punidas. Julgadas mediante o recurso às "circunstâncias atenuantes", que introduzem no veredito não apenas elementos "circunstanciais" do ato, mas coisa bem diversa, juridicamente não codificável: o conhecimento do criminoso, a apreciação que dele se faz, o que se pode saber sobre suas relações entre ele, seu passado e o crime, e o que se pode esperar dele no futuro. Julgadas também por todas essas noções veiculadas entre medicina e jurisprudência desde o século XIX [...] e que, pretendendo explicar um ato, não passam de maneiras de qualificar um indivíduo. Punidas

pelo castigo que se atribui a função de tornar o criminoso "não só desejoso, mas também capaz de viver respeitando a lei e de suprir às suas próprias necessidades"; são punidas pela economia interna de uma pena que, embora sancione o crime, pode modificar-se (abreviando-se ou, se for o caso, prolongando-se), conforme se transformar o comportamento do condenado; são punidas, ainda, pela aplicação dessas "medidas de segurança" que acompanham a pena (proibição de permanência, liberdade vigiada, tutela penal, tratamento médico obrigatório) e não se destinam a sancionar a infração, mas a controlar o indivíduo, a neutralizar sua periculosidade, a modificar suas disposições criminosas, a cessar somente após obtenção de tais modificações.

Uma vez que essa nova economia do poder (de punir) é regida por um deslocamento de funções e por uma substituição de objetos, na medida em que ela traz à cena novos personagens (psiquiatras, psicólogos, assistentes sociais, pedagogos) e novos saberes (científicos e extrajurídicos), e considerando ainda que esses personagens e discursos passam a atuar ativamente, e cada vez mais – tendo em vista o conhecimento e a consequente correção, reeducação e/ou cura da alma do criminoso –, junto a um mecanismo-burocrático que tomava a si o encargo da execução da pena – informando, portanto, novos procedimentos e fluxos –, Foucault se apercebe que a inteligibilidade de todos esses fatores, bem como as relações estratégicas que os agenciam, resistem a uma interpretação, ou a uma análise do poder concebida nos moldes tradicionais, isto é, segundo a tradição jurídico-política. Acrescente-se a isso um outro achado de suas investigações, ou seja, o de que toda essa economia do poder de punir tinha por objeto de sustentação e por móvel de aplicação o corpo: tomado em suas forças, no que elas podiam se mostrar úteis à produção e dóceis aos mecanismos de regulação e controle; no que elas podiam ser repartidas e recombinadas, em face de objetivos julgados como úteis e necessários:

Mas o corpo também está diretamente mergulhado num campo político; as relações de poder têm alcance imediato sobre ele; elas o investem, o marcam, o dirigem, o supliciam, sujeitam-no a trabalhos, obrigam-no a cerimônias, exigem-lhe sinais. Este investimento político do corpo está ligado, segundo relações complexas e recíprocas, à sua utilização econômica; é, numa boa proporção, como força de produção que o corpo é investido por relações de poder e de dominação; mas em compensação sua constituição como força de trabalho só é possível se ele está preso num sistema de sujeição (onde a necessidade é também um instrumento político cuidadosamente organizado, calculado e utilizado); o corpo só se torna força útil se é ao mesmo tempo corpo produtivo e corpo submisso. Essa sujeição não é obtida só pelos instrumentos da violência ou da ideologia; pode muito bem ser direta, física, usar a força contra a força, agir sobre elementos materiais sem no entanto ser violenta; pode ser calculada, organizada, tecnicamente pensada, pode ser sutil, não fazer uso de armas nem do terror, e no entanto continuar a ser de ordem física. Quer dizer que pode haver um "saber" do corpo que não é exatamente a ciência de seu funcionamento, e um controle de suas forças que é mais que a capacidade de vencê-las: esse saber e esse controle constituem o que se poderia chamar a tecnologia política do corpo. (FOUCAULT, 1991, p. 28)

O que *Vigiar e punir* irá nos revelar, particularmente em sua terceira parte, dedicada ao exame dos mecanismos disciplinares, é que essa tecnologia política do corpo não se circunscreve apenas ao âmbito do poder judiciário e aos limites das instituições de correção; ao contrário, ela se estende para aquém e além deles, agindo de forma difusa, em rede, e por intermédio de diferentes mecanismos estratégicos, perfazendo uma espécie de diagrama, de dispositivo que cobre todo o tecido social, ou seja, que atua imanentemente a ele. Nesse sentido, um livro que, a princípio, nos fala de aspectos históricos relativos ao nascimento das prisões e de modificações nas formas de punição abre diante de nossos olhos um novo universo de questões, acena com a constituição histórica, em nossa modernidade, de *sociedades disciplinares*, organizadas e estrategizadas segundo funcionamentos outros, formas de regulação e controle extremamente singulares, procedimentos de regulamentação e normalização nunca dantes encontrados em quaisquer formações históricas anteriores. Sociedades, além disso, que instauram relações inusitadas entre saber e poder e, por efeito dessas mesmas relações, novas e diferentes políticas de subjetivação. Assim, da família à escola, desta ao quartel, dos hospitais aos reformatórios de "menores", das fábricas aos manicômios, mas também dos saberes das disciplinas clínicas às práticas de aplicação do Direito, dos saberes da epidemiologia aos procedimentos que orientam a administração pública, dos saberes das ciências humanas às práticas que se incumbem da educação e da formação para o trabalho, tudo isso é trespassado ao mesmo tempo pelo que Foucault chamou de *dispositivo disciplinar*. Por fim, sociedades em que o exercício da dominação já não podia ser pensado em termos homogêneos, macrossociais, e como se dando apenas referido ao Estado, entendido como instância transcendente ao corpo social, senão mediante a ação de múltiplos micropoderes (do policial, do padre, do professor, do médico-psiquiatra, do supervisor, etc.), os quais investem uns sobre os outros, apoiam-se uns nos outros, estendem-se uns aos outros, perfazendo, portanto, uma *microfísica do poder*.

Contudo, no que diz respeito à análise do poder, muitas dessas características das sociedades disciplinares não viriam a lume sem as inovações (e/ou precauções) metodológicas desenvolvidas por Foucault. Destaco, de início, que se esses princípios e/ou precauções são apenas parcialmente sugeridos logo no primeiro capítulo de *Vigiar e punir* (1991, p. 26-32), serão posteriormente mais bem explicitados e desenvolvidos no quarto capítulo do primeiro volume de *História da sexualidade* (1988, p. 88-97), e novamente retomados e detalhados na segunda aula dedicada ao curso *Em defesa da sociedade* (1999, p. 32-40). Para abordá-los, recorro ao excelente "resumo/leitura" feito por Gilles Deleuze (1991), em seu excepcional livro sobre Foucault. Para Deleuze, Foucault teria sido o primeiro a ter logrado êxito em inventar uma nova concepção de poder, concepção esta que muitos naquela época não conseguiam encontrar nem enunciar, e cuja lógica determinava o abandono de certos postulados caros às tradicionais posições de esquerda.

O primeiro postulado, a ser abandonado, é o de *propriedade* (DELEUZE, 1991, p. 34-35), ou seja, a ideia, a que me referi anteriormente, de que o poder, entendido em termos substanciais, equivaleria a alguma coisa a que se possuiria como a um bem, sendo passível de transferência e/ou alienação (contrato/troca). Ora, tal postulado dava ensejo a que se pensasse que, ao passo que alguns detêm o poder (por apropriação), outros não o possuem – pois dele teriam sido desapropriados. E é assim que comumente os indivíduos e as coletividades são distribuídos e classificados, de forma simplória e maniqueísta, e mediante oposições dicotômicas, disjunções exclusivas, em dominantes ou dominados, opressores ou oprimidos, burgueses ou proletários, e assim por diante. Ora, para Foucault, o poder não pode ser concebido como uma coisa passível de ser (des)apropriada – por uma classe social, por exemplo –, mas trata-se mais propriamente de uma relação, ou melhor, de um exercício relacional e estratégico, que tampouco se apresenta como homogêneo, senão por singularidade – ou seja, que se define pelos pontos singulares por que passa. Tomado sob esse prisma, o que importa à genealogia é buscar descrever os modos como ele opera, suas disposições, táticas, manobras e funcionamentos, mapeando e dimensionando seus efeitos de conjunto no corpo social.

O segundo postulado, por seu turno, é o de *localização* (DELEUZE, 1991, p. 35-36). A precaução, aqui, é a de se evitar identificar o poder ao poder de Estado, é buscar esquivar-se à ideia de que o poder tem uma posição, um lugar privilegiado (sede), um núcleo, essenciais, desde os quais atuaria, de cima para baixo, incidindo, por imposição ou por repressão, junto à sociedade civil. A pensar desse modo, não só os aparelhos de Estado (Althusser), mas até mesmo as instituições privadas encarnariam, a despeito de sua relativa dispersão, o poder de Estado. Para Foucault, a multiplicidade de engrenagens, funcionamentos e formas de exercício do poder não pode ser tomada como tendo origem no Estado, ou como sendo por ele instituída, mesmo que em alguns casos, em alguns pontos e em determinados níveis, dele receba certa aprovação, certa regulação, sendo assim relativamente preservada. Antes o contrário! A disciplina, por exemplo, essa nova tecnologia política que incide junto aos corpos-organismos dos indivíduos, nos mais distintos níveis e latitudes da realidade, e através de diversas e múltiplas engrenagens, recursos e estratégias, não só não tem origem no Estado, mas justamente, operando numa direção ascendente, induz a que o tomemos como aquilo que dela resulta, isto é, como efeito de toda essa multiplicidade de funcionamentos que ela põe a operar. Como afirma Deleuze (1991, p. 35):

> Uma das ideias essenciais de *Vigiar e Punir* é que as sociedades modernas podem ser definidas como sociedades "disciplinares", mas a disciplina não pode ser identificada com uma instituição nem com um aparelho [de Estado], exatamente porque ela é um tipo de poder, uma tecnologia, que atravessa todas as espécies de aparelhos e de instituições para reuni-los, prolongá-los, fazê-los convergir, fazer com que se apliquem de um novo modo.

Por outro lado, isso não implica que se possa localizar o lugar, centro ou núcleo do poder "do lado de baixo", invertendo pura e simplesmente esse postulado; pois, para Foucault, o poder se exerce difusamente, aqui e ali, sem que esses pontos possam ser fixados de antemão, e de uma vez por todas.

Quanto ao terceiro postulado, o da *subordinação* (DELEUZE, 1991, p. 36), ele nos faz crer que o poder, conquanto encarnado no Estado e, portanto, situado ao nível da superestrutura jurídico-política e institucional da sociedade, estaria subordinado a uma infraestrutura econômica, no caso, ao modo de produção capitalista. Vemos retornar, nessa formulação, a tentativa de fundamentar a análise do poder com base na economia – ou, pelo menos, numa certa concepção econômica. Ora, argumenta Foucault, entre esses dois níveis, o que há na verdade é um regime de mútua inserção, uma relação de imanência (coextensividade, num mesmo plano, das relações de produção e das relações de poder), razão pela qual não se pode conceber o poder apenas como mero epifenômeno de algo que lhe determinaria do exterior e de forma transcendente (enfoque piramidal). Como afirma Deleuze (1991, p. 37), "o" poder caracteriza-se "pela imanência de seu campo, sem unificação transcendente, a continuidade de sua linha, sem uma centralização global, a continuidade de seus segmentos sem totalização distinta: espaço serial".

O quarto postulado, da *essência* (ou do *atributo*), por sua vez, quer nos fazer crer que o poder "teria uma essência e seria um atributo, que qualificaria os que o possuem (dominantes) distinguindo-os daqueles sobre os quais se exerce (dominados)" (DELEUZE, 1991, p. 37). Todavia, mostra-nos Foucault, em vez de ter uma essência, o poder se exerce operatoriamente e, por outro lado, se o tomamos como se ele qualificasse indivíduos de uma ou de outra maneira, com um ou outro estatuto, essas qualificações e/ou atributos, longe de serem essenciais, nada mais são do que efeitos de relações de força, ou seja, das circunstâncias que marcam o conjunto dessas relações de força. Nesses termos, as relações de dominação e de resistência ao poder ganham em complexidade e mobilidade: "O poder investe [os dominados], passa por eles e através deles, apóia-se neles, do mesmo modo que eles, em sua luta contra esse poder, apóiam-se por sua vez nos pontos em que ele os afeta" (FOUCAULT *apud* DELEUZE, 1991, p. 37).

O penúltimo postulado a que se refere Deleuze (1991, p. 38-39) é o da *modalidade*. Como o próprio nome sugere, trata-se, aqui, do *modo* de ação do poder, da *forma* como ele age. O que Foucault contesta, neste caso, segundo Deleuze, é a crença de que o poder age de uma dupla forma. Em primeiro lugar, aplicando-se sobre os corpos, por intermédio da violência – reprimindo, coagindo, interditando, punindo. Em segundo, aplicando-se sobre as almas (consciência), mediante artifícios ideológicos – enganando, iludindo, falseando a realidade. Mas não só, tal postulado supõe, ingenuamente, uma relação de exterioridade entre saber e poder, como se fosse possível a existência de saberes desinteressados, indiferentes e desimplicados em face desse último. As razões para que se abandone esse postulado são diversas e cruciais. Com Nietzsche, Foucault parte do princípio que toda relação é uma relação de forças. Ora, se *o que é próprio de uma força é estar em relação com outra força*, toda força é já relação e, nesse sentido, relação de poder. Por exemplo, seguindo esse raciocínio, é inconcebível pensar que uma força possa ter por objeto uma *forma*, seja ela a forma-Estado, a forma-corpo, ou a forma-alma. Diversamente, faz sentido pensar que uma força tenha por objeto outra força; mais precisamente, que ela incida sobre ações possíveis – "eventuais, ou atuais, futuras ou presentes" –, incitando-as a isso ou aquilo, tornando-as fáceis ou difíceis, frequentes ou rarefeitas, desviando-as para uma ou outra direção, ampliando-as ou limitando-as, e assim por diante (DELEUZE, 1991, p. 78).

Em decorrência, já não se mostra muito produtiva a tendência em se tomar o poder apenas em sua negatividade – como aquilo que proíbe, coage, interdita e reprime –; há que pensá-lo, inversamente, e sobretudo, em sua positividade, ou seja, em sua capacidade constitutiva, instituinte, criadora de novas realidades – valores, práticas, saberes, funcionamentos, subjetividades, etc. Por outro lado, afirma Deleuze (1991, p. 78), o poder não age por violência porque as relações de força a ultrapassam singularmente:

"É que a violência afeta corpos, objetos ou seres determinados, cuja forma ela destrói ou altera, enquanto a força não tem outro objeto além de outras forças, não tem outro ser além da relação [...]". Mas, então, como age o poder para Foucault? Como ele funciona? Como ele se exerce? Quais são as suas reais modalidades de ação? O exame dos mecanismos disciplinares de dominação, em *Vigiar e punir*, responde a boa parte dessas perguntas. Em primeiro lugar, o poder age dividindo (os corpos) no espaço; nesse caso, ele interna, enquadra, ordena, dispõe em série, hierarquiza, etc. Em segundo, ele ordena no tempo; para tanto, ele subdivide o tempo, programa o ato, decompõe o gesto, dentre outros procedimentos. Em terceiro, ele compõe no espaço-tempo; trata-se de constituir uma força produtiva cujo efeito deve ser superior à soma das forças elementares que a compõem. Em quarto lugar, uma vez que "[...] não há relação de poder sem constituição correlata de um campo de saber, nem saber que não suponha e não constitua ao mesmo tempo relações de poder [...]" (FOUCAULT, 1991, p. 30), devemos ter em conta que, dentre outras coisas, o poder também produz saber. Isso implica uma significativa reviravolta no modo de se apreciar a questão do conhecimento, pois, até então, este era entendido como tendo no sujeito (racional) seu fundamento e suas condições de possibilidade. Ora, o que Foucault (1991, p. 30) nos aponta é que:

> [...] é preciso considerar ao contrário que o sujeito que conhece, os objetos a conhecer e as modalidades de conhecimentos são outros tantos efeitos dessas implicações fundamentais do poder-saber e de suas transformações históricas. Resumindo, não é a atividade do sujeito do conhecimento que produziria um saber, útil ou arredio ao poder, mas o poder-saber, os processos e as lutas que o atravessam e que o constituem, que determinam as formas e os campos possíveis do conhecimento.

O sexto e último postulado, a ser abandonado, afirma Deleuze (1991, p. 39), é o da *legalidade*. Nesse caso, tomada como expressão maior do poder de Estado, a lei é concebida ora como "[...] um estado de paz imposto às forças brutas, ora como o resultado de uma guerra ou de uma luta vencida pelos mais fortes [...]". Esse estado de paz remete ao modelo jurídico do "contrato social". Contudo, observa Deleuze, tanto num caso como noutro, o que define a lei, em primeiro lugar, é a cessação, forçada ou não, de uma guerra; em segundo, a oposição que ela guardaria em relação à ilegalidade, a qual ela definiria por exclusão. Para Deleuze, se Foucault recusa esse postulado é porque ele encobre, com sua visão jurídica, todo um mapa estratégico de forças e de funcionamentos, em relação ao qual a lei pode ser agenciada em outros termos. Por exemplo, não mais com base na oposição grosseira "lei x ilegalidade", mas desde uma perspectiva em que a lei comparece como fazendo a composição e a gestão de uma série de ilegalismos:

> A lei é uma gestão dos ilegalismos, permitindo uns, tornando-os possíveis ou inventando-os como privilégio da classe dominante, tolerando outros como compensação às classes dominadas, ou, mesmo, fazendo-os servir à classe dominante, finalmente, proibindo, isolando e tomando outros como objeto, mas também como meio de dominação. (DELEUZE, 1991, p. 39)

Essa analítica foucaultiana do poder vem a ser enriquecida com a invenção de uma outra noção: a de *dispositivo*. Do que se trata? As investigações de Foucault levam-no a perceber que essa nova tecnologia (anátomo-política do corpo) funciona de acordo com uma espécie de lógica que intensifica, generaliza, integra e reforça os diversos mecanismos e técnicas disciplinares que lhe são correlatos, orquestrando-os. Para Foucault, o dispositivo constitui tanto um diagrama estratégico de relações de forças que suportam tipos de saber, como relações de saber que suportam determinadas relações de forças (relações de poder). Como bem assinalam Dreyfus e Rabinow (1995, p. 135), o dispositivo deve ser apreendido num duplo sentido: por um lado, ele perfaz uma "grade de análise" ("rede de inteligibilidade") construída pelo historiador; por outro, ele constitui "as práticas elas mesmas", ou seja, um diagrama de práticas heterogêneas, concreto e operativo, que, na modernidade, produz individualidades, organizando-as e subjetivando-as no tempo e no espaço. Dois exemplos fornecidos por Foucault nos ajudam a compreender melhor essa importante noção: em primeiro lugar, a diferença entre dois diferentes modelos ou esquemas de poder aplicados à gestão dos indivíduos/coletividades, em face, respectivamente, dos fenômenos da lepra e da peste; em segundo, o do *panopticum* de Bentham.

Veja-se o primeiro desses casos. Que se fazia para evitar que uma dada coletividade se tornasse sujeita aos riscos do contágio pela lepra? A prática corrente para se lidar com esse problema era a exclusão e, não raro, o confinamento dos leprosos. Aqui, a gestão do problema remete a uma divisão maciça e binária entre os indivíduos contaminados e aqueles que não são portadores da doença, sucedida da rejeição/exclusão dos primeiros do seio da vida social (procedimentos "que deram até um certo ponto o modelo e como que a forma geral do grande Fechamento"), diz Foucault. No caso da peste, por sua vez, o tipo de gestão se apresenta de forma inteiramente diversa, dando a ver novos e decisivos elementos ao que Foucault entende por dispositivo. Com efeito, nesse caso, o que está em jogo é a distribuição, a organização e o controle, meticulosos e pormenorizados, de uma massa de indivíduos pestilentos que põem em risco a comunidade, instaurando o caos. A gestão da cidade em tal situação envolve procedimentos, tais como: estabelece-se, em torno dela, um cinturão policial-sanitário; zonas de risco são demarcadas; postos de vigilância são instalados; quarteirões são divididos e intensamente inspecionados sob a responsabilidade de intendentes; procedimento constante que se repete hierarquicamente no nível inferior das ruas e de suas respectivas casas, agora sob a autoridade de síndicos e soldados da guarda. Tudo isso, somado às entradas e saídas, movimento e repouso, alimentação e higiene, é controlado nos mínimos detalhes, para o que se conta com um sistema de registro permanente. Instituída a quarentena, esquadrinhada a massa, começa então o trabalho de purificação. Nas palavras de Foucault (1991, p. 174-175, grifos nossos):

> Esse espaço fechado, recortado, vigiado em todos os seus pontos, onde os indivíduos estão inseridos num lugar fixo, onde os menores movimentos são controlados, onde todos os acontecimentos são registrados, onde um trabalho ininterrupto de escrita liga o centro e a periferia, onde o poder é exercido sem divisão, segundo uma figura hierárquica contínua, onde cada indivíduo é constantemente localizado, examinado e distribuído entre os vivos, os doentes e os mortos – isso tudo constitui um modelo compacto do *dispositivo disciplinar*.

Assim, esse tipo de ordenamento político-disciplinar impõe-se para desfazer todo o tipo de confusão e indeterminação que ameaça a cidade. Por outro lado, como assinala Foucault, esses dois modelos de gestão, o relativo à lepra e o relativo à peste, tornar-se-ão progressivamente complementares e compatíveis entre si. Essa complementaridade e compatibilidade podem ser atestadas pelo exame do segundo exemplo referido anteriormente: o do *panopticum* de Bentham.

Através do estudo da institucionalização do olhar médico a partir da segunda metade do século XVIII (pela via da reforma das instituições médicas, dos novos arranjos arquitetônicos pensados para os hospitais, etc.), assim como através do estudo dos problemas da penalidade (o que incluía projetos de reforma e reorganização das prisões), Foucault irá identificar a presença e o funcionamento atuante de um princípio de vigilância que buscava dar conta da necessidade de se garantir, a um olhar centralizado, uma visibilidade total aos indivíduos-corpos encerrados nos mais variados tipos de instituições: hospitais, prisões, manicômios, escolas, academias militares, fábricas. A elaboração desse princípio é atribuída ao jurista liberal inglês Jeremy Bentham, e Foucault (1990b, p. 210) descreve sua materialização arquitetural nos seguintes termos:

> O princípio é: na periferia, uma construção em anel; no centro, uma torre; esta possui grandes janelas que se abrem para a parte interior do anel. A construção periférica é dividida em celas, cada uma ocupando toda a largura da construção. Estas celas têm duas janelas: uma abrindo-se para o interior, correspondendo às janelas da torre; outra, dando para o exterior, permite que a luz atravesse a cela de um lado a outro. Basta então colocar um vigia na torre central e em cada cela trancafiar um louco, um doente, um condenado, um operário ou um estudante. Devido ao efeito de contraluz, pode-se perceber da torre, recortando-se da luminosidade, as pequenas silhuetas prisioneiras nas celas da periferia. Em suma, inverte-se o princípio da masmorra; a luz e o olhar de um vigia captam melhor que o escuro que, no fundo, protegia.

Organizar unidades espaciais que permitam ver sem ser visto: eis um resumo essencial desse princípio de vigilância, desse princípio que anima o poder disciplinar. Para Foucault, seu efeito mais importante consiste em fazer com que o detento, uma vez induzido a ter consciência de que é permanentemente vigiado – ou seja, de que é objeto inserido numa situação, num campo de visibilidade constante –, e reconhecendo-se nesta condição, assegure automaticamente o funcionamento desse tipo de poder. Independentemente de o prisioneiro saber ou não se num determinado momento está sendo realmente observado, é a consciência de que está exposto permanentemente a essa condição (de visibilidade) – o que acaba por determinar sua forma de conduta – aquilo que justamente aciona e garante o funcionamento automático do poder.

O que talvez seja mais surpreendente nessa noção de dispositivo (no caso, do *panoptismo*) é justamente o fato de, em última instância, ele virtualmente poder se aplicar a toda e qualquer *forma* institucional (hospitais, prisões, manicômios, escolas, fábricas, etc.) e a toda e qualquer *função* institucional (curar, punir, educar, produzir, etc.). O que faz dele, segundo Deleuze (1991, p. 43), não só uma causa comum – anterior e transversal tanto ao saber como ao poder – imanente (mas não unificadora) ao (plano) social, mas também uma espécie de agenciamento que garante a penetração e o ajustamento mútuos entre saber e poder – apesar da irredutibilidade entre ambos –, a cada caso concreto, a cada circunstância. Assim:

> A fórmula abstrata do Panoptismo não é mais, então, "ver sem ser visto", *mas impor uma conduta qualquer a uma multiplicidade humana qualquer*. Especifica-se apenas que a multiplicidade considerada deve ser reduzida, tomada um espaço restrito, e que a imposição de uma conduta se faz através da repartição no espaço-tempo [...] É uma lista indefinida, mas que se refere sempre a matérias não-formadas, não-organizadas, e funções não-formalizadas, não-finalizadas, estando as duas variáveis indissoluvelmente ligadas. (DELEUZE, 1991, p. 43)[5]

---

[5] Na leitura que Deleuze faz dessa noção foucaultiana, o dispositivo constitui um *diagrama*, uma *máquina abstrata*. Em que sentido? Citando um trecho de *Vigiar e punir*, no qual Foucault afirma que o dispositivo panóptico "não é simplesmente uma charneira, um local de troca entre um mecanismo de poder e sua função; é uma maneira de fazer funcionar relações de poder numa função, e uma função através dessas relações de poder", Deleuze (1991, p. 46) o esclarece: "Vimos que as relações de forças, ou de poder, eram microfísicas, estratégicas, multipontuais, difusas, que determinavam singularidades e constituíam funções puras. O diagrama, ou a máquina abstrata, é o mapa das relações de forças, mapa de densidade, de intensidade, que procede por ligações primárias não-localizáveis e que passa a cada instante por todos os pontos, 'ou melhor, em toda relação de um ponto a outro'." Com isso, Deleuze tenta também desembaraçar essa noção de qualquer analogia com uma "ideia transcendente", com uma "superestrutura ideológica", ou com uma "infraestrutura econômica". Se o dispositivo (diagrama) funciona como uma causa imanente (ao social) não unificadora, é porque ele, ao mesmo tempo, se atualiza, se integra e se diferencia em seus efeitos (p. 46).

Por fim, deve-se ter em conta que é através do que um dispositivo põe a funcionar que uma sociedade se estrategiza, ganha seus contornos e pode ser mapeada em sua inteligibilidade e em suas práticas concretas e mecanismos políticos efetivos de dominação. De outra parte, é preciso também atinar para o fato de que os dispositivos variam historicamente, apesar de podermos constatar a ação complementar e compatível de diferentes dispositivos num mesmo estrato histórico-societal. Na modernidade, por exemplo, além do dispositivo disciplinar, Foucault nos aponta também a emergência de um segundo tipo de dispositivo, o *dispositivo da sexualidade*, o qual irá exercer-se conjugado àquele, complementando-o e pondo em evidência um novo operador do poder, a norma. Além disso, Foucault irá mostrar como esses dois dispositivos, acoplados um ao outro, através de processos de normalização e regulamentação (biopoderes), irão integrar-se, por seu turno, à biopolítica. No próximo capítulo, além de fornecer elementos complementares à compreensão da genealogia foucaultiana do poder, tratando das relações entre soberania e disciplinas, meu intuito é o de tentar explicitar como a sexualidade, a norma, os saberes das disciplinas clínicas e os das ciências humanas se encontram agenciados num outro tipo de dispositivo estratégico de poder, nas sociedades ocidentais modernas.

Capítulo II

Soberania, disciplinas e dispositivo da sexualidade

Desembaraçando a análise genealógica de outros entraves

Lendo Foucault, nem sempre de imediato nos damos conta de que suas pesquisas genealógicas envolveram ainda outros aspectos cruciais, além de sua recusa em analisar o poder desde uma perspectiva economicista. Por estarem estreitamente ligados a essa recusa, a explicitação desses aspectos me parece fundamental caso melhor queiramos entender e dimensionar a lógica e a configuração estratégica das sociedades disciplinares, bem como as tendências e os desdobramentos destas em sua transição às sociedades contemporâneas (de normalização, regulamentação e controle). O caso é que o "projeto geral"[1] de Foucault supunha também um esforço em desembaraçar a análise política do poder de outros fatores, caros à tradição, a saber: de um lado, a tríade que envolve *poder*, *direito* e *verdade* ("a intensidade e a constância dessa relação") (1999, p. 28-29); de outro, a "tríplice preliminar" que envolve as concepções de *sujeito*, de *unidade* e de *lei* (p. 49-53).

---

[1] Apesar do termo, utilizado pelo próprio Foucault, ele mesmo faz questão de deixar claro que suas pesquisas, a partir do início dos anos 1970, mesmo que muito próximas umas das outras, e sem que visassem a um objetivo pré-determinado, caracterizavam-se pela fragmentação, descontinuidade e repetição (FOUCAULT, 1999, p. 6).

Todos esses fatores, articulados entre si, sustentam em maior ou menor medida uma sociedade concebida politicamente em termos de *soberania*. Vejamos o que vem a ser isso e como Foucault buscou dar conta dessa tarefa.

Um primeiro passo, para tanto, é retomar uma ideia capital já abordada no capítulo anterior, isto é, a de que não se pode pensar o exercício do poder como se dando desvinculado de certa economia de saber, e vice-versa. Lembro que *saber*, aqui, deve ser entendido como um discurso que se propõe à produção de verdade, à veiculação de verdade.[2] Sem perder essa ideia de vista, Foucault volta sua atenção para a forma como, desde a Idade Média, as sociedades ocidentais estabeleceram uma peculiar relação entre *poder*, *direito* e *verdade*. Essa relação é sugerida por uma indagação recorrente na filosofia política: "como o discurso da verdade ou, pura e simplesmente, como a filosofia, entendida como o discurso por excelência da verdade, podem fixar os limites de direito do poder?" (FOUCAULT, 1999, p. 28). Detenhamo-nos nos termos dessa relação. O "discurso da verdade" em causa é a filosofia jurídica, a teoria do direito, neste caso, o que se conhece por jusnaturalismo ou doutrina do direito natural.[3] O "poder" em questão, por sua vez, é o poder régio (do Rei). A "verdade", por fim, diz respeito à fixação da legitimação desse poder régio. Uma vez identificados os termos,

---

[2] "[...] somos forçados a produzir a verdade pelo poder que exige essa verdade e que necessita dela para funcionar; temos de dizer a verdade, somos coagidos, somos condenados a confessar a verdade ou a encontrá-la. O poder não pára de questionar, de nos questionar; não pára de inquirir, de registrar; ele institucionaliza a busca da verdade, ele a profissionaliza, ele a recompensa" (FOUCAULT, 1999, p. 29). Para Foucault, o poder não constitui nem a fonte nem a origem do discurso, mas opera através deste; assim, o discurso é um importante elemento (dentre outros) a ser levado em conta na análise de um dispositivo estratégico de relações de poder.

[3] Para mais informações sobre a doutrina do direito natural e suas relações com o problema da soberania e com o liberalismo clássico, consultar VERGARA (1995).

Foucault nos aponta que a forma como foi estabelecida a relação entre eles é justamente o que irá posicionar o *problema da soberania*, ou, em outras palavras, o modo como poder, direito e verdade se encontram agenciados nas sociedades de soberania:

> O papel essencial da teoria do direito, desde a Idade Média, é o de fixar a legitimidade do poder: o problema maior, central, em torno do qual se organiza toda a teoria do direito é o problema da soberania. Dizer que o problema da soberania é o problema central do direito nas sociedades ocidentais significa que o discurso e a técnica do direito tiveram essencialmente como função dissolver, no interior do poder, o fato da dominação, que se queria reduzir ou mascarar, duas coisas: de um lado, os direitos legítimos da soberania, do outro, a obrigação legal da obediência. (FOUCAULT, 1999, p. 31)

Com efeito, ao passo que os teóricos jusnaturalistas (Hugo Grotius, Jean Bodin, Samuel Puffendorf, etc.) buscaram legitimar juridicamente o exercício do poder soberano – a pedido deste e em seu proveito –, lançando mão, para tanto, de uma reativação estratégica do Direito romano, mais tarde, por sua vez, os teóricos contratualistas do século XVIII (Thomas Hobbes, John Locke e Jean-Jacques Rousseau) se empenharão em outra tarefa, isto é, a de buscar fundamentar os limites desse poder, estabelecendo quais seriam suas prerrogativas de direito. No primeiro caso, em que a afinidade e cumplicidade entre o direito e o poder régio aparecem de forma mais explícita, a verdade é produzida pelo primeiro para legitimar o segundo; no segundo caso, por seu turno, o "edifício jurídico", como que fugindo ao poder régio, busca, através de uma variante desse primeiro tipo de produção de verdade (teorias do contrato social), estabelecer seus limites, prevenindo eventuais desmandos de sua parte – caso em que se configuraria a opressão. Essa maneira de se conceber o (exercício do) poder (em termos de soberania), contudo, revela-se problemática e inviável para Foucault, pois, apesar das aparências, em ambos os casos anteriormente descritos o que acontece realmente é uma minimização e/ou dissimulação do duplo problema que envolve, de um lado, os "direitos legítimos da soberania" e, de outro, a "obrigação legal da obediência".[4] Isso induz Foucault a inverter a direção geral da análise política e tomar a decisão de partir inicialmente do domínio dos fatos, das práticas, dos mecanismos concretos de exercício do poder, para em seguida chegar à inteligibilidade de sua dimensão jurídico-filosófica. Além disso, essa análise invertida requer também que se abandone o problema que liga *soberania* e *obediência*, em proveito do problema que vincula a *dominação* à *sujeição*. Nesses termos, uma nova interrogação se impõe:

> Quais são as regras de direito de que lançam mão as relações de poder para produzir discursos de verdade? Ou ainda: qual é esse tipo de poder capaz de produzir discursos de verdade que são, numa sociedade como a nossa, dotados de efeitos tão potentes? (FOUCAULT, 1999, p. 28)

Essa indagação nos aponta o interesse de Foucault em direcionar sua análise para o "como" do poder, isto é, para seus operadores materiais, os mecanismos, as técnicas, as práticas e os discursos que ele põe em funcionamento, e de que ele necessita para exercer-se efetivamente. Eis a razão pela qual se deve partir do problema da dominação – e, portanto, correlativamente, do problema da sujeição –, seja como ela se dá a ver em suas brutais manifestações, seja pelos modos como ela é cuidadosamente urdida em segredo. Porque, segundo Foucault, não basta

---

[4] Esse modelo jurídico da soberania repercute significativamente junto à educação, particularmente na confiança depositada nas lutas que educadores e movimentos sociais empreendem em torno da cidadania (direitos humanos). Por outro lado, a posição cética de Foucault em relação a ele (e, portanto, ao direito, assim entendido) torna difícil a assimilação de seu pensamento por parte considerável de professores e teóricos educacionais, principalmente os que seguem orientações políticas de cunho marxista, humanista e/ou alinhadas à Teologia da Libertação. Para um exame mais detalhado das posições de Foucault em relação ao direito, cf.: EWALD (1993); FONSECA (2003, 2004); ADORNO (2006); KOERNER (2006).

pura e simplesmente constatar a obviedade de que o direito constitui um instrumento de dominação ("justiça injusta"); há que se ir além, problematizando a questão através de outra perspectiva, e investigar:

> [...] como, até onde e sob que formas, o direito (*e quando digo o direito, não penso somente na lei, mas no conjunto dos aparelhos, das instituições, regulamentos que aplicam o direito*) veicula e aplica relações que não são relações de soberania, mas relações de dominação. E, com dominação, não quero dizer o fato maciço de "uma" dominação global de um sobre os outros, mas as múltiplas formas de dominação que podem se exercer no interior da sociedade; não, portanto, o rei em sua posição central, mas os súditos em suas relações recíprocas; não a soberania em seu edifício único, mas as múltiplas sujeições que ocorreram e funcionam no interior do corpo social. (FOUCAULT, 1999, p. 31-32, grifos nossos)

De posse dessas orientações, e em continuidade com esse misto de crítica e abandono do modelo jurídico de soberania, passo agora ao exame daquela segunda "tríplice preliminar", que diz respeito às concepções de *sujeito*, *unidade* e *lei*. O que incomoda Foucault, nesse caso, é que a teoria da soberania toma por pressuposto três ideias que parecem questionáveis e improdutivas à genealogia foucaultiana. Em primeiro lugar, a ideia de um ciclo que parte do sujeito – tomado aqui, em termos aprioristicos, como indivíduo *naturalmente dotado* de direitos, capacidades, etc. – e que a ele não só pode como deve retornar, mas, então, entendendo-o como *sujeito sujeitado* numa relação de poder – através, por exemplo, de uma relação contratual, que lhe conferiria o estatuto de cidadão. Em segundo lugar, a ideia de que haveria uma *unidade fundamental*, fundadora de poder (o monarca, o Estado), em torno da qual gravitariam outras "capacidades, possibilidades, potências", passíveis de serem qualificadas como poderes – politicamente falando –, desde que submetidas a essa unidade ou dela derivadas. Em terceiro lugar, a ideia de que um poder político tem sua constituição assegurada, mais do que pela lei, por uma espécie de "legitimidade fundamental, mais fundamental do que todas as leis, e que é um tipo de lei geral de todas as leis" (FOUCAULT, 1999, p. 50). Nesses termos, diz Foucault, tudo se passa como se, para que seja possível entender e pensar o poder, fosse necessário partir de um "tríplice primitivismo": de um sujeito que deve ser sujeitado, de uma unidade do poder que deve ser fundamentada e de uma legitimidade do poder que deve ser respeitada (p. 50).

Recusando cada uma dessas ideias, Foucault nos fornece mais elementos para melhor compreendermos o modo como ele próprio exercita sua genealogia do poder. Em primeiro lugar, afirma ele, o que realmente deve ser feito é uma teoria da dominação (ou das dominações), em vez de uma teoria da soberania. Mas isso só é possível, em primeiro lugar, à medida que se busca "extrair, histórica e empiricamente, das relações de poder, os operadores de dominação" (Foucault, 1999, p. 51). Em segundo lugar, isso só é viável na medida em que se tomem as relações como exteriores a seus termos, ou seja, trata-se, não de partir do(s) sujeito(s) para depois configurar relações de poder que retornariam a este(s), determinando-os como obedientes, senão de "partir da própria relação de poder, da relação de dominação no que ela tem de factual, de efetivo, e de ver como é essa própria relação que determina os elementos [sujeitos] sobre os quais ela incide" (p. 51). Em terceiro lugar, por fim, enfatizar mais as relações de dominação do que propriamente a "fonte da soberania" (o monarca, o Estado). Nesse caso, o que importa é procurar identificar, descrever e entender os "instrumentos técnicos" que dão condições de possibilidade e que garantem essas relações de dominação, e não buscar segui-las no que elas têm ou não de legítimo. Em resumo, o que está em jogo, para Foucault, é muito mais a fabricação dos sujeitos – através das técnicas, da heterogeneidade das mesmas e de seus efeitos de sujeição – do que a gênese do soberano.

Na prática analítica, contudo, como Foucault buscou realizar esse "projeto"? É aqui que entram em cena, por um lado, todas aquelas precauções metodológicas a que me reportei no capítulo anterior, ou seja, o abandono daqueles seis postulados: da propriedade; da localização; da subordinação; da essência ou do atributo; da modalidade; da legalidade. Por outro, diz Foucault, isso pode ser tentado explorando-se teoricamente a guerra como analisador essencial para a análise das relações de dominação, tema privilegiado em seu curso *Em defesa da sociedade*, no *Collège de France* (1975-1976), e que terminará por colocar em evidência as noções de biopoder e biopolítica. De qualquer modo, pelo que foi exposto, já dispomos de elementos suficientes para promover uma primeira – apesar de parcial – aproximação entre genealogia do poder e educação, no âmbito das sociedades disciplinares. Como o próprio Foucault faria essa aproximação? Desde que perspectiva ele perscrutaria a educação nas sociedades modernas ocidentais? Em suas palavras:

> Concretamente, podemos, é claro, descrever o aparelho escolar ou o conjunto dos aparelhos de aprendizagem em dada sociedade, mas eu creio que só podemos analisá-los eficazmente se não os tomarmos como uma unidade global, se não tentarmos derivá-los diretamente de alguma coisa que seria a unidade estatal de soberania, mas se tentarmos ver como atuam, como se apóiam, como esse aparelho define certo número de estratégias globais, a partir de uma multiplicidade de sujeições (a da criança ao adulto, da prole aos pais, do ignorante ao erudito, do aprendiz ao mestre, da família à administração pública, etc.). São todos esses mecanismos e todos esses aparelhos de dominação que constituem o pedestal efetivo do aparelho global constituído pelo aparelho escolar. (FOUCAULT, 1999, p. 51-52)

Sobre a relação entre soberania e disciplinas

Passo a me ocupar, agora, de um ponto que me parece de especial relevância, e que pode me servir a um duplo propósito.

Em primeiro lugar, para dirimir um possível mal-entendido, decorrente de uma interpretação apressada e algo esquemática de algumas formulações de Foucault relativas às relações históricas e estratégicas entre soberania e disciplinas. Em segundo lugar, servindo-me desse aclaramento, para introduzir uma problemática da qual me ocuparei propriamente na segunda parte deste capítulo, a saber: as relações entre sexualidade, norma, saber e poder. Mas, então, de que mal-entendido estou falando? Trata-se, em termos muito sumários, da tendência em se tomar certos elementos jurídico-políticos e/ou jurídico-filosóficos implicados imediatamente no funcionamento das sociedades de soberania como estando, no limite, em relação de exterioridade (no tempo e no espaço) com a lógica e os mecanismos de dominação que caracterizam as sociedades disciplinares. Sigamos a maneira como Foucault posiciona essa questão e sinaliza novas articulações.

De início, retomemos o itinerário histórico da teoria jurídico-política da soberania. Como vimos, ela data da Idade Média, assinalando uma reativação do Direito romano e constituindo-se em torno do problema do poder régio (do monarca ou da monarquia feudais). Em seguida, serviu a um só tempo de instrumento e justificação para a constituição das monarquias administrativas (monarquias absolutistas). Na sequência, particularmente no século XVII, como afirma Foucault (1999, p. 41), "ela foi uma arma que circulou num campo e no outro, que foi utilizada num sentido ou no outro, seja para limitar, seja, ao contrário, para fortalecer o poder régio". Num quarto momento, por fim, que pode ser situado no século XVIII, essa mesma teoria retorna novamente, mas, então, sob nova roupagem (teorias contratualistas), propondo uma alternativa em face das monarquias administrativas (absolutas), qual seja, o modelo das democracias parlamentares. Ora, até os séculos XVII e XVIII, conforme aponta Foucault, pode-se afirmar que a "relação de soberania" (que agencia o soberano aos seus súditos e vice-versa) é predominante, estendendo-se por todo o corpo social, configurando certa "mecânica" de exercício do poder. Vejamos, de forma concisa, algumas de suas características: ela incide sobra a terra e sobre seus produtos (extraindo, dos corpos, bens e riquezas); está ligada ao deslocamento e à apropriação do poder; "permite transcrever em termos jurídicos obrigações descontínuas e crônicas de tributos" (Foucault, 1999, p. 43); posiciona a existência física do soberano como fundamento e centro do poder; enfim, "permite fundamentar o poder absoluto no dispêndio absoluto do poder" (p. 43).

A questão é que, por volta dos séculos XVII e XVIII, as sociedades ocidentais verão emergir uma nova mecânica e uma nova economia do poder, uma nova forma de estrategização social do poder, contando com princípios, com mecanismos, procedimentos e instrumentos singulares de dominação, heterogêneos e incompatíveis, à primeira vista, àqueles característicos do modelo de soberania. Senão vejamos: por princípio, ela tem como imperativo maximizar as forças sujeitadas, assim como as forças e a eficácia daquilo que torna possível essa sujeição, razão pela qual se pode falar de um cálculo do poder (orientado pelo mínimo dispêndio e a máxima eficácia); em vez de visar à exploração da terra e de seus produtos, incide preliminarmente sobre os corpos e suas potências, adestrando-os, deles extraindo tempo e trabalho (mais do que bens e riqueza); "pressupõe muito mais uma trama de coerções materiais do que a existência física de um soberano" (Foucault, 1999, p. 42); enfim, codifica uma vigilância contínua. Poder-se-ia esperar, a princípio, que, com o advento dessa nova mecânica do poder (as disciplinas), a teoria da soberania tendesse ao desaparecimento, esvaziando-se sua lógica de funcionamento. Contudo, não foi exatamente isso o que aconteceu. O próprio Foucault nos assegura que, além de continuar existindo como "ideologia do direito", ela ainda continuou a marcar sua presença através da organização, durante o século XIX, dos códigos jurídicos europeus, elaborados a partir dos códigos napoleônicos – o *Código civil* (1804), o *Código de instrução criminal* (1808) e o *Código penal* (1810).

Quais as razões dessa persistência da teoria da soberania, mesmo em um período histórico em que as sociedades já podiam ser caracterizadas substancialmente como disciplinares? Foucault nos aponta dois motivos para esse fenômeno. Em primeiro lugar, afirma ele, a teoria da soberania sempre funcionou, durante os séculos XVIII e XIX, como instrumento de crítica à monarquia; ao proceder dessa forma, ela se contrapunha a todas as barreiras que viessem a dificultar o desenvolvimento das disciplinas. Em segundo lugar, diz ele:

> [...] essa teoria e a organização de um código jurídico, centrado nela, permitiram sobrepor aos mecanismos da disciplina um sistema de direito que mascarava os procedimentos dela, que apagava o que podia haver de dominação e de técnicas de dominação na disciplina e, enfim, que garantia a cada qual que ele exercia, através da soberania do Estado, seus próprios direitos soberanos. Em outras palavras, os sistemas jurídicos, sejam as teorias, sejam os códigos, permitiram uma democratização da soberania, a implantação de um direito público articulado a partir da soberania coletiva, no mesmo momento, na medida em que e porque essa democratização da soberania se encontrava lastrada em profundidade pelos mecanismos de coerção disciplinar. De uma forma mais densa, poderíamos dizer o seguinte: uma vez que as coerções disciplinares deviam ao mesmo tempo exercer-se como mecanismos de dominação e ser escondidas como exercício efetivo do poder, era preciso que fosse apresentada no aparelho jurídico e reativada, concluída, pelos códigos judiciários, a teoria da soberania. (FOUCAULT, 1999, p. 44)[5]

Segue-se daí que temos uma estranha coabitação, uma inusitada vizinhança, um singular acoplamento entre o direito

---

[5] Chamo a atenção do leitor para o fato de que o conteúdo dessa citação está diretamente implicado na questão levantada na nota anterior.

público da soberania e a mecânica polimorfa da disciplina; dois regimes por demais heterogêneos e que jamais coincidem um com o outro. Para Foucault, é entre os limites do primeiro e da segunda que de fato se exerce o poder nas sociedades modernas. Entretanto, e aqui emerge outra questão importante, isso não nos deve levar a crer que nas sociedades disciplinares haveria apenas uma ordem discursiva em jogo, isto é, de que nelas existiria somente uma produção de verdade: jurídico-política, ou filosófico-jurídica, típica da teoria do direito. Pois essa nova tecnologia política (anátomo-política do corpo) engendra também uma discursividade própria, alheia e irredutível às leis e às regras do direito, derivadas da soberania. Se há uma nova regra, melhor seria nomeá-la de *norma*, ela é de uma natureza completamente diferente daquela e tem por referência não a teoria jurídica, mas sim o singular agenciamento das ciências humanas e das disciplinas clínicas (Anatomia, Patologia, Fisiologia, Neurologia, Psiquiatria, Psicologia, Psicanálise, etc.).

A norma – como elemento regente da ordem discursiva que caracteriza as disciplinas – opera mediante processos de normalização, e, se ela é alheia e irredutível à discursividade jurídica, isso se dá porque Foucault a concebe sob outros termos, repelindo a ideia amplamente difundida de que os fenômenos relativos à subjetividade e à conduta humanas tenham sido anexados ao domínio da ciência por efeito de um progresso racional das ciências exatas e/ou das ciências da natureza, dando ensejo, assim, à constituição das ciências humanas (FOUCAULT, 1999, p. 45-46). Considerando que me ocuparei da norma e dos processos de normalização no próximo item, o que se deve ressaltar, por enquanto, é a tensa justaposição e a relação de enfrentamento entre essas duas discursividades – reais responsáveis pela emergência das ciências humanas –, descritas por Foucault (1999, p. 46) nos seguintes termos:

> Quero dizer, mais precisamente, isto: eu creio que a normalização, as normalizações disciplinares, vêm cada vez

mais esbarrar contra o sistema jurídico da soberania; cada vez mais nitidamente aparece a incompatibilidade de umas com o outro; cada vez mais é necessária uma espécie de discurso árbitro, uma espécie de poder e de saber que sua sacralização científica tornaria neutros. E é precisamente do lado da extensão da medicina que se vê de certo modo, não quero dizer combinar-se, mas reduzir-se, intercambiar-se, enfrentar-se perpetuamente a mecânica da disciplina e o princípio do direito. O desenvolvimento da medicina, a medicalização geral do comportamento, das condutas dos discursos, dos desejos, etc., se dão na frente onde vêm encontrar-se os dois lençóis heterogêneos da disciplina e da soberania.

Assim configuradas, numa relação de justaposição e enfrentamento, a teoria do direito e os processos de normalização característicos das disciplinas constituem, segundo Foucault, as principais peças que consubstanciam os mecanismos gerais do poder nas sociedades ocidentais modernas. Considerando-se o quadro geral das relações de forças aí implicadas, desponta uma tendência que consiste em se buscar resistir aos avanços e à presença cada vez mais incisiva das disciplinas (de seus efeitos de saber-poder) no campo social. Contudo, diz-nos Foucault (1999, p. 47), essa resistência termina por nos conduzir a um "ponto de estrangulamento", pois o que a caracteriza, curiosamente, é a tentativa de invocar novamente a teoria do direito (o direito formal e burguês) para fazer frente aos mecanismos disciplinares de dominação. Ora, essa tentativa está fadada ao fracasso, haja vista que, para Foucault, não é recorrendo à soberania que se pode limitar os efeitos das disciplinas. Note-se, de passagem, que essa é a atitude que invariavelmente predomina nas chamadas teorias críticas da educação, particularmente as que são tributárias de orientações humanistas, do hegelianismo e do marxismo. Ela se expressa, como disse anteriormente, na grande expectativa que tais teorias depositam nas lutas pela construção de uma "consciência crítica", pela conquista da plena cidadania e pelas lutas em torno dos direitos humanos.[6] Na realidade, afirma Foucault, para se fazer uma resistência efetiva a esses mecanismos de dominação, deve-se tomar outra direção, isto é, uma perspectiva que aponte para uma concepção outra de direito, antidisciplinar, "liberto do princípio de soberania" (FOUCAULT, 1999, p. 47).

Dispositivo da sexualidade

Vimos que o tipo de poder exercido nas sociedades disciplinares tem como móvel de sustentação os corpos-organismos dos indivíduos, os quais devem ser adestrados de modo a que se tornem submissos à governamentalidade e úteis à produção capitalista. Esse adestramento envolve uma série de mecanismos, procedimentos e técnicas, e estes, por sua vez, combinados entre si, apoiando-se e estendendo-se mutuamente, incidem sobre os corpos, controlando suas atividades (exercícios, ajustes e composição do corpo com instrumentos e máquinas os mais diversos) e situando-os sempre em relações específicas e regulares com o espaço (quadriculamento, serialização, individualização celular, etc.) e o tempo (estabelecimento de horários, subdivisões do tempo em segmentos menores, organização e combinação de séries cronológicas, etc.). Além disso, esse processo de objetivação e individualização dos corpos se dá também pela vigilância hierárquica, pela sanção normalizadora e pela prática recorrente do exame. Por fim, vimos que, atravessando de uma ponta a outra todos esses mecanismos, procedimentos e técnicas, funciona uma espécie de máquina abstrata, cuja lógica reside no estabelecimento de um dispositivo ótico de superexposição e controle dos corpos-organismos (panoptismo), garantindo assim o ordenamento racional e disciplinar dos coletivos de indivíduos, em quaisquer organizações sociais em que eles se encontrem (escolas, hospitais, internatos, fábricas, academias militares, manicômios, etc.).

---

[6] Cf. notas 4 e 5.

Por outro lado, as estratégias que informam as sociedades disciplinares envolvem também um outro processo, de dupla face, indissociável dessa objetificação e disciplinamento dos corpos-organismos, perfazendo como que sua dimensão complementar, e que diz respeito, em primeiro lugar, à produção de uma individuação subjetiva, ou melhor, à produção, regulação e controle dos indivíduos como sujeitos. Mas sujeitos de quê? De uma identidade, de um "Eu", de uma interioridade, de uma "verdade de si", de uma personalidade, tendentes cada vez mais a se revestirem de texturas psicológicas, por efeito de relações de saber-poder específicas que as rebatem e associam amiúde a um determinado tipo de exercício da sexualidade. Em segundo lugar, e aqui se anuncia a questão da biopolítica, tais estratégias dizem respeito à regulação e ao controle do modo de vida das populações, tomando-as como objeto do cálculo do poder. Foucault se ocupa desse duplo processo – de individuação subjetiva pelo poder e de controle do corpo-espécie da população – no primeiro volume de sua *História da sexualidade*, intitulado *A vontade de saber*, publicado em 1976.

O problema de Foucault e o exame da "hipótese repressiva"

Nesse livro, as investigações genealógicas de Foucault retomam um antigo problema que, de certa forma, já havia sido trabalhado em *História da loucura*, mas que agora retornava, necessitando ser reposicionado em face de novos elementos (prazer sexual, saber científico, disciplinas, norma, biopolítica, etc.):

> [...] era este o meu problema: o que aconteceu no Ocidente que faz com que a questão da verdade tenha sido colocada em relação ao prazer sexual? E este é meu problema desde *História da Loucura*. [...] Em relação à loucura, meu problema era saber como se pôde fazer a questão da loucura funcionar no sentido dos discursos de verdade, isto é, dos discursos tendo estatuto e função de discursos verdadeiros. No ocidente, trata-se do discurso científico. Foi sob este ângulo que quis abordar a sexualidade. (FOUCAULT, 1990d, p. 258)

Mais adiante, nessa mesma entrevista (p. 259), Foucault acrescenta: "no fundo, será que o sexo, que parece ser uma instância dotada de leis, coações, a partir de que se definem tanto o sexo masculino quanto o feminino, não seria ao contrário algo que poderia ter sido produzido pelo dispositivo de sexualidade?". Por outro lado, se o problema retornava em novos moldes e introduzindo novos elementos, ele agora seria abordado através de um engate mais maduro entre saber e poder, proporcionado pela análise genealógica. Mas, afinal, o que inquietava realmente Foucault, que acontecimentos ou práticas históricos, em nossa modernidade, o instigavam a concentrar sua atenção nas relações estratégicas entre saber, sexo e poder? O que lhe fazia problema, ele o expressa através de um paradoxo relativo ao modo como as sociedades ocidentais, desde o século XVIII, passaram a lidar com o sexo:

> Trata-se, em suma, de interrogar o caso de uma sociedade que desde há mais de um século se fustiga ruidosamente por sua hipocrisia, fala prolixamente de seu próprio silêncio, obstina-se em detalhar o que não diz, denuncia os poderes que exerce e promete liberar-se das leis que a fazem funcionar. Gostaria de passar em revista não somente esses discursos, mas ainda a vontade que os conduz e a intenção estratégica que os sustenta. A questão que gostaria de colocar não é porque somos reprimidos mas, porque dizemos, com tanta paixão, tanto rancor contra nosso passado mais próximo, contra nosso presente e contra nós mesmos, que somos reprimidos? (FOUCAULT, 1988, p. 14)

Como se pode depreender desse trecho, a ideia de "repressão" aparece como algo que se revela, à primeira vista, central ao entendimento desse problema. E é justamente por isso que Foucault busca examiná-la, colocando-a sob suspeição. De início, ele parte da seguinte constatação: durante o século XVII, as sociedades europeias se permitiram uma tolerante familiaridade com o ilícito, mostrando-se relativamente permissivas em relação às suas manifestações. A partir do século XVIII, todavia, tudo se passa como se se assistisse a uma flagrante transformação nesse estado de coisas, em função da qual o sexo passa a ser tratado como algo a ser interditado, como algo em torno do qual se deve estabelecer um mutismo e, ainda, como algo cuja real existência é, inclusive, posta em dúvida. Já não se tratava meramente de interditá-lo, apelando aos dispositivos da lei, senão de tomá-lo como algo em relação ao qual nada há a dizer, ver e, muito menos, saber. O sexo, doravante, seria confiscado à intimidade dos lares burgueses, tratado discreta e solenemente como objeto cuja função legítima deveria restringir-se à procriação. No limite, não havendo como controlá-las de todo, as sexualidades ilícitas seriam hipocritamente toleradas, desde que praticadas apenas em alguns espaços clandestinos, circunscritos, codificados, os *rendez-vous*, as casas de saúde.

Sem prescindir de um apelo ao puritanismo, ao conservadorismo, à moral vitoriana, emerge então uma tentativa de explicar a relação entre poder e sexualidade com base no que Foucault designou de "hipótese repressiva". Tal hipótese, em sua expressão marxista, faz coincidir a repressão ao sexo com o desenvolvimento do capitalismo, o que supostamente lhe asseguraria uma boa caução histórica. Essa hipótese, segundo Foucault, busca sua sustentação em dois princípios explicativos. Em primeiro lugar, a hipótese repressiva afirma que, "se o sexo é reprimido com tanto rigor, é por ser incompatível com uma colocação no trabalho" (FOUCAULT, 1988, p. 11). Daí a necessidade estratégica, por parte do capital, de canalizá-lo para a produção, evitando seu desperdício e dissipação em prazeres fugazes e escusos. Tomado nesses termos, como causa e/ou questão, o sexo é investido de dignidade política, passando a fazer parte (sua liberdade, seu conhecimento, o direito de se falar dele) do futuro, através de sua assimilação ao projeto revolucionário. Em segundo lugar, haveria ainda um outro motivo pelo qual seria producente pensar a relação entre sexo e poder a partir da hipótese repressiva: "Se o sexo é reprimido, isto é, fadado à proibição, à inexistência e ao mutismo, o simples fato de falar dele e de sua repressão possui como que um ar de transgressão deliberada" (p. 12). Tanto é assim que, ao discurso que enuncia a repressão ao sexo, irá somar-se toda uma pregação voltada tanto para a enunciação da verdade sobre o sexo, como para a modificação de sua economia no real, transgredindo as leis que o regem e projetando para o futuro novas formas de felicidade e gozo aos corpos dos indivíduos.

Em face dessa hipótese repressiva, Foucault levanta algumas indagações. Essa repressão seria realmente uma evidência histórica? Em segundo lugar, dever-se-ia mesmo tomá-la como signo maior da forma como o poder é exercitado nas sociedades ocidentais modernas? Em terceiro lugar: "o discurso crítico que se dirige à repressão viria cruzar com um mecanismo de poder, que funcionaria até então sem contestação, para barrar-lhe a via, ou faria parte da mesma rede histórica daquilo que denuncia (e sem dúvida disfarça) chamando-o 'repressão'?" (FOUCAULT, 1988, p. 15). Essas três indagações apontam para algo que já foi aqui discutido, isto é, à desconfiança de Foucault em se analisar a ação do poder a partir de uma perspectiva economicista e a partir do modelo jurídico-político da soberania. Com efeito, a hipótese repressiva, concebida como forma de combate "ao poder", um poder que reprimiria, dentre uma série de outras coisas, o sexo, mostra-se ingênua em não perceber que, em vez da restrição e/ou proibição a este, o que está realmente em jogo é muito mais a sua *colocação em discurso*, isto é, a emergência de mecanismos através dos quais se procurou crescentemente incitar ao sexo, deflagrando em torno dele uma verdadeira "explosão discursiva", assim como uma disseminação e implantação de sexualidades polimorfas.[7]

---

[7] "O século XIX e o nosso [século XX] foram, antes de mais nada, a idade da multiplicação: uma dispersão de sexualidades, um reforço de suas formas absurdas, uma implantação múltipla das 'perversões'. Nossa época foi iniciadora de heterogeneidades sexuais" (FOUCAULT, 1988, p. 38).

Ingênua, além disso, por não perceber que essa operação tem sua lógica ancorada na conjugação de dois dispositivos que funcionam em regime de complementaridade: o dispositivo disciplinar e o dispositivo da sexualidade. Assim, Foucault dirige sua atenção a essa "vontade de saber", tomando-a como elemento privilegiado cuja análise irá tornar visíveis os novos elementos e relações de dominação que agenciam poder, sexo e prazer nas sociedades ocidentais modernas.

A colocação do sexo em discurso

A leitura histórico-política de Foucault acerca dessa questão, em termos sumários, tem o seguinte traçado. Na verdade, diz ele, a colocação do sexo em discurso é bem anterior ao século XVIII, remontando a uma tradição ascética e monástica, às práticas de penitência do cristianismo medieval, à evolução da pastoral católica, do sacramento da confissão – após o Concílio de Trento –, estendendo-se até meados do século XVII. Ora, todos esses fatores estão diretamente vinculados à trajetória e às marcas deixadas pelo cristianismo na civilização ocidental. Nesses termos, assinala Foucault, mais do que introduzir imperativos morais ligados à sexualidade, o legado que nos foi deixado pelo cristianismo teria sido a criação de novos mecanismos e técnicas de poder para impor ou inculcar nos indivíduos uma moral sexual. É com relação à regulação das fraquezas da "carne", isto é, da permanente tentação ao gozo dos prazeres pelo corpo, que esses mecanismos e técnicas serão agenciados:

> É pela constituição de uma subjetividade, de uma consciência de si perpetuamente alertada sobre suas própria fraquezas, suas próprias tentações, sua própria carne, [...] que o cristianismo conseguiu fazer funcionar essa moral, no fundo mediana, comum, relativamente pouco interessante, entre o ascetismo e a sociedade civil. Creio que a técnica da interiorização, a técnica da tomada de

> consciência, a técnica do despertar de si sobre si mesmo em relação às suas fraquezas, ao seu corpo, à sua sexualidade, à sua carne, foi a contribuição essencial do cristianismo à história da sexualidade. A carne é a própria subjetividade do corpo, a carne cristã é a sexualidade presa no interior dessa subjetividade, dessa sujeição do indivíduo a ele mesmo, e este foi o primeiro efeito da introdução do poder pastoral na sociedade romana. (FOUCAULT, 2004c, p. 71)

Isso será assegurado, sobretudo, através da relação de submissão absoluta que os fiéis devem manter com seu pastor, e através da técnica da confissão. Se o pastor age no sentido de orientar e cuidar de cada um dos indivíduos que compõem seu rebanho, ensinando-lhes a verdade, ele precisa acompanhar de perto, do exterior, e a cada momento, todos os seus movimentos. Por outro lado, constituindo talvez a maior novidade que acompanha o poder pastoral, no sentido de instituir uma nova prática de dominação agenciada ao sexo, o pastor também tem a necessidade de conhecer o mais profundamente possível a *interioridade* de cada membro de seu rebanho. O que significa isso e quais os efeitos daí decorrentes?

> Significa que o pastor disporá de meios de análise, de reflexão, de detecção do que se passa, mas também que o cristão será obrigado a dizer ao seu pastor tudo o que se passa no âmago de sua alma; particularmente, ele será obrigado a recorrer, do ponto de vista de seu pastor, a essa prática tão específica do cristianismo: a confissão exaustiva e permanente. O cristão deve confessar incessantemente tudo o que se passa nele a alguém que estará encarregado de dirigir a sua consciência, e essa confissão exaustiva vai produzir de algum modo uma verdade, que não era certamente conhecida pelo pastor, mas que tampouco era conhecida pelo próprio sujeito; é essa verdade obtida pelo exame de consciência, sua confissão, essa produção de verdade que se desenvolve durante a direção

de consciência, a direção das almas que irá, de qualquer modo, constituir a ligação permanente do pastor com seu rebanho e com cada um dos membros do seu rebanho. A verdade, a produção da verdade interior, a produção da verdade subjetiva é um elemento fundamental no exercício do pastor. (FOUCAULT, 2004c, p. 70)

Essa "tecnologia tradicional da carne" passará mais tarde por uma mutação, por influência da Reforma Protestante e do cristianismo tridentino; no entanto, isso não implica que se deva perder de vista certo paralelismo, certas semelhanças que persistem entre os métodos católicos e protestantes de exame da consciência e da direção das almas dos fiéis. De todo modo, no curso desse processo, são desenvolvidos novos métodos de análise e colocação em discurso da concupiscência. Por um lado, a confissão e a direção espiritual tornam-se práticas cada vez mais ampliadas e tendem a tratar insistentemente o sexo com a maior discrição e prudência possíveis, o que torna necessário uma depuração da linguagem, um policiamento dos termos utilizados, das formas e dos graus de expressão de tudo o que se refere às inquietações dos desejos carnais. Por outro, todos os aspectos ligados a essas inquietações, assim como suas correlações e seus efeitos devem ser seguidos minuciosamente até o nível dos detalhes. Como afirma Foucault (1988, p. 23-24), sob uma dupla evolução, que faz da carne a origem de todos os pecados e que, em segundo lugar, desloca o ponto principal em questão para essa inquietação do desejo, "o sexo é açambarcado e como que encurralado por um discurso que não pretende lhe permitir obscuridade nem sossego". Toma forma, pois, uma injunção que faz com que todos os indivíduos se obriguem a si mesmos, numa tarefa sem fim, a colocar o sexo em discurso, dizendo a si mesmos e a outrem "tudo o que possa se relacionar com o jogo dos prazeres, sensações e pensamentos inumeráveis que, através da alma e do corpo tenham alguma afinidade com o sexo" (p. 24).

Prosseguindo nessa tentativa de periodização da colocação do sexo em discurso, emerge, então, a partir do século XVIII, o acontecimento que mais interessa propriamente a Foucault e que nos remete ao problema central de que ele busca dar conta. A novidade, aqui, é que essa colocação do sexo em discurso não se viu fadada a persistir apenas como algo relativo aos domínios da espiritualidade cristã e da economia moral dos prazeres individuais. Doravante, ela passa a ser apoiada e relançada por uma série de novos mecanismos de dominação, estreitamente sintonizados com a lógica que anima as disciplinas e, no entanto, singulares na forma estratégica como agem, acrescentando novas características ao exercício do poder nas modernas sociedades ocidentais. Nesse sentido, penso que o acontecimento que Foucault quer destacar tem uma dupla face. Por um lado, a colocação do sexo em discurso, desde o século XVIII, passa a ser estratégica ao tipo de poder que se exerce nas sociedades disciplinares, sendo assimilada, ou melhor, agenciada ao dispositivo disciplinar; por outro lado, ao apoiar, relançar e modificar a colocação do sexo em discurso, bem como ao implantar e multiplicar sexualidades polimorfas, lançando mão de novos operadores e de um novo dispositivo (o da sexualidade), o (exercício do) poder também se transmuta, assumindo novos traços, características, desdobramentos, funcionando como biopoder, dando ensejo à emergência de uma biopolítica, ao passo que as sociedades em que esses poderes se exercem também são transmutadas, transformando-se em sociedades de normalização e regulamentação. Daí o motivo de Foucault (1988, p. 22, grifos nossos) afirmar que:

> [...] o essencial é a multiplicação dos discursos sobre o sexo *no próprio campo do exercício do poder*: incitação institucional a falar do sexo e a falar dele cada vez mais; obstinação das instâncias do poder a ouvir falar e a fazê-lo falar ele próprio sob a forma da articulação explícita e do detalhe infinitamente articulado.

De fato, o sexo torna-se objeto de "interesse público", o que significa que fazer falar dele e fazê-lo falar assumem uma conotação que extrapola preocupações meramente espirituais e/ou morais (condenar ou tolerar), passando a envolver, daí por diante, sua análise, contabilidade, classificação, especificação, com base em pesquisas quantitativas, o que sugere que ele passa a ser objeto de uma racionalização, a um só tempo, política, econômica e científica. Em outras palavras, o sexo tem de ser inserido em sistemas de utilidade, administrado pelo poder público (como questão de "polícia"), no sentido da "majoração ordenada das forças coletivas e individuais" (FOUCAULT, 1988, p. 27), em prol do bem comum. É em meio a essa necessidade estratégica que Foucault (p. 28) nos fala da emergência da "população" como problema econômico e político:

> [...] população-riqueza, população mão-de-obra ou capacidade de trabalho, população em equilíbrio entre seu crescimento próprio e as fontes de que dispõe. Os governos percebem que não têm que lidar simplesmente com sujeitos, nem mesmo com um "povo", porém com uma "população", com seus fenômenos específicos e suas variáveis próprias: natalidade, morbidade, esperança de vida, fecundidade, estado de saúde, incidência das doenças, forma de alimentação e habitat. Todas essas variáveis situam-se no ponto de intersecção entre os movimentos próprios à vida e os efeitos particulares das instituições. [...] No cerne deste problema econômico e político da população: o sexo; é necessário analisar a taxa de natalidade, a idade do casamento, os nascimentos legítimos e ilegítimos, a precocidade e a frequência das relações sexuais, o efeito do celibato ou das interdições, a incidência das práticas contraceptivas [...].

Ao abordar o problema dessa nova economia política, que toma por objeto os fenômenos próprios à vida e ao corpo-espécie da população, e ao abordá-lo situando o sexo como elemento estratégico para a sua gestão, Foucault nos apresenta, pela primeira vez, em *A vontade de saber*, a questão da biopolítica, questão que gradativamente vai assumindo contornos mais definidos ao longo dessa obra, culminando com sua tematização explícita em seu último capítulo, "Direito de morte e poder sobre a vida". O imperativo de mobilizar esse "erotismo discursivo generalizado" requereu, segundo Foucault, a ativação de diversos focos capazes de suscitar discursividades sobre o sexo. É aí que entram em cena, por exemplo, as *instituições pedagógicas*, com seus dispositivos arquitetônicos, seus regulamentos disciplinares, suas campanhas de esclarecimento, sua ortopedia pedagógico-discursiva, cercando, modulando e regulando o sexo das crianças e dos adolescentes, bem como, indiretamente, o de suas famílias. Por sua vez, a *justiça penal*, que até então tinha sua atuação limitada aos crimes crapulosos, antinaturais, no decorrer do século XIX, irá abrir-se a uma jurisdição miúda sobre o sexo, passando a ter sob seu encargo o exame, a análise e o julgamento de pequenas perversões, de ultrajes menores ("atentados ao pudor"), de toda uma casuística sexual microfísica que trespassa, regulando e conformando, a vida dos casais, a relação destes com os filhos, a boa formação dos adolescentes, etc. *Vigiar e punir*, como vimos, já antecipava esse movimento, mostrando como a justiça penal, sob o pretexto de separar, proteger e prevenir, amparou-se cada vez mais nos saberes e práticas das disciplinas clínicas (sobretudo, da psiquiatria), técnico-assistenciais e psicopedagógicas (relatórios, estudos de caso, métodos terapêuticos, de reeducação e/ou correção), anexando-os ao domínio jurídico. De outra parte, temos os focos privilegiados pela *medicina* e pela *psiquiatria*:

> Inicialmente, a medicina, por intermédio das "doenças dos nervos"; em seguida, a psiquiatria, quando começa a procurar – do lado da "extravagância", depois do onanismo, mais tarde da insatisfação e das "fraudes contra a

procriação", a etiologia das doenças mentais e, sobretudo, quando anexa ao seu domínio exclusivo, o conjunto das perversões sexuais. (FOUCAULT, 1988, p. 32)

Com efeito, em se tratando do dispositivo da sexualidade, a medicina parece receber uma atenção privilegiada de Foucault. Não é a toa que, em meio às operações, procedimentos e estratégias desse dispositivo, se institui uma *scientia sexualis*, por meio da qual se procede a uma "medicalização da vida".

Procedimentos e estratégias de normalização

Na impossibilidade de se continuar a sustentar uma visão ingênua acerca da sexualidade, tomando-a, por exemplo, como força naturalmente rebelde e resistente ao poder – o que obrigaria este a reprimi-la –, Foucault (1988, p. 98) sugere que a encaremos, antes, sob outra perspectiva:

> Ela aparece mais como um ponto de passagem particularmente denso pelas relações de poder; entre homens e mulheres, entre jovens e velhos, entre pais e filhos, entre educadores e alunos, entre padres e leigos, entre administração e população. Nas relações de poder, a sexualidade não é o elemento mais rígido, mas um dos dotados de maior instrumentalidade: utilizável no maior número de manobras, e podendo servir de ponto de apoio, de articulação às mais variadas estratégias.

Ora, é justamente por isso que, a partir do século XVIII, diversos são os procedimentos estratégicos de poder responsáveis pela instrumentalização desse elemento plástico que é a sexualidade, tendo em vista a normalização e regulamentação social. Dentre eles, Foucault destaca a *histerização do corpo da mulher*, a *pedagogização do sexo da criança*, a *socialização das condutas de procriação* e, enfim, a *psiquiatrização do prazer perverso*. Todos eles, agindo como que em rede, atualizam novas formas de colocação do sexo em discurso e estão, em maior ou menor medida, implicados na constituição de uma *scientia sexualis* e, portanto, na medicalização da vida.

Na histerização do corpo da mulher, o corpo desta é analisado e (des)qualificado, como corpo saturado sexualmente, visando a um duplo objetivo: por um lado, na medida em que esse corpo é tomado como estando sob suposto efeito de uma patologia que lhe seria intrínseca, ele pode ser integrado ao campo das práticas médicas; por outro, uma vez colocado nessa condição, ele pode: a) ser vinculado organicamente ao corpo social, mediante a regulação da fecundidade; b) entrar em comunicação com o espaço familiar – a mulher, como aliada estratégica do médico na interioridade do lar e; c) ser vinculado organicamente à vida das crianças, investindo-se a mulher da responsabilidade "biológico-moral" dos primeiros e principais cuidados educacionais de sua prole.

Com a pedagogização do sexo da criança, o que se visa é regular a infância e todos aqueles tidos como por ela responsáveis. Para tanto, em primeiro lugar, a criança é estrategicamente definida e colocada numa condição paradoxal, ao mesmo tempo "aquém e já no sexo", isto é, ou já se encarrega dele ou está na iminência de fazê-lo. Ora, malgrado se admita um componente "natural" em relação ao sexo, isso não significa, todavia, tolerância em relação à atividade sexual infantil; ao contrário, estando as crianças nessa condição paradoxal, e sendo tal atividade considerada indevida, acarretando virtualmente "perigos físicos e morais, individuais e coletivos", todos os esforços devem ser despendidos no sentido de controlá-las. Para Foucault, as campanhas mobilizadas em torno do onanismo infanto-juvenil constituem exemplo flagrante dessa pedagogização.

No caso da socialização das condutas de procriação, estamos em face de uma socialização simultaneamente econômica, política e médica. Econômica, porque a incitação ou os freios à fecundidade dos casais se dão através de políticas sociais ou medidas fiscais. Política, porque, em face do corpo social, são os pais que serão responsabilizados pela maneira como controlam a procriação de sua prole. Socialização médica, por sua vez, "pelo valor patogênico atribuído às práticas de controle de nascimentos, com relação ao indivíduo ou à espécie" (FOUCAULT, 1988, p. 100).

Por fim, temos a psiquiatrização do prazer perverso, estreitamente vinculada à constituição de uma *scientia sexualis*. Até o final do século XVIII, as práticas sexuais eram regidas por "três grandes códigos explícitos", o direito canônico, a pastoral cristã, e a lei civil, os quais fixavam e demarcavam os limites entre o lícito e o ilícito, centrando-se especialmente em torno das relações matrimoniais.[8] Como afirma Foucault (1988, p. 38), "esses diferentes códigos não faziam distinção nítida entre as infrações às regras das alianças [caso, por exemplo, do adultério] e os desvios em relação à genitalidade [caso, por exemplo, da homossexualidade]". Nesse sentido, prossegue ele, tanto na ordem civil como na ordem religiosa, o que se levava em conta era uma espécie de "ilegalismo global". De todo modo, o importante a assinalar é que o julgamento e as proibições que concerniam o sexo tinham uma natureza fundamentalmente jurídica. A partir do final do século XVIII, com a explosão discursiva em relação ao sexo (colocação do sexo em discurso no próprio campo do poder), tudo isso irá sofrer uma substancial modificação.

Com efeito, se a monogamia heterossexual típica do casal burguês ainda funcionava como referência modelar para o que era

---

[8] O que está ao fundo, aqui, é o que FOUCAULT (1988, p. 100) denominou de dispositivo de aliança: "Pode-se admitir, sem dúvida, que as relações de sexo tenham dado lugar, em toda sociedade, a um *dispositivo de aliança*: sistema de matrimônio, de fixação e desenvolvimento dos parentescos, de transmissão dos nomes e dos bens".

aceito no campo das práticas e dos prazeres, isso não se dava sem que sobre ela se falasse cada vez menos, cercando-a de discrição e envolvendo-a numa atmosfera sóbria, respeitosa, austera. Por outro lado, em contrapartida, diz Foucault, o novo é o desmedido interesse em falar das e em fazer falar as "sexualidades periféricas", isto é, justamente aquelas práticas sexuais que fogem, das mais diversas formas, ao padrão estipulado pela conjugalidade burguesa. Em suas palavras:

> Em compensação o que se interroga é a sexualidade das crianças, a dos loucos e criminosos; é o prazer dos que não amam o outro sexo; os devaneios, as obsessões, as pequenas manias ou as grandes raivas. Todas estas figuras, outrora apenas entrevistas, têm agora de avançar para tomar a palavra e fazer a difícil confissão daquilo que são. Sem dúvida não são menos condenadas. Mas são escutadas; e se novamente for interrogada, a sexualidade regular o será a partir dessas sexualidades periféricas, através de um movimento de refluxo. (FOUCAULT, 1988, p. 39)

Perfila-se, então, uma nova realidade. Ela é caracterizada, em primeiro lugar, pelas leis naturais da matrimonialidade, as quais remetem à presença e à ação do domínio jurídico-discursivo, ao campo do direito, ao que seria uma espécie infraestrutura legal ou moral. Em segundo lugar, por regras imanentes da sexualidade, as quais, perfazendo uma espécie de superfície que corta esse primeiro domínio, se referem a uma infinidade heterogênea de práticas "contranatureza" no campo da sexualidade, inscrevendo-se sob a lógica das perversões, aparentando delinquentes, maníacos, loucos, etc. e, em última instância, expressando novas relações de dominação (e, não, de soberania). Seria impossível dar conta, aqui, das detalhadas e formidáveis descrições de Foucault acerca das ações em jogo nesse novo cenário de forças, razão pela qual me limito apenas a destacar que a invenção de uma *scientia sexualis* está indissociavelmente relacionada a uma dupla operação, que consiste, de um lado, em incorporar as perversões às relações e aos mecanismos de poder, e, de outro, em especificar as individualidades, atribuindo-lhes uma "realidade analítica, visível e permanente [...]" (FOUCAULT, 1988, p. 44). Na prática, como isso acontece?

Antes de tudo, o ciclo se inicia pela extração de informações relativas às sensações e às formas de gozo, de obtenção do prazer, daqueles que exercitam qualquer tipo de sexualidade periférica. Essa extração, sob encargo de diversos agentes institucionais, lança mão de várias técnicas; no entanto, a confissão constitui de longe a mais crucial de todas, sobretudo pelas novas adaptações ritualísticas de que foi objeto – o confessionário da igreja, por exemplo, dá lugar ao consultório clínico ou à sala do Serviço de Orientação Educacional (SOE), na escola – e por sua disseminação em domínios de aplicação, tais como o da justiça, da medicina, da psicologia, da educação, da assistência pública, assim como nas relações familiares: "Confessa-se – ou se é forçado a confessar. Quando a confissão não é espontânea ou imposta por algum imperativo interior, é extorquida. Desencavam-na na alma ou arrancam-na ao corpo" (FOUCAULT, 1988, p. 59). Por outro lado, os agentes responsáveis por esse misto de extração/extorsão já não são mais, prioritariamente, os padres, senão orientadores educacionais, assistentes sociais, médicos das mais diversas especialidades, psiquiatras, psicólogos, psicanalistas, psicopedagogos, enfim, uma série de novos peritos, especialistas que tendem a agenciar cada vez mais o pedagógico ao terapêutico na produção e gestão da "verdade subjetiva" de cada indivíduo, quando não dos mais diversos tipos de coletividades ("psicologia das multidões").

Mas, se ele tem início com a confissão, como prossegue o processo de constituição dessa verdade? Num segundo momento, após se interrogar o sexo, trata-se de organizar os dados recolhidos, de modo a poder compará-los, diferenciá-los, hierarquizá-los e classificá-los "cientificamente" em categorias distintas, sobretudo, médico-psiquiátricas e psicológicas. Nesse caso o imperativo é o de problematizar o sexo, com vistas a integrá-lo a um campo de racionalização, inscrevendo-o num sistema de saber legítimo e, através desse artifício, agenciá-lo estrategicamente a uma nova lógica de dominação. Isso é garantido pelo recurso à norma e pelos processos de normalização. Antes, entretanto, de tratar especificamente de ambos – pois, de certa forma, já me inseri nessa discussão –, ressalto que a sexualidade aparece aqui como coincidindo com a verdade do sexo e de seus prazeres, verdade esta produzida a partir, com e nesse procedimento confessional, tornando-se finalmente o correlato dessa prática discursiva que é a *scientia sexualis*. Mas, então, o que vem a ser a norma e como funciona a normalização? Ambas as noções são exemplarmente esclarecidas por Foucault, num belo trecho de *Vigiar e punir*, no qual, apontando a singularidade da "arte de punir" num regime disciplinar, ele salienta cinco distintas operações, que não visam exatamente nem à expiação, nem tampouco à repressão:

> [...] relacionar os atos, os desempenhos, os comportamentos singulares a *um conjunto, que é ao mesmo tempo campo de comparação, espaço de diferenciação e princípio de uma regra a seguir*. Diferenciar os indivíduos em relação uns aos outros e em função dessa regra de conjunto – que se deve fazer funcionar *como base mínima, como média a respeitar ou como o ótimo de que se deve chegar perto*. Medir em termos quantitativos e hierarquizar em termos de valor as capacidades, o nível, a "natureza" dos indivíduos. Fazer funcionar, através dessa medida "valorizadora", a coação de uma conformidade a realizar. Enfim traçar o limite que definirá a diferença em relação a todas as diferenças, a fronteira externa do anormal. [...] A penalidade perpétua que atravessa todos os pontos e controla todos os instantes das instituições disciplinares compara, diferencia,

hierarquiza, homogeneíza, exclui. Em uma palavra, ela normaliza. (FOUCAULT, 1991, p. 163, grifos nossos)

É justamente através desses cinco procedimentos, agenciados a outros mecanismos de ajustamento (codificação clínica do "fazer falar", postulado de uma causalidade geral e difusa, princípio de uma latência intrínseca à sexualidade, método da interpretação, imperativo de medicalização dos efeitos da confissão) (FOUCAULT, 1988, p. 64-67), que se constitui uma *scientia sexualis*. Por intermédio desta, a sexualidade é literalmente produzida como algo, por natureza, sujeito a processos patológicos, demandando, por isso mesmo, intervenções terapêuticas, educativo-corretivas, numa palavra, normalizadoras. Ora, se nos detivermos com mais cuidado nessa questão, veremos que a norma e os processos de normalização tendem a extravasar consideravelmente o campo da medicina, embora sem nunca dele se desvincularem completamente – daí a razão de Foucault falar de uma "medicalização da vida" –; em última instância, todos os indivíduos e toda a sociedade deverão ser constituídos (individuados em uma identidade, em uma personalidade) por processos de normalização, tendo a norma disciplinar por referência.[9]

No campo educacional, por exemplo, isso é mais do que evidente. Em um dos manuais mais lidos de Psicologia em nosso País (COLL; PALACIOS; MARCHESI, 1996), ao fazerem um retrospecto avaliativo e histórico da "evolução" – em termos de definição e cientificidade – da *Psicologia da educação*, entendida em certo momento como sendo composta basicamente por três grandes áreas, "os estudos experimentais da aprendizagem, o

---

[9] "A norma é saturante, ou seja, ela não admite exterior, fazendo de todos nós um caso seu: normal ou anormal. O anormal, portanto, está na norma, está ao abrigo da norma, ainda que seja tomado como oposto ao normal" (VEIGA-NETO, 2003, p. 90).

estudo e a medida das diferenças individuais e a Psicologia da Criança", os autores apresentam essa disciplina recorrendo a Wall, para quem ela seria, em razão de seus "progressos espetaculares", a "rainha" das ciências da educação (COLL; PALACIOS; MARCHESI, 1996, p. 9). Ora, o que devemos reter dessa caracterização é que a psicologia das diferenças individuais, a psicometria e a utilização de métodos quantitativos em psicologia educacional informaram de forma decisiva as práticas e os princípios norteadores da pedagogia moderna, particularmente a partir do início do século passado. Nesse sentido, foi por intermédio, sobretudo, do saber e da tecnologia oriundos de todas essas disciplinas ou subdisciplinas da Psicologia, que a educação pôs-se a normalizar uma infinidade de crianças e adolescentes, assim como seus professores e as relações entre ambos. É nessa perspectiva que devemos entender a psicologização e a psiquiatrização da infância: de um lado, produção dos "sujeitos-alunos-normais", de outro, produção dos "sujeitos-alunos-problema", dos "deficientes", dos "anormais", dos "incorrigíveis", dos "carentes", etc. É mediante tais mecanismos, além disso, que a escolarização afeta a família nuclear, regulando-a e induzindo-a a agir em conformidade e em complementaridade com os processos de normalização propriamente escolares, mas também com os processos de normalização médicos, assistenciais, etc.

Pelo que vimos, fica clara a razão de a sexualidade ter-se constituído num elemento crucial às novas tecnologias de poder disciplinares. Com efeito, de um lado, ela não só pode ser capitalizada como comportamento corporal (a ser regulado, vigiado, adestrado, conformado), mas também como elemento com e a partir do qual se chega a constituir a verdade interior (a razão de ser, a identidade, a personalidade) de um indivíduo qualquer, tornando possível subjetivá-lo, classificá-lo, distribuí-lo e normalizá-lo (valorando-o positiva ou negativamente), de acordo com as normas instituídas pelas disciplinas clínicas e pelas ciências humanas. Mas, ao mesmo tempo, a par disso, a sexualidade serve a outro propósito, não menos importante, que é o de funcionar como dobradiça (charneira, ponto de ligação) entre o controle exercido sobre os corpos-subjetividades dos indivíduos e o controle exercido sobre o corpo-espécie da população, controle este que passa pela regulamentação da vida dessa população (procriação, higiene, etc.). Em resumo, a sexualidade serve de elo estratégico entre uma anátomo-política do corpo e uma biopolítica da população.

Por fim, uma última observação sobre a norma se faz necessária. Também retornarei a ela no próximo capítulo. Por ora, limito-me a apresentá-la, tal como perfeitamente formulada por Alfredo Veiga-Neto (2003, p. 89):

> E se é a sexualidade que articula o corpo com a população, é a *norma* que articula os mecanismos disciplinares (que atuam sobre o corpo) com os mecanismos regulamentadores (que atuam sobre a população). A norma se aplica tanto ao corpo a ser disciplinado quanto à população que se quer regulamentar; ela efetua a relação entre ambos, a partir deles mesmos, sem qualquer exterioridade, sem apelar para algo que seja externo ao corpo e à população em que está esse corpo.

Capítulo III

Biopolítica: *dimensões e interfaces*

Em torno do período que se estende aproximadamente de 1974 a 1979, por vias diversas e complementares, o problema da biopolítica vai se delineando, assumindo diferentes contornos, maior complexidade e importância nas pesquisas empreendidas por Michel Foucault. Até onde compreendo, é a maneira mesma como Foucault trabalha, o modo como explora as questões do presente, orientado por um "empirismo cego", como ele mesmo uma vez afirmou, o que o leva a enunciar, posicionar e retomar esse problema, situando-o sob diferentes perspectivas (histórica, política, econômica, institucional, estratégica, etc.), articulando-as entre si e a outras de suas formulações, relativas à soberania, às disciplinas e ao dispositivo da sexualidade. Esse tortuoso processo se dá em meio a uma série de pesquisas fragmentárias que, ora em paralelo, ora cruzando-se entre si e apoiando-se e prolongando-se umas nas outras, investigam as mútuas implicações entre a sexualidade, o controle do corpo-organismo e o controle do corpo-espécie da população; as relações entre norma, disciplina e biopolítica, bem como as relações entre todos esses fatores e a arte de governar, particularmente no âmbito do liberalismo e do neoliberalismo (biopoderes, controle, tecnologias do eu, etc.).

A rigor, pois, o problema da biopolítica não é apresentado de uma vez por todas, desenvolvido e acabado, num único momento ou numa mesma obra, mas vai ganhando visibilidade e assumindo maior complexidade num percurso que pode ser mais ou menos situado na *démarche* de Foucault. Decerto que um exame mais profundo e apurado nos mostraria que elementos relacionados a essa problemática podem ser encontrados já em algumas de suas obras anteriores; tal é o caso, por exemplo, como bem assinala Carlos José Martins (2006), de *História da loucura* e *O nascimento da clínica*, a mesma observação aplicando-se a alguns de seus cursos anteriores no *Collège de France*. Todavia, em nenhuma dessas obras ou desses cursos, o tema e o problema da biopolítica aparecem destacados como perfazendo uma questão capital, imediata, com uma lógica e uma especificidade próprias, demandando, por isso mesmo, especial atenção da parte de Foucault.

Em todo caso, essas observações não tornam menos difícil a tarefa de apresentar ao leitor um quadro coerente, com o qual se possa situar o problema da biopolítica, avaliar sua importância e apreendê-lo em seus principais traços e peculiaridades no pensamento de Foucault. Assim, tal como procedi nos dois capítulos anteriores, vou tentar manter-me mais ou menos fiel à orientação cronológica na abordagem desse tema/problema, privilegiando os escritos do próprio Foucault como principal referência ao que segue.

A medicina social como biopolítica

Em outubro de 1974, antes da publicação de *Vigiar e punir*, Foucault vai ao Rio de Janeiro, onde profere na Universidade do Estado do Rio de Janeiro (UERJ) uma conferência acerca do nascimento da medicina social. Logo ao início de sua fala, surpreendendo seus ouvintes, afirma sua incredulidade em face da ideia de que a medicina social teria uma longa história, remontando, por exemplo, à Antiguidade grega. Para ele, contrariamente, até a Idade Média, a prática médica teria sido eminentemente individualista, centrando-se na relação entre médico e paciente. Uma medicina de caráter propriamente social, por sua vez, seria bem mais recente, e sua emergência só se tornou possível com o advento do capitalismo e de toda uma "tecnologia do corpo social" a ele ligada. A hipótese formulada por Foucault, ao início dessa conferência já inscreve tanto o corpo quanto a medicina como elementos cruciais na nova economia de poder que se configura na modernidade:

> Minha hipótese é que com o capitalismo não se deu a passagem de uma medicina coletiva para uma medicina privada, mas justamente o contrário; que o capitalismo, desenvolvendo-se em fins do século XVIII e início do século XIX, socializou um primeiro objeto que foi o corpo enquanto força de produção, força de trabalho. O controle da sociedade sobre os indivíduos não se opera simplesmente pela consciência ou pela ideologia, mas começa no corpo, com o corpo. Foi no biológico, no somático, no corporal que, antes de tudo, investiu a sociedade capitalista. O corpo é uma realidade bio-política. A medicina é uma estratégia bio-política. (FOUCAULT, 1990c, p. 80)

Pela primeira vez, Foucault nos fala dessa "realidade" (o corpo) e dessa "estratégia" (a medicina) qualificando-as explicitamente como *biopolíticas*.[1] Todavia, nessa conferência,

---

[1] Edgardo Castro nos chama a atenção para o fato de que o termo "biopolítica" tem uma história que antecede a Foucault, não sendo ele propriamente o seu inventor: *"Por cuanto sabemos, su origen se remonta al sueco Rudolf Kyellen (1905). Tampoco ha sido Foucault el primero en ocuparse de la problemática que este término plantea, es decir, la relación entre la política y la vida biológica. Según informa Roberto Esposito, en su libro más reciente* – Bíos. Biopolítica y filosofía, *publicado en Italia en 2004 –, antes de Foucault es necesario distinguir tres etapas de la biopolítica. Una etapa organicista, en el primer trienio del siglo XX, mayormente en lengua alemana, en la que hay que ubicar a Kyellen y al barón Jacob von Uexkull. Esta primera fase está dominada por el esfuerzo de pensar el Estado como un organismo viviente. En segundo término, una etapa humanista, alrededor de los años sesenta y mayormente en lengua francesa. Aquí encontramos a Aaron Starobinski y a Edgar Morin. En esta segunda fase, se busca explicar la historia de la humanidad partiendo de la vida (en griego,* bíos*), sin reducir por ello la historia a la naturaleza. En tercer término, se distingue una etapa naturalista, surgida a partir de mediados de los sesenta y en lengua inglesa (en autores como Lynton Caldwell y James Davies). Aquí la naturaleza aparece como el único referente regulativo*

como veremos, ele se limita a nos introduzir nos meandros da biopolítica, centrando suas considerações analíticas em torno da instauração e do funcionamento de diferentes modelos de medicina social. Temos, assim, mais uma alusão parcial ao nosso problema, ou uma breve introdução seletiva a ele, do que um desenvolvimento e explicitação substancial das diversas facetas e dimensões que o envolvem; um fio que nos conduz à biopolítica, mas ainda pouco delineado em suas múltiplas conexões com outros fios que a perfazem e lhe dão concretude.

Na verdade, diz Foucault, desde o final do século XVI, e início do século XVII já se pode constatar uma preocupação crescente das principais nações europeias com o estado de saúde de suas populações. Ele associa essa crescente preocupação ao fenômeno do mercantilismo, tomando-o como algo que não se reduz apenas a uma teoria econômica, mas que perfaz também uma prática política:

> A política mercantilista consiste essencialmente em majorar a produção da população, a quantidade de população ativa, a produção de cada indivíduo ativo e, a partir daí, estabelecer fluxos comerciais que possibilitem a entrada no Estado da maior quantidade possível de moeda, graças a que se poderá pagar os exércitos e tudo o que assegure a força real de um Estado com relação aos outros. (FOUCAULT, 1990c, p. 82)

Prosseguindo em sua exposição, Foucault situa a formação dessa medicina social, coletiva, como se dando em "três etapas" e funcionando de acordo com diferentes modalidades ou características: em primeiro lugar, uma "medicina de Estado", desenvolvida na Alemanha; em segundo, uma "medicina urbana", que teve lugar na França; em terceiro, por fim, uma

---

de la política. Respecto de estas etapas, la obra de Foucault (junto con la de Hannah Arendt) representa una cuarta que no está en relación de continuidad con las precedentes" (CASTRO, 2005).

"medicina da força de trabalho", praticada na Inglaterra. Passemos em revista, brevemente, cada um desses casos.

Foi, sobretudo na Alemanha, afirma Foucault, que se desenvolveu de forma mais rápida e concentrada o que ele designa de "ciência do Estado" (*Staatswissenschaft*), entendida, por um lado, como um tipo de conhecimento que tem por objeto o Estado – não apenas tomado em seus recursos naturais, em sua população, mas principalmente no funcionamento geral de seu aparelho político –; por outro, entendida como "conjunto dos procedimentos pelos quais o Estado extraiu e acumulou conhecimentos para melhor assegurar seu funcionamento" (FOUCAULT, 1990c, p. 81). Não vou me deter aqui nos determinantes históricos, políticos e econômicos apontados por Foucault como responsáveis pelo desenvolvimento, paradoxalmente precoce, dessa "ciência do Estado" na Alemanha. O que se deve frisar, sobretudo, é que esse país – e essa é sua singularidade – dá testemunho do advento de uma medicina social, coletivizada, fortemente estatizada e funcionarizada, cujo exercício se dá em estreita sintonia com uma "política médica" e uma "polícia médica" (*Medizinichepolizei*) estatais e, portanto, com essa "ciência do Estado" a que Foucault se refere. Diferentemente do que ocorria na França e na Inglaterra, países nos quais a preocupação com a saúde das populações limitava-se, em termos práticos, ao estabelecimento de tabelas de natalidade e mortalidade, a polícia médica alemã mostrava-se muito mais complexa e organizada. Consistia, em primeiro lugar, num sistema mais apurado e completo de acompanhamento da morbidade, recorrendo, para tanto, além do uso de tabelas, às informações fornecidas por médicos e hospitais situados em diferentes regiões, com o posterior registro e organização das mesmas – incluídas as referentes a fenômenos endêmicos e epidêmicos. Em segundo lugar, ela toma a prática e o saber médicos como objeto de um controle e de uma normalização estatais, embora atribua às universidades e às corporações médicas a incumbência de decidir sobre os programas de formação (ensino) e a atribuição de diplomas. Em terceiro lugar, a instituição de uma organização administrativa encarregada do controle das atividades dos médicos, subordinando-as, assim, a uma administração central e/ou a um departamento especializado. Em quarto lugar, finalmente, destaca-se a criação de um sistema piramidal de observação e controle da saúde da população, transformando os próprios médicos em administradores desse sistema, em suas diversas esferas verticais e concêntricas de ação.

Uma última observação sobre essa medicina social alemã merece consideração, mesmo porque, guardadas as especificidades, ela também se aplica, mesmo que em menor medida, à medicina social francesa e, em menor escala, à inglesa. Se é correto afirmar que essa medicina social se ocupa do corpo, da saúde do corpo, este, todavia, ainda não é propriamente o corpo do proletário, cuja força de trabalho deverá ser investida a fim de que seja adaptada às necessidades do processo industrial – corpo, este sim, do qual se encarregará posteriormente a grande medicina científica de Morgani e Bichat. O corpo que serve de objeto a essa medicina social é

> [...] o próprio corpo dos indivíduos enquanto constituem globalmente o Estado: é a força, não do trabalho, mas estatal, a força do Estado em seus conflitos, econômicos certamente, mas igualmente políticos, com seus vizinhos. É essa força estatal que a medicina social deve aperfeiçoar e desenvolver. (FOUCAULT, 1990c, p. 84)

Vejamos, agora, o exemplo da medicina social francesa. Nesse caso, diz Foucault, o que serve de "suporte" a ela não é o Estado, mas o fenômeno da urbanização, o que significa a necessidade de racionalizar e regulamentar as condições de vida, as trocas, os espaços e os deslocamentos nas grandes cidades francesas, imperativo este que demandava uma "unificação do poder urbano". Em termos econômicos, isto é, no que se refere às relações comerciais e de produção, já não se podia tolerar, por exemplo, que imperasse nas grandes cidades uma "multiplicidade de jurisdição e de poder". Em termos políticos, havia que se levar em conta o aparecimento de toda uma população operária pobre, tendente a organizar-se em associações e/ou sindicatos e, nesse sentido, virtualmente constituindo uma oposição ou relação de enfrentamento entre ricos e pobres (plebeus e burgueses), dando ensejo a tensões e sublevações urbanas. Essa população urbana precisava, pois, ser esquadrinhada. Por essas e outras razões, Foucault (1990c, p. 87) nos fala da instalação de um "pânico urbano", de uma espécie de medo ou angústia diante da cidade:

> [...] medo das oficinas e fábricas que estão se construindo, do amontoado da população, das casas alta demais, da população numerosa demais; medo, também, das epidemias urbanas, dos cemitérios que se tornam cada vez mais numerosos e invadem pouco a pouco a cidade; medo dos esgotos, das *caves* sobre as quais são construídas as casas que estão sempre correndo o perigo de desmoronar.

Em torno dessa inquietação urbana, desses receios em relação à cidade, particularmente da parte dos setores da burguesia, ainda alijada do poder, desenvolveu-se um cuidado, uma espécie de política médico-sanitária que tinha na "quarentena" seu modelo de intervenção privilegiado. Já descrevi basicamente no que ele consistia, quando expus a ideia de dispositivo (disciplinar), focando o modelo de gestão da peste (cf. Capítulo I). Lembro apenas que, em oposição ao modelo de gestão da lepra, caracterizado pela exclusão, esse modelo da quarentena, envolvendo uma análise minuciosa da cidade, o esquadrinhamento e a análise individualizante de cada um de seus habitantes, bem como o registro permanente de tudo que se passava em seus domínios, funcionava através de uma lógica inclusiva.² Pois bem, afirma Foucault, a medicina social francesa, assentada na urbanização, não era mais do que um aperfeiçoamento desse modelo de esquadrinhamento encarnado pela quarentena, e tinha como principais objetivos: a) "Analisar os lugares de acúmulo e amontoamento de tudo que, no espaço urbano, pode provocar doença, lugares de formação e difusão de fenômenos epidêmicos ou endêmicos" (FOUCAULT, 1990c, p. 89) – como é o caso dos cemitérios; b) O controle e o estabelecimento de uma boa circulação, não tanto dos indivíduos, senão "das coisas e dos elementos, essencialmente a água e o ar";³ c) A organização do que Foucault (1990c, p. 91) designa de "distribuições e seqüências":

> Onde colocar os diferentes elementos necessários à vida comum na cidade? É o problema da posição recíproca das fontes e dos esgotos ou dos barcos-bombeadores e dos barcos-lavanderia. Como evitar que se aspire água de esgoto nas fontes onde se vai buscar água de beber, como evitar que o barco-bombeador, que traz água de beber para a população, não aspire água suja pelas lavanderias vizinhas?

Foucault nos faz perceber, além disso, como essa medicina social-urbana francesa implicava uma medicalização da cidade, como sua prática conseguiu penetrar o domínio científico ("*corpus* de ciência físico-química"), conquistando legitimidade para si mesma, por intermédio de sua socialização no tecido urbano, ou seja, por esse seu viés urbanístico; mas, também,

---

² Essa inclusão, na verdade, constitui uma estratégia política de "exclusão por inclusão", tema este privilegiado no pensamento do filósofo italiano Giorgio Agamben.

³ "O ar, então, era considerado um dos grandes fatores patógenos. Ora, como manter as qualidades do ar em uma cidade, fazer com que o ar seja sadio, se ele existe como que bloqueado, impedido de circular, entre os muros, as casas, os recintos, etc.? Daí a necessidade de abrir longas avenidas no espaço urbano, para manter o bom estado de saúde da população" (FOUCAULT, 1990c, p. 90).

como ela tratava, de fato, mais "do meio", de seus elementos, do que propriamente de corpos e aos organismos. Ou melhor, dos efeitos do meio junto aos corpos e aos organismos. Esse seu viés irá delinear, portanto, a tão conhecida noção de *salubridade*, e antecipar novas formas de intervenção (higienismo) junto a problemas que envolvem condições de salubridade preocupantes para a vida nas cidades, para o trabalho nas fábricas, para o lazer e o repouso nas moradias, etc.:

> Salubridade não é a mesma coisa que saúde, e sim o estado das coisas, do meio e seus elementos constitutivos, que permitem a melhor saúde possível. Salubridade é a base material e social capaz de assegurar a melhor saúde possível dos indivíduos. E é correlativamente a ela que aparece a noção de higiene pública, técnica de controle e de modificação dos elementos materiais do meio que são suscetíveis de favorecer ou, ao contrário, prejudicar a saúde. Salubridade e insalubridade são o estado das coisas e do meio enquanto afetam a saúde; a higiene pública – no séc. XIX, a noção essencial da medicina social francesa – é o controle político-científico deste meio. (FOUCAULT, 1990c, p. 93)

No que diz respeito ao caso da Inglaterra, vemos a medicina social seguir um terceiro caminho, que aponta, dessa vez, para a medicalização da população pobre e da massa de trabalhadores, contingente esse que, a partir de meados do século XIX, é especialmente associado ao estigma da periculosidade, tomado como perigo sanitário e político à vida nas grandes cidades. Várias são as razões apontadas por Foucault para que isso acontecesse: em termos políticos, os pobres já constituíam uma população considerável, capaz de se revoltar ou de tomar parte em sublevações; em segundo lugar, encontramos as insatisfações geradas entre os pobres, por já não terem a mesma serventia de antes, pois as cidades passaram a ter maior organização formal de seus serviços públicos; em terceiro, a coabitação, num mesmo espaço, entre plebeus e burgueses, e a divisão e a redistribuição do espaço urbano em bairros ricos e pobres, bem como seus efeitos no direito da propriedade e da habitação privadas, fizeram com que as relações de sociabilidade na cidade viessem a ser marcadas pela tensão e pelo medo da eclosão de conflitos.

Ora, sendo a Inglaterra o berço da Revolução Industrial, nela se desenvolveu mais rapidamente e de forma substancial uma classe proletária, assim como um tipo de medicina social que a tomaria como principal objeto de investimento. Nessa nova modalidade de medicina, a assistência à saúde da população pobre passa pelo controle autoritário e está estreitamente ligada à segurança pública, adequando-se, de resto, à nova legislação médica que passa a entrar em vigor sobre essa questão:

> É essencialmente na *Lei dos pobres* que a medicina inglesa começa a tornar-se social, na medida em que o conjunto dessa legislação comportava um controle médico do pobre. A partir do momento em que o pobre se beneficia do sistema de assistência, deve, por isso mesmo, se submeter a vários controles médicos. Com a *Lei dos pobres* aparece, de maneira ambígua, algo importante na história da medicina social: a ideia de uma assistência controlada, de uma intervenção médica que é tanto uma maneira de ajudar os mais pobres a satisfazer suas necessidades de saúde, sua pobreza não permitindo que o façam por si mesmos, quanto um controle pelo qual as classes ricas ou seus representantes no governo asseguram a saúde das classes pobres e, por conseguinte, a proteção das classes ricas. Um cordão sanitário autoritário é estendido no interior das cidades entre ricos e pobres: os pobres encontrando a possibilidade de se tratarem gratuitamente ou sem grande despesa e os ricos garantindo não serem vítimas de fenômenos epidêmicos originários da classe pobre. (FOUCAULT, 1990c, p. 95)

Pouco mais tarde, a partir dos anos 1870, principalmente a partir de 1875, observa-se uma estratégia que prolonga e complementa aquela já contida na "Lei dos Pobres". Isso se dá com a criação dos sistemas de *health service* e *health office*, que, dentre suas atribuições: obrigavam e controlavam a vacinação pública; organizavam o controle do registro de epidemias (ou de doenças capazes de provocá-las), forçando inclusive a que os indivíduos se declarassem portadores de enfermidades perigosas, caso as tivessem; tomavam a si a tarefa de identificar os locais insalubres e neles intervir, de modo a prevenir futuros problemas. Para Foucault (1990c, p. 96), um dos aspectos mais importantes em jogo nessa forma de medicina social inglesa é o seu caráter autoritário, a forma de controle por ela exercida e, sobretudo, o objeto desse controle:

> Enquanto a *Lei dos pobres* comportava um serviço médico destinado ao pobre enquanto tal, o *health service* tem como característica não só atingir igualmente toda a população, como também, ser constituído por médicos que não são individuais, mas que tem por objeto a população em geral, as medidas preventivas a serem tomadas e, como na medicina urbana francesa, as coisas, os locais, o espaço social, etc.

Dentre as três versões de medicina social apresentadas por Foucault, essa última foi a que veio a se tornar mais influente no futuro, haja vista que conjugava, a um só tempo, "três sistemas superpostos e coexistentes, uma medicina social destinada aos mais pobres, uma medicina administrativa encarregada de problemas gerais como a vacinação, as epidemias, etc., e uma medicina privada que beneficiava quem tinha meios de pagá-la" (FOUCAULT, 1990c, p. 97).[4]

---

[4] Deve-se ter em mente, contudo, que sua constituição e posterior influência não se deram sem que houvesse resistências de parte das próprias populações. Nos países anglo-saxões, em que predominava o protestantismo, por exemplo, essa resistência se deu por uma via religiosa: "ora, o que reaparece, no século XIX, são grupos de dissidência religiosa, de diferentes formas, em diversos países, que têm agora por objetivo lutar contra a medicalização, reivindicar o direito das pessoas não passarem pela medicina oficial, o direito sobre seu próprio corpo, o direito de viver, de estar doente, de se curar e morrer como quiserem. Esse desejo de escapar da medicalização autoritária é um dos temas que marcaram vários grupos aparentemente religiosos, com vida intensa ao final do século XIX e ainda hoje." (FOUCAULT, 1990c, p. 96). Já nos países católicos, diz Foucault,

Não devemos perder de vista que essa conferência nos introduz na questão da biopolítica por intermédio da saúde, ou seja, privilegiando a importância estratégica da medicina social, e não exatamente da educação e de suas instituições e organizações. Todavia, se isso é inegável, deve, no entanto, ser matizado, pois todas essas diferentes etapas e modalidades de medicina coletiva comportam uma dimensão educativa, são atravessadas por um vetor ou componente pedagógico, sem os quais não funcionariam.

Guerra e poder: o discurso histórico-político da *luta das raças*

No curso *Em defesa da sociedade*, Foucault nos apresenta uma série de formulações que perfazem como que uma segunda abordagem do problema da biopolítica. Mas, em particular em sua última aula (a de 17 de março de 1976), que serve de ponto de culminância ao curso, diferentemente da conferência que acabamos de ver, na qual a função estratégica da medicina social é privilegiada, encontramos uma tentativa de abordar a biopolítica em termos mais amplos e articulados, em que vários fatores são considerados simultaneamente, tornando-se difícil atribuir destaque especial a apenas um deles.[5] Todavia, a despeito disso, Foucault

---

essa resistência assume feições diferentes, expressando-se difusamente, por sua vez, através da religiosidade popular, nas romarias, peregrinações, animadas por "crenças arcaicas ainda não desaparecidas". No Brasil, cabe lembrar o episódio da Revolta da Vacina, que eclodiu em 1904: na primeira década do século XX, os médicos higienistas buscavam desenvolver políticas sanitárias, como as encabeçadas pelo Instituto de Patologia Experimental de Manguinhos, que em 1908 se tornaria o Instituto Oswaldo Cruz. "A Revolta da Vacina ocorreu em protesto à vacinação compulsória contra a varíola, proposta por Oswaldo Cruz e aprovada pelo governo de reformulação urbana de Pereira Passos em novembro de 1904. Entre os dias 10 e 16 de novembro, a capital do país tornou-se um campo de guerra. Barricadas, saques e incêndios foram realizados em sinal de descontentamento à determinação do governo" (DIWAN, 2007, p. 92).

[5] Essa abordagem ao tema da biopolítica guarda estreitas ressonâncias com a argumentação desenvolvida em *A vontade de saber*, particularmente no último capítulo dessa obra.

nos apresenta claramente um fio condutor ao problema, fio este que se inscreve na tentativa do filósofo de dar seguimento à sua genealogia do poder, lançando mão, para tanto, da *guerra* como analisador privilegiado para uma análise política das relações de dominação. Essa decisão o faz pesquisar a emergência e os desdobramentos históricos de uma espécie de *discurso histórico-político*, o discurso da *guerra das raças*, desde o qual e com o qual, tornou-se possível a posterior enunciação do discurso, inédito historicamente, do *racismo moderno* – um racismo *biológico* e *de Estado*.[6]

Vimos brevemente, no Capítulo I, o que levou Foucault a se sentir atraído pela ideia de experimentar a guerra como analisador privilegiado de uma análise política e genealógica do poder. Contudo, não nos detivemos no que isso significa, ou seja, nas questões que envolvem essa tomada de posição, e nas que dela decorrem. A esse propósito, Foucault (1999, p. 53) apresenta uma indagação preliminar: "a guerra pode valer efetivamente como análise das relações de poder e como matriz das técnicas de dominação?". Em outras palavras:

> A relação de poder será em seu fundo uma relação de enfrentamento, de luta de morte, de guerra? Sob a paz, a ordem, a riqueza, a autoridade, sob a ordem calma das subordinações, sob o Estado, sob os aparelhos do Estado, sob as leis, etc., devemos entender e redescobrir uma espécie de guerra primitiva e permanente? (FOUCAULT, 1999, p. 53)[7]

---

[6] Note-se que esse discurso do racismo moderno (biológico e de Estado), apesar de importante para a compreensão da questão da biopolítica, como veremos mais adiante, constitui apenas um dos possíveis desdobramentos históricos a que me referi antes. Curiosamente, a meu ver, poder-se-ia indagar se a genealogia, quer seja ela da moral (Nietzsche) ou do poder (Foucault), como espécie de discurso nietzschiano/foucaultiano, também não poderia ser tomada como outro desdobramento histórico possível desse mesmo discurso histórico-político da luta das raças – o que não implica de forma alguma, evidentemente, qualquer proximidade ou simpatia de Nietzsche e Foucault com relação ao racismo.

[7] Observe-se que tal "questão preliminar" está estreitamente ligada ao abandono do que Deleuze chama de postulado da legalidade (cf. Capítulo I).

Essa indagação preliminar é, na verdade, a hipótese mesma com a qual Foucault pretende operar; e ele a formula sob a influência de Nietzsche, visando, estrategicamente, dentre outras coisas, a questionar a clássica leitura hobbesiana das relações de poder, expressa em *O Leviatã*. Assim formulada, ela suscita outras questões,[8] indicando-nos ao mesmo tempo a "questão principal" de que Foucault (1999, p. 54) pretende se ocupar no Curso *Em defesa da sociedade*, a saber:

> [...] como, desde quando, e por que se começou a perceber ou a imaginar que é a guerra que funciona sob e nas relações de poder? Desde quando, como, por que se imaginou que uma espécie de combate ininterrupto perturba a paz e que, finalmente, a ordem civil – em seu fundo, em sua essência, em seus mecanismos essenciais – é uma ordem de batalha? Quem imaginou que a ordem civil era uma ordem de batalha? [...] Quem enxergou a guerra como filigrana da paz; quem procurou, no barulho da confusão da guerra, quem procurou na lama das batalhas, o princípio de inteligibilidade da ordem, do Estado, de suas instituições e de sua história?

Ao se debruçar sobre essa questão, Foucault é levado a desenvolver seu raciocínio invertendo a máxima de Clausewitz[9] – alinhada a um tipo de *discurso* de cunho *filosófico-jurídico* (e/ou *filosófico-político*) –, segundo a qual "a guerra é a política continuada por outros meios". Foucault (1999, p. 56) afirma que é possível identificar, desde o final do século XVI e início do

---

[8] Por razão de espaço, limito-me a indicar ao leitor que tais questões se encontram nas páginas 53 e 54 de *Em defesa da sociedade*.

[9] "Carl von Clausewitz (1780-1831) foi um general prussiano cuja *magnum opus*, intitulada 'Da Guerra', teve como referencial histórico as Guerras Napoleônicas. Seu pensamento militar foi moldado pelas incessantes campanhas militares levadas a cabo pelo 'Pequeno Corso' por toda a Europa ao longo de cerca de vinte anos. O supracitado livro foi publicado em 1832, e, ainda hoje, é muito lido por especialistas e não-especialistas, constituindo-se, assim, num clássico das literaturas militar e política contemporâneas" (ALVES, 2009).

século XVII, a emergência de um outro tipo de discurso, de caráter *histórico-político* (e/ou *histórico-jurídico*), o qual afirma, contrariamente à tese de Clausewitz, que a guerra deve ser tomada "como relação social permanente, como fundamento indelével de todas as relações e instituições de poder". Para melhor compreendermos o que está em jogo no conflito entre esses dois diferentes tipos de discurso, detenhamo-nos um pouco em cada um deles, buscando situá-los historicamente e defini-los em seus respectivos conteúdos.

O primeiro, ou seja, o discurso filosófico-jurídico (e/ou filosófico-político) tem suas raízes deitadas na Antiguidade romana, estendendo-se pela Idade Média, até meados da modernidade. Permanecendo durante muito tempo aparentado ao poder, na medida em que buscava justificá-lo e fortalecê-lo, constitui-se das típicas narrativas oficiais que os historiadores fazem da História (na condição de representantes ou de aliados do poder). Segundo Foucault (1999, p. 76), tais narrativas históricas cumprem uma dupla função: por um lado, elas devem expressar o direito do poder, o que significa que, ao narrarem sua versão da história e das vitórias dos reis e dos poderosos, o fazem de tal modo a assinalar um vínculo jurídico entre estes e o poder, na continuidade da lei e por intermédio desta (haja vista que ela, a lei, "se faz aparecer no interior desse poder e em seu funcionamento"); por outro lado, ao narrarem tais acontecimentos, fazem-no de tal modo a investi-los de uma aura de fascínio e glória (heroificação dos feitos e das conquistas), intensificando o brilho e a força do poder – daí o fato de recorrerem a sagrações, cerimônias, funerais, relatos legendários de grandes façanhas, etc.

No primeiro caso, esse tipo de narrativa histórica opera por um viés jurídico, que torna a vinculação (do rei ao poder) possível, mediante a obrigação, o juramento, o compromisso, em suma, a lei; no segundo, por seu turno, esse tipo de narrativa histórica funciona através de uma intensificação e/ou glorificação do poder, atribuindo a este uma eficácia, como que mágica, suscetível de deslumbrar e aterrorizar. Da civilização romana às sociedades medievais, pois, praticou-se essa espécie de discurso histórico – na verdade, discurso filosófico-jurídico e/ou filosófico-político –, como discurso por excelência do poder soberano. Operando através dessa dupla função, de vínculo e deslumbramento, esse discurso terminou por instituir e legitimar o poder como fundador e fiador da ordem. Ele deu ensejo, por exemplo, a que se promovesse uma identificação implícita entre o povo e seu monarca, entre a nação e seu soberano; ele funcionou de modo a fazer crer que, em vez de subjugar, a soberania unifica o conjunto do corpo social em torno de uma unidade – a cidade, a nação, o Estado. Todavia, aqueles que o enunciam, ademais, fazem-no a partir da posição de juristas e/ou de filósofos, como se falassem desde uma posição do "sujeito universal, totalizador ou neutro", pressupondo, portanto, a possibilidade da existência de um discurso em relação de exterioridade e de neutralidade para com o poder, ou seja, um discurso desinteressado ou desimplicado das relações de poder.

Mas, eis que a partir do final do século XVI e início do século XVII, na França e na Inglaterra, emerge um outro tipo de discurso, nebuloso, ambíguo em seus enunciados e motivações, porém claramente distinto e contrário a esse que acabo de descrever.[10] O que diz esse discurso? Basicamente isto: que

---

[10] Embora Foucault date a emergência desse discurso do final das guerras civis e religiosas do século XVI, ele só se formulará claramente "no início das grandes lutas políticas inglesas no fim do século XVII, no momento da revolução burguesa inglesa. E nós o veremos aparecer em seguida na França, no fim do século XVII, no fim do reinado de Luiz XIV, noutras lutas políticas – digamos, as lutas de retaguarda da aristocracia francesa contra o estabelecimento da grande monarquia absoluta e administrativa. Discurso, pois, vocês estão vendo, imediatamente ambíguo, já que de um lado, na Inglaterra, ele foi um dos instrumentos de luta, de polêmica e de organização política dos grupos políticos burgueses, pequeno-burgueses e eventualmente mesmo populares, contra a monarquia absoluta. Ele foi também um discurso aristocrático contra essa mesma monarquia" (FOUCAULT, 1999, p. 58-59).

o poder político (a organização, a estrutura jurídica do poder, dos Estados, das monarquias, das sociedades) não tem como condição de possibilidade, para que seja efetivamente instaurado e exercido, o cessar da guerra, dos combates, dos conflitos; ao contrário, para que opere, o poder político não só pressupõe a guerra como também se exerce através dela e nela, forjando diversos tipos de mecanismos e dispositivos de dominação, conforme as circunstâncias o permitam:

> No início, claro, a guerra presidiu ao nascimento dos Estados: o direito, a paz, as leis nasceram no sangue e na lama das batalhas. Mas com isso não se deve entender batalhas ideais, rivalidades tais como as imaginam os filósofos ou os juristas [...]. A lei não nasce da natureza [...]; a lei nasce das batalhas reais, das vitórias, dos massacres, das conquistas que têm sua data e seus heróis de horror; a lei nasce das cidades incendiadas, das terras devastadas, ela nasce com os famosos inocentes que agonizam no dia que está amanhecendo.
>
> Mas isso não quer dizer que a sociedade, a lei e o Estado sejam como que o armistício nessas guerras, ou a sanção definitiva das vitórias. A lei não é pacificação, pois, sob a lei, a guerra continua a fazer estragos no interior de todos os mecanismos de poder, mesmo os mais regulares. A guerra é que é o motor das instituições e da ordem: a paz, na menor de suas engrenagens, faz surdamente a guerra. Em outras palavras, cumpre decifrar a guerra sob a paz: a guerra é a cifra mesma da paz. Portanto, estamos em guerra uns contra os outros; uma frente de batalha perpassa a sociedade inteira, contínua e permanentemente, e é essa frente de batalha que coloca cada um de nós num campo ou no outro. Não há sujeito neutro. Somos forçosamente adversários de alguém. (FOUCAULT, 1999, p. 56-57)

Para esse discurso histórico-político, portanto, não há campos, posições nem discurso neutros, tampouco um sujeito neutro que os ocupe ou os enuncie. Mesmo nos momentos em que supostamente reina a paz, a lei e a ordem, toda análise política demanda uma perspectivação, a ser feita desde os campos, as posições, os discursos e os sujeitos implicados nos conflitos latentes que marcam essa guerra contínua e permanente. Poder-se-ia argumentar que aqueles que professam esse tipo de discurso, quando o fazem, contra seus inimigos – pois, ou se está de um lado, ou de outro –, nem por isso prescindem do direito; ao contrário, sempre que engajados num embate, numa guerra, lançam mão dos saberes e práticas jurídicos, assim como fazem uso dos saberes filosóficos que fundamentam esses saberes e práticas jurídicos. Entretanto, como afirma Foucault, quando recorrem ao direito, quando procuram fazer valer o direito para suas reivindicações, nas guerras que travam entre si, as partes em conflito não o fazem em nome de um direito entendido como universal e neutro, de um direito supostamente capaz de unificar e centralizar o poder em todo o campo social e político. O discurso de que se utilizam as partes em litígio, que é esse discurso histórico-político, assim como o tipo de verdade que ele institui e faz circular, serve-se do direito de uma perspectiva descentralizada, não universalista. Nesses termos, o que as partes antagônicas reclamam por intermédio dele não é um direito *para todos*, nem um direito *de todos*, senão os "seus" direitos (de propriedade, de conquista, de vitória, de ocupação, de natureza, de superioridade, de anterioridade, etc.), ou seja, direitos relativos a uma família, a uma raça ou a um clã, *em particular*.

Assim entendido, para Foucault, esse discurso institui um "vínculo fundamental" entre *relações de força* e *relações de verdade*, desfazendo qualquer ilusão acerca da possibilidade da existência de um discurso-verdade que pertenceria, natural, espontânea e/ou essencialmente, à neutralidade e à paz:

> É o fato de pertencer a um campo – a posição descentralizada – que vai permitir decifrar a verdade, denunciar as ilusões e os erros pelos quais fazem que você acredite – os adversários fazem você acreditar – que estamos num mundo

ordenado e pacificado. "Quanto mais eu me descentro, mais vejo a verdade, quanto mais eu acentuo a relação de força, quanto mais eu me bato, mais efetivamente a verdade vai se manifestar à minha frente, e nessa perspectiva do combate, da sobrevivência ou da vitória." E, inversamente, se a relação de força libera a verdade, a verdade, por sua vez, vai atuar, e em última análise só é procurada, na medida em que puder efetivamente se tornar uma arma na relação de força. (FOUCAULT, 1999, p. 61-62)

Todas essas características fazem com que Foucault atribua a esse discurso, e não àquele primeiro, uma especial relevância e um caráter propriamente histórico e político, isto é, "historicamente arraigado" e "politicamente descentralizado". A essas características principais, somam-se outras. Em primeiro lugar, o tipo de decifração social e histórica de que ele se faz portador segue o princípio de uma "explicação por baixo": na base, encontramos uma argumentação de tipo irracional (passional), animada pela cólera, pelo rancor e pelo ódio, mas também uma argumentação cujas motivações revelam-se obscuras, haja vista que referencializadas no acaso, na contingência, nas "circunstâncias miúdas que produzem as vitórias e garantem as derrotas" (FOUCAULT, 1999, p. 64); em todo caso, é dessa forma que a verdade se dá a ver, que ela começa a aparecer. Numa direção ascendente, elevando-se acima dessa trama passional e sombria, aparece, por sua vez, uma argumentação mais racional, embora frágil e superficial, na qual a razão aparece como comprometida com a ilusão, a maldade e a astúcia que acompanham e/ou personificam os cálculos, estratégias e os procedimentos de dominação. Assim, de um lado (na base), vemos a verdade situada ao lado da desrazão e da brutalidade; de outro (num nível que se ergue acima da base), vemos situar-se uma razão sempre submetida, sempre comprometida com a maldade e a ilusão – situação que contraria totalmente, portanto, o que reza aquele primeiro tipo de discurso (jurídico-político e/ou filosófico político).

Em segundo lugar, se esse discurso é importante, é porque ele resiste em definir e descobrir a história a partir das perspectivas do justo, do legal e do institucional; é porque, em vez de assim proceder, ele vai justamente inquirir o que a história oficial – aquela que é narrada desde e com o enfoque do poder – recalcou, sob as formas do justo do legal e do institucional. E o que ela amiúde recalcou em suas narrativas e códigos jurídicos? Que houve guerras e massacres, abusos, usurpações, sangue derramado, relações de dominação. Como resultado, esse discurso já não aceita reportar "a relatividade da história ao absoluto da lei ou da verdade, mas sob a estabilidade do direito, [busca] redescobrir o infinito da história, sob a fórmula da lei, os gritos de guerra, sob o equilíbrio da justiça, a dissimetria das forças" (p. 66).

Em terceiro lugar, por fim, a importância desse discurso se deve ao fato de ele envolver e se apoiar em formas míticas muito tradicionais, o que reforça ainda mais sua aura carregada, sombria e triste. Essa espécie de alusão a uma grande mitologia, de outra parte, serve de pretexto tanto para uma volta ou resgate do passado esquecido (o tempo perdido dos grandes ancestrais, as grandes batalhas e os feitos heroicos de seus personagens, o crepúsculo dos deuses, o tema dos direitos e bens que foram tomados de uma raça ancestral, etc.), como de artifício para investir de esperança o futuro que há de vir (a iminência de novos tempos, em que a desforra e a redenção finalmente terão lugar; o retorno de um antigo guia, mas também o advento de um novo chefe – *Führer*). Por fim, e por todas essas razões, esse discurso histórico-político (ou histórico-jurídico) termina por se ver como objeto de uma desqualificação, ou seja, como aquilo que deve ser anulado, mantido à margem, para que os imperativos referentes àquele primeiro tipo de discurso possam triunfar.

Reportando-se à constituição histórica desse discurso, Foucault faz questão de dirimir possíveis equívocos quanto à sua paternidade. Ele não a atribui nem a Maquiavel nem a

Hobbes, como muitos poderiam ser levados a conjeturar.[11] Depois de seu duplo nascimento (popular e pequeno-burguês, de um lado, e aristocrático, de outro – cf. FOUCAULT, 1999, p. 54) ele torna a aparecer sob uma forma precisa, a saber, a de uma *guerra* ou *luta das raças*, expressa nos e pelos conflitos que se desenrolam sob a ordem e sob a paz, e que solapam a sociedade, dividindo-a binariamente:

> Muito cedo, encontramos os elementos fundamentais que constituem a possibilidade da guerra e que lhe garantem a manutenção, o prosseguimento e o desenvolvimento: diferenças étnicas, diferenças das línguas; diferenças de força, de vigor, de energia e de violência; diferenças de selvageria e de barbáries; conquista e servidão de uma raça por uma outra. O corpo social é no fundo articulado a partir de duas raças. É a ideia segundo a qual a sociedade é, de um extremo a outro, percorrida por esse enfrentamento das raças, que encontramos formulado já no século XVII e como que matriz de todas as formas sob as quais, em seguida, investigaremos a fisionomia e os mecanismos da guerra social. (FOUCAULT, 1999, p. 70-71)

Desdobramentos: luta de classes e racismo biológico de Estado

Tendo em vista a impossibilidade, aqui, de seguir a todos os desdobramentos históricos apontados por Foucault acerca dessa teoria da guerra das raças, limitar-me-ei a assinalar que ela passará por duas transcrições importantes, das quais a segunda é crucial para que entendamos como foi possível, posteriormente, a emergência de um racismo de Estado, e como e porque esse tipo de racismo, de tipo biológico, constitui um fenômeno eminentemente biopolítico.

---

[11] A desconstrução que Foucault faz da abordagem hobbesiana do poder encontra-se na aula de 4 de fevereiro de 1976, de *Em defesa da sociedade*.

A teoria da guerra das raças institui-se como uma espécie de discurso contra-histórico (rebelde às versões filosófico-jurídicas e/ou filosófico-políticas da história), que se posiciona ao lado de uma história real, agonística, reivindicativa e insurrecional. Nesse sentido, ela mais tarde irá ser estrategicamente reciclada, através de sua transcrição para o problema da guerra social, mais especificamente, para a ideia de *revolução* e para o problema da *luta de classes*, conforme desenvolvidos, por exemplo, pela tradição socialista e marxista. Com efeito, diz Foucault, boa parte do que conhecemos a respeito da ideia e do projeto de revolução, boa parte do que se chama de tradição revolucionária, nos moldes modernos, é indissociável dos elementos que consubstanciam o discurso da guerra das raças: no sentido da decifração dos desequilíbrios (de forças) e das injustiças, sob a ordem legal e institucional; no sentido de dar visibilidade e de reativar os reais enfrentamentos que movem permanentemente a sociedade, apesar das alegações de que esta se encontra pacificada, legitimamente e juridicamente ordenada; no sentido, enfim, de buscar inverter as relações de forças estabelecidas, deslocando o exercício de poder e utilizando esse próprio discurso como arma estratégica para esse fim. Essa transcrição coincide com o advento de novos tempos e de uma nova consciência histórica, não mais exclusivamente centrada nos rituais, nos mitos e na fundação da soberania, mas "na revolução, em suas promessas e em suas profecias de libertações futuras" (FOUCAULT, 1999, p. 93). A guerra das raças, nesse caso, portanto, dá lugar a que se pense numa *luta de classes*.

De outra parte, por efeito mesmo dessa transcrição, já no início do século XIX, diz Foucault, o discurso (da guerra das raças) tornou-se objeto de disputa, despontando uma tendência que procurou recodificar essa sua versão revolucionária (contra-histórica) novamente em torno de uma luta das raças, mas não mais entendida sob uma perspectiva classista (luta de classes), senão através da acepção biológica e médica do termo "raça". É justamente essa tentativa de recodificação, por regressão e por deslocamento, é justamente essa segunda transcrição da teoria da guerra das raças que dará origem ao que Foucault designa por racismo de Estado, um racismo biológico. O essencial desse processo, bem como a caracterização desse tipo de racismo então emergente, ele os expõe neste longo e crucial trecho:

> E é assim que, no momento em que se forma uma contra-história de tipo revolucionário, vai-se formar uma outra contra-história, mas que será contra-história na medida em que esmagará, numa perspectiva biológico-médica, a dimensão histórica que estava presente nesse discurso. É assim que vocês vêem aparecer algo que vai ser justamente o racismo. Retomando, reciclando a forma, o alvo e a própria função do discurso sobre a luta das raças, mas deturpando-os, esse racismo se caracterizará pelo fato de que o tema da guerra histórica – com suas batalhas, suas invasões, suas pilhagens, suas vitórias e suas derrotas – será substituído pelo biológico: diferenciação das espécies, seleção do mais forte, manutenção das raças mais bem adaptadas, etc. Assim também, o tema da sociedade binária, dividida entre duas raças, dois grupos estrangeiros, pela língua, pelo direito, etc., vai ser substituído pelo de uma sociedade que será, ao contrário, biologicamente monística. Ela será evidentemente ameaçada por certo número de elementos heterogêneos, mas que não lhe são essenciais, que não dividem o corpo social, o corpo vivo da sociedade, em duas partes, mas que são de certo modo acidentais. Será a ideia de estrangeiros que se infiltraram, será o tema dos transviados que são os subprodutos dessa sociedade. Enfim, o tema do Estado, que era necessariamente injusto na contra-história das raças, vai se transformar em tema inverso: o Estado não é o instrumento de uma raça contra uma outra, mas é, e deve ser, o protetor da integridade, da superioridade e da pureza da raça. A ideia da pureza da raça, com tudo o que comporta de monístico, de estatal, de biológico, será aquela que vai substituir a ideia da luta das raças. (FOUCAULT, 1999, p. 94-95)

Cumpre observar que, segundo Foucault, esse tipo de racismo é absolutamente original em termos históricos; ele não se confunde, por exemplo, com aquele tipo de racismo religioso – o antissemita, em particular –, que remontaria à Idade Média.[12] Portanto, Foucault não se propõe a fazer uma história do racismo, no sentido geral e tradicional do termo; devemos compreender seus esforços sem perder de vista sua questão maior, "o fundo do problema", que é identificar, por um lado, o surgimento, no Ocidente, de "certa análise (crítica, histórica e política) do Estado, de suas instituições e de seus mecanismos de poder" e, por outro, "mostrar como se articula uma análise desse tipo, evidentemente, com base a um só tempo numa esperança, num imperativo e numa política de revolta ou de revolução" (FOUCAULT, 1999, p. 100). O surpreendente, nisso tudo, é que, assim entendido, o racismo de Estado constitui-se no prolongamento do discurso da guerra das raças, como discurso revolucionário, mas, então, virado pelo avesso, como discurso da raça (no singular), funcionando "em proveito da soberania conservada do Estado, de uma soberania cujo brilho e cujo vigor não são agora assegurados por rituais mágico-jurídicos, mas por técnicas médico-normalizadoras" (FOUCAULT, 1999, p. 96-97). Assim funcionando, esse discurso serve ao Estado como mecanismo estratégico de barragem à onda revolucionária movida pela guerra das raças ou, mais exatamente, pela luta de classes.

---

[12] "[...] o anti-semitismo, com efeito, como atitude religiosa e racial, não interveio de uma forma suficientemente direta, para que se possa levá-lo em conta na história que lhes vou fazer, antes do século XIX. O velho anti-semitismo do tipo religioso foi reutilizado num racismo de Estado somente no século XIX, a partir do momento em que se constituiu um racismo de Estado, no momento em que o Estado teve de aparecer, de funcionar e de se mostrar como o que assegura a integridade e a pureza da raça, contra a raça ou as raças que o infiltram, que introduzem em seu corpo elementos nocivos e que é preciso, consequentemente, expulsar por razões que são de ordem política e biológica ao mesmo tempo" (FOUCAULT, 1999, p. 101).

Um pouco mais adiante, no século XX, esse racismo biológico e de Estado irá assumir duas formas distintas, com as transformações operadas, respectivamente, pela Alemanha nazista e pela União das Repúblicas Socialistas Soviéticas (URSS). Passemos em revista cada um desses casos.

No caso da Alemanha nazista, o que se vai fazer é uma retomada do discurso da guerra das raças, mas modificando-se sua versão original, fazendo do Estado o encarregado de proteger biologicamente a raça (pura). Para tanto, a estratégia utilizada requer que se retome toda uma mitologia popular (e quase medieval) para dar a entender que essa proteção estatal funciona em estreita sintonia com elementos e conotações de antigas lutas populares, as quais, num momento histórico posterior, permitiriam e sustentariam a antiga teoria da guerra das raças. É assim que retornam à superfície as peripécias que marcaram a subjugação da raça germânica, a volta do(s) herói(s) – que encontramos, por exemplo, no drama musical wagneriano – e dos guias, o tema da retomada de uma guerra ancestral, e o tema do advento de um novo *Reich*, "que é o império dos últimos dias, que deve garantir o triunfo milenar da raça [ariana], mas que é também, de uma forma necessária, a iminência do apocalipse e do último dia" (FOUCAULT, 1999, p. 97).

No caso do Estado e da experiência soviéticos, dá-se um movimento inverso, isto é, uma estratégia muito mais discreta, sub-reptícia, que, em vez de lançar mão de uma "dramaturgia legendária", passional, "consiste em retomar o discurso revolucionário das lutas sociais [...] e em fazê-lo coincidir com a gestão de uma polícia que assegura a higiene silenciosa de uma sociedade ordenada" (Foucault, 1999, p. 97). O inimigo da classe, aquele que deve ser objeto de uma higienização, é constituído estrategicamente como perigo ou ameaça biológica. E ele é encarnado pelos doentes, pelos transviados e pelos loucos. Já não se trata, pois, de combater "a classe" inimiga, seja por intermédio da guerra, da dialética (suposto discurso da guerra – dos contrários)[13] ou da convicção revolucionária, senão por meio de uma polícia médica.

Convém assinalar, além disso, outros elementos que permeiam essa transcrição biológica do discurso da guerra das raças, aproveitados e reciclados, em maior ou menor medida, nessas duas transformações operadas pelo nazismo e pelo totalitarismo soviético. Para Foucault, essa transcrição, antecede o trabalho de Darwin (*A origem das espécies*), mas posteriormente faz uso de suas noções e de sua "anátomo-fisiologia materialista", vindo a constituir uma espécie de teoria que irá se vincular, de um lado, aos movimentos nacionalistas da Europa, inclusive aos que lutavam contra os grandes aparelhos de Estado (caso do Estado prussiano e do czarismo, na Rússia), e, de outro, à política da colonização europeia.[14] A mais importante novidade desse processo é a mutação em torno do termo *raça* e da natureza do conflito entre raças, que faz com que essa nova teoria funcione de um modo inteiramente diverso daquele animado pelo discurso da guerra das raças – de onde, aliás, essa própria teoria proveio. Foucault (1999, p. 72) expõe essa mutação nos seguintes termos:

> [...] a outra raça, no fundo, não é aquela que veio de outro lugar, não é aquela que, por uns tempos, triunfou e dominou, mas é aquela que, permanente e continuamente, se infiltra

---

[13] Vale a pena assinalar que a dialética (a hegeliana e as que a seguiram), à primeira vista, um tipo de discurso filosófico que estaria sintonizado ao discurso da guerra das raças e, portanto, alinhado à luta de classes, funcionaria, para Foucault, na verdade, como um tipo de saber comprometido com o discurso jurídico-político (e/ou jurídico-filosófico) que examinamos anteriormente, servindo, portanto, ao Estado e à teoria da soberania; em suma, a dialética constituiria um tipo de saber que busca barrar e esvaziar as tendências e os movimentos revolucionários no contexto do capitalismo industrial moderno. Para mais detalhes, cf. FOUCAULT, 1999, p. 68-69.

[14] "O racismo vai se desenvolver *primo* com a colonização, ou seja, com o genocídio colonizador. Quando for preciso matar pessoas, matar populações, matar civilizações, como se poderá fazê-lo, se se funcionar no modo do biopoder? Através dos temas do evolucionismo, mediante um racismo" (FOUCAULT, 1999, p. 307).

no corpo social, ou melhor, se recria permanentemente no tecido social e a partir dele. Em outras palavras: o que vemos como polaridade, como fratura binária na sociedade, não é o enfrentamento de duas raças exteriores uma à outra; é o desdobramento de uma única e mesma raça em uma super-raça e uma sub-raça. Ou ainda: o reaparecimento, a partir de uma raça, de seu próprio passado. Em resumo, o avesso e a parte de baixo da raça que aparece nela.

Decorre daí uma importante consequência, em termos políticos, a saber, uma mutação na forma de se exercer o poder nas sociedades modernas ocidentais, a qual dá ensejo a que se fale propriamente numa biopolítica, num tipo de gestão governamental que lança mão dessa teoria, desse racismo biológico, para o controle do corpo-espécie da população. O que singulariza esse exercício de gestão governamental é a recentralização do poder no Estado, é a tendência a se instituir um poder "centrado, centralizado e centralizador", que faz proliferar um discurso bélico para o qual o verdadeiro combate a ser travado não é aquele entre duas raças, mas sim o de uma raça privilegiada – considerada como a única e autêntica raça, que detém o poder e é titular da norma – contra todos os outros segmentos sociais que ameacem biologicamente essa sua pureza e essa sua autenticidade, comprometendo seu futuro e seu patrimônio biológico. Não é à toa, afirma Foucault, que esse tipo de exercício do poder, que essa biopolítica tenha se utilizado de discursos biológico-racistas sobre a degenerescência, pois eles funcionam de modo a legitimar e garantir práticas de segregação, de normalização e, no limite, práticas de extermínio social. Já não se trata mais, por conseguinte, de uma situação em que uma raça tem que se defender (e defender-se significa defender a sociedade) contra os inimigos, contra a dominação perpetrada por outras raças, haja vista que o Estado, com suas leis e instituições, longe de tomar essa função para si, serve na verdade como instrumento para essa dominação e para essa sujeição. Sob a égide desse racismo biológico de

Estado, essa formulação sofre uma mudança fundamental: em defesa da sociedade, cumpre, doravante, combater todos os perigos biológicos de que essa sub-raça de desqualificados é virtual portadora; faz-se mister combater essa sub-raça, que, sem que se queira, inadvertidamente, prolifera por entre a parte supostamente sadia do corpo social, contaminando-a e pondo em risco seu brioso futuro. O paradoxo dessa formulação, diz Foucault, é que, em nome da defesa da sociedade, se desenvolve um racismo interno, que se abaterá sobre seus próprios elementos. Estranho, esse segundo tipo de discurso contra-histórico; ele se coloca a serviço do conservadorismo, da higienização, da normalização social, do terror e da destruição total.[15]

Entre o poder soberano e o poder sobre a vida: nexos e paradoxos

Ainda que de forma incompleta, já dispomos, no entanto, de elementos suficientes para traçar um esquema referencial que permita situar a biopolítica num quadro mais amplo das tecnologias políticas de poder que determinaram o funcionamento das sociedades ocidentais modernas. Além de nos servir para melhor posicionar a problemática da biopolítica, esse esquema – sugerido pelo próprio Foucault – nos permitirá retomá-la, complementando aspectos já tratados neste e nos capítulos anteriores, bem como acrescentando outras de suas facetas e novas formulações.

Desde aproximadamente o fim do século XVIII, duas diferentes tecnologias políticas de dominação entram em funcionamento nas sociedades ocidentais modernas, com certa defasagem cronológica, sobrepondo-se uma à outra.

---

[15] "[...] o Estado nazista tornou absolutamente coextensivos o campo de uma vida que ele organiza, protege, garante, cultiva biologicamente, e, ao mesmo tempo, o direito soberano de matar quem quer que seja – não só os outros, mas os seus próprios. [...] Temos um estado absolutamente racista, um estado absolutamente assassino e um Estado absolutamente suicida" (FOUCAULT, 1999, p. 311).

Num primeiro momento, temos uma tecnologia disciplinar do corpo-organismo, uma anátomo-política do corpo ("as disciplinas"), que procede por efeitos individualizantes, que toma por objeto de seu exercício o corpo-organismo dos indivíduos, aqui entendido como um feixe e/ou foco de forças, que por sua vez necessitam de ser trabalhadas (adestradas, através de sua distribuição, composição com o tempo e o espaço, vigilância e normalização), de modo a que se tornem, simultaneamente, maximizadas em termos econômicos e minimizadas politicamente, em suas capacidades de oferecer resistência. Num segundo momento, observamos a instituição de uma nova tecnologia política, distinta da que acabo de descrever, mas que com ela irá se compor e a ela se sobrepor, cuja singularidade está no fato de centrar-se na vida, no "vivo", ou seja, no fato de tomar por objeto, agora, o corpo-espécie da população. Esses dois diferentes tipos de tecnologias políticas perfazem, de acordo com Foucault, como que duas séries ("dois conjuntos de mecanismos"), atuando em níveis distintos, uma no micro, outra no macro, mas sem que por isso se excluam mutuamente. A primeira série tem a seguinte composição: corpo – organismo – disciplina – instituições; na segunda, por seu turno, encontramos: população – processos biológicos – mecanismos regulamentadores (e/ou "previdenciários") – Estado. Pois bem, assim caracterizadas, que relação Foucault estabelece entre essas duas tecnologias políticas e uma modalidade de exercício de poder que tem seu modelo na soberania? Numa palavra, como se inter-relacionam soberania, poder disciplinar e biopolítica?

> Poderíamos dizer isso: tudo sucedeu como se o poder, que tinha como modalidade, como esquema organizador, a soberania, tivesse ficado inoperante para reger o corpo econômico e político de uma sociedade em via, a um só tempo, de explosão demográfica e de industrialização. De modo que à velha mecânica de poder da soberania

escapavam muitas coisas, tanto por baixo quanto por cima, no nível do detalhe e no nível da massa. Foi para recuperar o detalhe que se deu uma primeira acomodação: acomodação dos mecanismos de poder sobre o corpo individual, com vigilância e treinamento – isso foi a disciplina. É claro, essa foi a acomodação mais fácil, mais cômoda de realizar. [...] E depois, vocês têm em seguida, no final do século XVIII, uma segunda acomodação, sobre os fenômenos globais, sobre os fenômenos de população, com os processos biológicos ou bio-sociológicos das massas humanas. Acomodação muito mais difícil, pois, é claro, ela implicava órgãos complexos de coordenação e centralização. (FOUCAULT, 1999, p. 297-298)

Vimos, no Capítulo II, alguns elementos que perfazem esse novo campo/objeto de incidência do poder – a população –, alguns mecanismos estratégicos de dominação (papel da medicina e da medicalização da vida) que informam essa nova tecnologia política – a biopolítica –, bem como alguns dos motivos pelos quais tanto a sexualidade quanto a norma são elementos imprescindíveis ao seu funcionamento regulamentador. Cabe, agora, retomar e ampliar esse quadro, delineando melhor alguns desses fatores e acrescentando outros.

Essa assunção da vida pelo poder, particularmente no século XIX, segundo Foucault, pode ser compreendida ainda sob outra perspectiva, que ajuda a explicitar uma mudança acontecida na relação entre ambos. Na teoria clássica da soberania, essa relação pode ser auscultada examinando-se *o direito de vida e de morte*, um direito que constituía atributo fundamental do soberano (do rei). Esse direito dava ao rei o poder de *deixar viver* e *fazer morrer*. Nesse sentido, a vida e a morte (dos súditos), entendidas como "fenômenos naturais, imediatos, de certa forma originais ou radicais, que se localizariam [à primeira vista] fora do campo do poder político" (FOUCAULT, 1999, p. 286), na verdade não o são, não constituem uma exterioridade em face deste, não guardam uma autonomia em relação ao poder. Mas, se é assim, indaga Foucault, qual o estatuto da vida e da morte diante do poder soberano? Foucault (1999, p. 286) afirma que uma e outra se veem enredadas numa situação paradoxal:

> Quando se vai um pouco mais além e, se vocês quiserem, até o paradoxo, isto quer dizer no fundo que, em relação ao poder, o súdito não é, de pleno direito, nem vivo nem morto. Ele é, do ponto de vista da vida e da morte, neutro, e é simplesmente por causa do soberano que o súdito tem direito de estar vivo ou tem direito, eventualmente, de estar morto. Em todo caso, a vida e morte dos súditos só se tornam direitos por efeito da vontade do soberano. Aí está, se vocês quiserem, o paradoxo teórico.

Esse paradoxo, por sua vez, se completa por uma "espécie de desequilíbrio prático", pois, de fato (e, não, de direito), o direito de deixar viver e de fazer morrer só pode ser exercido de uma forma desequilibrada: o que dá condições de se governar uma vida é justamente (o direito de) ceifá-la pela espada, ou, nas palavras de Foucault (1999, p. 286-287): "Em última análise, o direito de matar é que detém efetivamente em si a própria essência desse direito de vida e de morte: é porque o soberano pode matar que ele exerce seu poder sobre a vida." Pois bem, prossegue Foucault, gradativamente, e em particular no século XIX, assistimos a uma curiosa transformação do direito político, transformação esta que veio não tanto a substituir, senão a completar esse antigo direito de soberania, penetrando-o, perpassando-o e modificando-o. Ela opera através de uma inversão deste, afirmando, então, um poder de *"fazer" viver* e um poder de *"deixar" morrer*. Essa inversão recoloca a questão da relação do "vivo" com o poder, isto é, da vida como objeto e como *móbil do* e *para o* exercício do poder. Numa palavra, essa inversão reapresenta o problema do estatuto da vida em face do poder. Fiel à sua orientação genealógica, Foucault opta por investigar esse problema, não por uma via jurídico-política, mas tal como ele se dá a ver no nível dos mecanismos, das técnicas e das tecnologias de poder. O que é novo, nesse sentido, não é propriamente o pleno funcionamento de uma anátomo-política do corpo, responsável pelo adestramento dos indivíduos num nível microfísico da sociedade, senão a emergência de uma nova tecnologia política de dominação, a biopolítica. Embora esta atue em regime de acomodação recíproca com os mecanismos disciplinares, a biopolítica "é de outro nível, está noutra escala, tem outra superfície de suporte e é auxiliada por instrumentos totalmente diferentes" (1999, p. 289).

Com efeito, ela se aplica à vida dos homens, ao homem como ser-vivo; ela toma como objeto um outro tipo de corpo, o corpo-espécie da população, um corpo numerável, um corpo que se constitui, desde então, como problema econômico, político, social, científico e médico-biológico. Em vez de proceder por individualização de corpos-subjetividades, como fazem as disciplinas, a biopolítica procede por massificação. Assim, ela incide sobre uma multiplicidade composta por uma "massa global, afetada por processos de conjunto que são próprios da vida, que são processos como o nascimento, a morte, a produção, a doença, etc." (FOUCAULT, 1999, p. 289). Isso significa atenção, acompanhamento e intervenção junto a uma série de fenômenos, tais como, por exemplo: os que se referem às relações entre a espécie humana e seu meio de existência (geográfico, climático, hidrográfico, mas também entendido em sua dimensão sóciocultural e político-econômica); e os relativos às condições de vida nos grandes centros urbanos (fenômenos, como vimos, que envolvem a natalidade, a morbidade, a habitação, a segurança, as doenças, etc.).[16] Além de serem coletivos, Foucault assinala ainda

---

[16] Foucault destaca, nesse sentido, a preocupação com as endemias: "[...] ou seja, a forma, a natureza, a extensão, a duração, a intensidade das doenças reinantes

outras características a respeito dos mesmos: tomados neles mesmos, individualmente, são fenômenos aleatórios e imprevisíveis, mas, tomados num plano macro, apresentam constantes passíveis de serem estabelecidas; além disso, são fenômenos seriais, cujo desenvolvimento deve ser considerado "num certo limite de tempo relativamente longo". De outra parte, a gestão política desses fenômenos demanda o uso de mecanismos funcionais diferentes daqueles utilizados nas disciplinas:

> Nos mecanismos implantados pela biopolítica, vai se tratar, sobretudo, é claro, de previsões, de estimativas estatísticas, de medições globais; vai se tratar, igualmente, não de modificar tal fenômeno em especial, não tanto tal indivíduo, na medida em que é indivíduo, mas, essencialmente, de intervir no nível daquilo que são as determinações desses fenômenos gerais, desses fenômenos no que eles têm de global. Vai ser preciso modificar, baixar a morbidade; vai ser preciso encompridar a vida; vai ser preciso estimular a natalidade. E trata-se sobretudo de estabelecer mecanismos reguladores que, nessa população global com seu campo aleatório, vão poder fixar um equilíbrio, manter uma média, estabelecer uma espécie de homeóstase, assegurar compensações; em suma, de instalar mecanismos de previdência em torno desse aleatório que é inerente a uma população de seres vivos, de otimizar, se vocês preferirem, um estado de vida [...]. (FOUCAULT, 1999, p. 293-294)

Aqui, como nas disciplinas, trata-se de maximizar forças e de extraí-las, só que através de procedimentos e tecnologias inteiramente diferentes. No primeiro caso, isso se faz

---

numa população. Doenças mais ou menos difíceis de extirpar, e que não são encaradas como as epidemias, a título de causas de morte mais frequentes, mas como fatores permanentes – e é assim que as tratam – de subtração das forças, diminuição do tempo de trabalho, baixa de energias, custos econômicos, tanto por conta da produção não realizada quanto dos tratamentos que podem custar. Em suma a doença como fenômeno da população[...]" (FOUCAULT, 1999, p. 290-291).

pelo adestramento dos corpos individuais; no segundo, por sua vez, faz-se pela regulamentação do corpo social, por uma tecnologia previdenciária que recoloca os corpos em processos biológicos de conjunto. Em se tratando dos diversos saberes que entram em jogo nessas diferentes tecnologias políticas de dominação, no primeiro caso, tem-se as ciências do homem e as disciplinas clínicas; no segundo, por seu turno, vemos entrar em funcionamento novos tipos de saberes, tais como a geografia, a demografia, a estatística e a economia, cuja emergência e operacionalidade só foram tornadas possíveis por efeito desse imperativo político de regulação da vida das populações.

Tanto numa como noutra dessas tecnologias, todavia, como vimos no último capítulo, a sexualidade é mobilizada, é investida, uma vez que ela tanto concerne ao corpo-organismo do indivíduo ("enquanto comportamento exatamente corporal"), a ser adestrado, quanto ao corpo-espécie da população, a ser regulamentado.[17] Mas, além disso, convém lembrar também a crucial ação de um outro elemento em jogo, a norma, que se aplica simultaneamente a esses dois tipos de corpos-objetos do poder, possibilitando o controle de ambos, a disciplinarização de um e a regulamentação do outro. Nesse sentido, o que Foucault designa por "sociedade de normalização" não se refere exatamente àquela sociedade em que haveria uma generalização das tecnologias e mecanismos disciplinares por todas as suas instituições sociais, mas, mais efetivamente, a "uma sociedade em que se cruzam, conforme uma articulação ortogonal, a norma da disciplina e a norma da regulamentação" (FOUCAULT, 1999, p. 302). Numa sociedade como essa, em que se conseguiu regular e controlar

---

[17] "A sexualidade está exatamente na encruzilhada do corpo e da população. Portanto, ela depende da disciplina, mas também depende da regulamentação" (FOUCAULT, 1999, p. 300). Isso reforça o que já se disse acerca da centralidade da medicina nesse processo e da importância estratégica de se medicalizar a vida como um todo.

tanto o corpo-organismo como o corpo-espécie da população, é a vida como um todo, o "vivo", em última instância, o objeto por excelência do poder. E essa forma de poder, por isso mesmo, será designada por Foucault de *biopoder*.

Para finalizar este capítulo, retomarei a questão do racismo e do estatuto paradoxal da vida e da morte em face do biopoder. Com o advento de sociedades regidas pela regulamentação, pela normalização e, portanto, por um biopoder, que faz viver e deixa morrer, afirma Foucault, assiste-se também a uma "desqualificação progressiva da morte". Até meados do século XVIII, a morte constituía objeto de uma ritualização pública, e tinha certa positividade, na medida em que, por exemplo, simbolizava uma transmissão de poder: do rei para Deus, de uma instância de julgamento terrena (direito civil ou público) para uma instância de julgamento transcendente ("direito que era o da vida eterna ou da danação eterna"), do moribundo a seus descendentes, etc. Sob a lógica do biopoder, entretanto, a morte vai ser negativada, associando-se a algo vergonhoso, objeto de um tabu, algo que se deve esconder e que, em última instância, se cultiva apenas no âmbito privado. Com efeito, para um poder que tem sua razão de ser ancorada na majoração da vida, das forças vitais do corpo social, da população, a morte aparece justamente como o seu limite, o ponto para além do qual ele já não pode mais se exercer. A morte, pois, é o que escapa ao poder, ao seu domínio, razão pela qual ele nada pode conhecer nem fazer a seu respeito, senão deixá-la de lado, "deixar morrer". E isso não entra em contradição com o fato desse mesmo poder ocupar-se do controle global, estatístico da mortalidade, coisa bem outra; pois, quando o faz, é sempre a serviço da intensificação, do prolongamento e do equilíbrio da vida, isto é, das forças que consubstanciam a vitalidade do corpo-espécie da população.

Por outro lado, como pensar a mútua convivência e implicação entre um poder que "faz morrer e deixa viver" e outro que "faz viver e deixa morrer", haja vista que se chegou a um ponto em que se multiplicaram as guerras e elevou-se à enésima potência o assassínio em massa, ou o que chamamos de genocídios, pondo em risco não só a vida, isto é, o objeto de que deve ocupar-se o biopoder, mas também, por consequência, ele próprio, como encarregado de sua conservação e gestão maximizadora? Aqui, nos deparamos com os paradoxos que aparecem no limite do exercício do poder, quando seu exercício envolve duas distintas lógicas ou oscila entre duas diferentes modalidades de governo. Para exemplificar essa embaraçosa situação, Foucault (1999, p. 303) recorre ao problema do poder atômico, que tanto atormentou o mundo desde a Guerra Fria, assim como aos virtuais riscos de excessos de biopoder:

> Mas o que faz que o poder atômico seja, para o funcionamento do poder político atual, uma espécie de paradoxo difícil de contornar, se não totalmente incontornável, é que, no poder de fabricar e de utilizar a bomba atômica, temos a entrada em cena de um poder de soberania que mata mas, igualmente, de um poder que é o de matar a própria vida. De sorte que, nesse poder atômico, o poder que se exerce, se exerce de tal forma que é capaz de suprimir a vida. E de suprimir-se, em consequência, como poder de assegurar a vida. Ou ele é soberano, e utiliza a bomba atômica, mas por isso não pode ser poder, biopoder, poder de assegurar a vida, como ele o é desde o século XIX. Ou, noutro limite, vocês têm o excesso, ao contrário, não mais do direito soberano sobre o biopoder, mas o excesso do biopoder sobre o direito soberano. E esse excesso do biopoder aparece quando a possibilidade é técnica e politicamente dado ao homem, não só de organizar a vida, mas de fazer a vida proliferar, de fabricar algo vivo, de fabricar algo monstruoso, de fabricar – no limite – vírus incontroláveis e potencialmente destruidores. Extensão formidável do biopoder que, em contraste com o que eu dizia agora há pouco sobre o poder atômico, vai ultrapassar toda a soberania humana.

Para Foucault, é justamente em meio a essa problemática, ou seja, tomando como pano de fundo essa questão do biopoder, que se deve posicionar a intervenção estratégica do racismo em nossas sociedades. Foi por intermédio do biopoder que o racismo foi efetivamente inserido nos mecanismos do Estado. Nesse sentido, ele cumpre uma dupla função estratégica. Em primeiro lugar, ele introduz no domínio da vida (domínio, portanto, do biopoder) uma cesura, de tipo biológico, entre quem deve viver e quem deve morrer. Em segundo lugar, ele irá atribuir uma positividade à relação entre a vida de uns e a morte de outros, perspectivando-a sob um prisma biológico e enunciando-a do seguinte modo:

> [...] quanto mais as espécies inferiores tenderem a desaparecer, quanto mais os indivíduos anormais forem eliminados, menos degenerados haverá em relação à espécie, mais eu – não enquanto indivíduo mas enquanto espécie – viverei, mais forte serei, mais vigoroso serei, mais poderei proliferar. A morte do outro não é simplesmente a minha vida, na medida em que seria minha segurança pessoal; a morte do outro, a morte da raça ruim, da raça inferior (ou do degenerado, ou do anormal, é o que vai deixar minha vida em geral mais sadia; mais sadia e mais pura. (FOUCAULT, 1999, p. 305)

Pois bem, nesses termos, prossegue Foucault, o racismo impõe-se como dispositivo estratégico indispensável para eliminar o outro, para exercer o direito de matar, fornecendo ao Estado uma razão médico-biológica e/ou biológico-policial para que este assuma essa função ao mesmo tempo exterminadora e purificadora, "em defesa da sociedade".[18]

---

[18] "É claro, por tirar a vida não entendo simplesmente o assassínio direto, mas também tudo o que pode ser assassínio indireto: o fato de expor à morte, de multiplicar para alguns o risco de morte ou, pura e simplesmente, a morte política, a expulsão, a rejeição, etc." (FOUCAULT, 1999, p. 306).

Nesse sentido, o racismo mostra-se indispensável tanto a um poder soberano quanto a um poder normalizador e regulamentador. Como já tive a oportunidade de expor páginas atrás, não é sem razão o vínculo imediato que se estabelece entre biopoder, racismo, teoria biológica do século XIX (evolucionismo), aplicando-se estrategicamente o discurso pseudocientífico daí resultante para legitimar ações diante de situações as mais diversas, tais como as políticas de colonização europeias, a necessidade de guerras de conquista ou preventivas, o combate à criminalidade, o entendimento e a gestão dos fenômenos relativos à loucura, etc.

No próximo capítulo, tratarei de expor algumas das últimas formulações de Foucault acerca da biopolítica, de relacioná-las ao tema da governamentalidade, agregando novos elementos para se pensar as virtuais relações entre biopolítica e educação.

Capítulo IV

Biopolítica, governamentalidade e educação

As últimas formulações mais ou menos sistemáticas de Foucault acerca da biopolítica são desenvolvidas, respectivamente, em *Segurança, território, população* e em *Nascimento da biopolítica*, dois cursos proferidos no *Collège de France*, entre 1977 e 1979. Em linhas gerais, no primeiro desses cursos (1977-1978), Foucault se inclina a ampliar a compreensão da biopolítica, reinscrevendo-a numa questão mais ampla, a da arte de governar; mais exatamente, reinscrevendo-a no que ele designou de *governamentalidade*. No segundo curso (1978-1979), por sua vez, dando prosseguimento ao exame da questão da *governamentalidade*, Foucault a aborda à luz de dois temas: de um lado, o tema do liberalismo, tomado não como ideologia, ou como representação social, senão como crítica estratégica de um tipo de arte de governar assentada numa razão de Estado; de outro, o tema do neoliberalismo, sobretudo em suas versões alemã e norte-americana. Por efeito mesmo do privilégio atribuído por Foucault à questão da governamentalidade, a guerra já não aparece mais como analisador privilegiado para a análise do poder, particularmente no segundo desses cursos. Isso não significa, todavia, que ela deixe de desempenhar um papel relevante na análise das estratégias e mecanismos de dominação e das formas de governo dos homens.[1] O principal objetivo deste capítulo é mostrar como a biopolítica é reperspectivada com e nesses dois movimentos, e, também, mostrar como essa nova problematização implica a educação e se avizinha de questões contemporâneas.

Biopolítica e governamentalidade

Logo ao início do resumo que preparou para o curso *Segurança, território, população*, Foucault afirma que o mesmo teve por objetivo tratar da "gênese de um saber político" que viria a se preocupar, sobretudo, com a noção de população e com as formas de regulação desta. Ora, já vimos no capítulo anterior alguns dos saberes que vieram a consubstanciar essa nova tecnologia de dominação, a biopolítica, e que, nesse sentido, concorreram para a regulação e a regulamentação do corpo-espécie da população. A novidade desse curso, todavia, é a de proceder a uma nova leitura da biopolítica, tomando como fio condutor a noção de *governo*, isto é, tipos de racionalidade que envolvem conjuntos de procedimentos, mecanismos, táticas, saberes, técnicas e instrumentos destinados a dirigir a conduta dos homens. Seguindo esse fio, Foucault nos mostrará como e porque a governamentalidade biopolítica tem como objeto fundamental *a população*, como

---

[1] Ao que parece, o que está em jogo nessa mudança de atitude de Foucault não é tanto o abandono da ideia de guerra, de luta, entendida como uma agonística histórico-social, como relações de forças, que, por sua vez, implicam estratégias, táticas e níveis de embate os mais diversos, senão suas reservas à transcrição e/ou codificação dessas relações de forças puramente nos termos das estratégias militares e em oposições binárias estanques, do tipo dominante x dominado, oprimido x opressor, burgueses x proletários, etc. A tendência de Foucault, nesse sentido, é de apostar na complexidade e na multiplicidade de fatores em jogo nessa agonística que envolve poder (dominação) e resistência. A esse respeito, cf. FONTANA; BERTANI (1999).

saber privilegiado *a economia* e como mecanismos básicos de atuação *os dispositivos de segurança* (MACHADO, 1990).

Mas, então, o que significa "arte de governar" e como, histórica e concretamente, se procedeu ao "governo dos homens"? Tomando por referência estudos de seu amigo, o historiador Paul Weyne, Foucault não identifica nas sociedades gregas e romanas, a não ser de forma muito localizada, um exercício do poder político com as características do que ele chamou de pastorado, isto é, como "atividade de direção dos indivíduos ao longo de suas vidas, colocando-os sob a autoridade de um guia responsável por aquilo que fazem e lhes acontece" (FOUCAULT, 1997, p. 81) – com a presença, por exemplo, de um "soberano pastor, de um rei ou magistrado-pastor do rebanho humano" (p. 81).[2] Com efeito, esse *poder pastoral* desenvolveu-se a partir do Oriente, particularmente na sociedade hebraica, ampliando-se de forma considerável com sua introdução no Ocidente, pelo cristianismo e mais tarde, com a institucionalização do pastorado eclesiástico pela igreja cristã. Toda a aula de 22 de fevereiro de *Segurança, território, população* é dedicada à explicitação dos principais traços do poder pastoral, de forma a deixar claro o funcionamento de seus modos de individualização e sua importância "decisiva" para uma histórica genealógica da noção de sujeito.

Vejamos, muito brevemente, no que consiste esse tipo de racionalidade religiosa de governo. Entre os hebraicos, esse poder se exerce mais sobre o rebanho do que propriamente sobre a terra (território); em segundo lugar, cabia ao pastor

---

[2] Cabe ressalvar, contudo, que, no *Político*, de Platão, as figuras do pedagogo, do médico e do mestre de ginástica manifestam algo dessa metáfora do pastor responsável pela condução de suas ovelhas. Sobre o poder pastoral em geral e sobre esse ponto em particular, cf.: FOUCAULT (2003b, p. 355-370; 2008b, Aula de 8 de fevereiro de 1978, p. 155-180, Aula de 15 de fevereiro de 1978, p. 181-216, Aula de 22 de fevereiro de 1978, p. 217-252).

agregar e guiar o seu rebanho, agindo sobre este de forma direta e imediata; em terceiro lugar, o pastor trazia consigo um desígnio para seu rebanho, o de sua salvação individual e coletiva num outro mundo, num além-vida; por fim, o pastor velava cuidadosamente cada um de seus seguidores e o conjunto deles, dedicando-se inteiramente a essa tarefa, inclusive, quando esta demandava seu próprio sacrifício. Com o advento e com os desdobramentos do cristianismo, o poder pastoral sofre algumas transformações. Técnicas como o exame, a confissão, a direção da consciência e o estabelecimento de uma relação de submissão absoluta constituem novas práticas que concorrem para a individualização e, como vimos no Capítulo II, terminam por garantir a inculcação de uma moral sexual nos indivíduos. Já tivemos oportunidade de sugerir algumas importantes conexões entre educação, disciplinas, sexualidade e poder pastoral no Capítulo II, dentre as quais sobressai uma nova (moderna) estratégia de colocação do sexo em discurso. Contudo, já que voltamos a tratar aqui desse tipo de governo dos homens, vale a pena frisar a forma como os dispositivos disciplinar e da sexualidade, mais adiante, a partir do século XVIII, reativam o poder pastoral no âmbito da educação, adaptando-o a uma nova economia do poder. Nas palavras de Walter Kohan (2003, p. 88):

> Uma das figuras privilegiadas na adoção do poder pastoral pelo Estado Moderno, nas instituições educacionais, é a figura do professor-pastor. Ele assume a responsabilidade pelas ações e o destino de sua turma e de cada um dos seus integrantes. Ele se encarrega de cuidar do bem e do mal que possam acontecer dentro da sala de aula. Ele responde por todos os pecados que possam ser cometidos no "seu" espaço. Embora assuma modalidades leves e participativas, entre o professor e a turma há uma relação de submissão absoluta; sem o professor os alunos não saberiam o que fazer, como aprender, de qual maneira comportar-se;

eles não saberiam o que está bem e o que está mal, como julgar a atitude de um colega, a falta de esforço de si mesmos para cumprir uma tarefa. Para cumprir adequadamente a sua missão, o professor necessita conhecer o máximo possível dos alunos; fará diagnósticos de suas emoções, capacidades e inteligências; conversará com seus pais para saber detalhes iluminadores de seu passado e de seu presente; ganhará confiança de cada aluno para que ele lhe confie seus desejos, angústias e ilusões. Por último, lhe ensinará que sem alguma forma de sacrifício ou renúncia de si e do mundo seria impossível desfrutar de uma vida feliz e de uma sociedade justa.

Deve-se ter em conta que, uma vez anexado à nova economia de poder que rege as sociedades disciplinares, de normalização e de regulamentação, essa modalidade de governo dos homens já não pode ser entendida como se referindo apenas ao domínio espiritual e moral da vida destes. Como se verá em seguida, uma vez transformada, ela passará a funcionar agenciada a novas racionalidades políticas de governo. Na verdade, diz Foucault, durante os séculos XV e XVI, época em que o poder pastoral ainda convive com outra modalidade da arte de governar, imperial, régia, de justiça, calcada no antigo modelo de soberania, baseada em virtudes tradicionais ("sabedoria, justiça, liberalidade, respeito às leis divinas e aos costumes humanos" [FOUCAULT, 1997, p. 83]) ou em habilidades comuns (prudência, decisões refletidas, cuidado para se cercar de melhores conselheiros [p. 83]), ocorre uma "crise geral no pastorado", dando ensejo a diversas resistências, revoltas, insurreições, dissidências, assim como à busca de novas formas de "direção espiritual", processo este de que a Reforma Protestante talvez constitua a maior expressão.[3] O que essa crise deixa antever, segundo Foucault,

---

[3] A crise do poder pastoral é tematizada por Foucault na aula de 1º de março de 1978 e na aula de 8 de março do mesmo ano, no curso Segurança, território,

é um "questionamento geral" sobre como se deve governar e conduzir os indivíduos, mas também sobre como os próprios indivíduos podem tomar a si a tarefa de se autogovernarem e de se autoconduzirem em suas vidas.[4]

Tal questionamento, por outro lado, não pode ser entendido desvinculado da emergência, ao final da Idade Média, de "novas formas de relações econômicas e sociais e as novas estruturações políticas" (FOUCAULT, 1997, p. 82). Nesses termos, ele pode ser entendido como efeito de dois movimentos convergentes: primeiro, a instauração dos grandes Estados territoriais, administrativos e coloniais ("concentração estatal"); segundo, uma dispersão e dissidência religiosa. No fundo, sob certo aspecto, o problema do governo dos homens, da arte de governar, tende a sofrer um deslocamento, mediante o qual a ênfase no elemento religioso e/ou espiritual transfere-se para uma racionalidade política assentada numa razão de Estado, e em que o poder soberano, então, toma como objeto de sua gestão não só a vida dos indivíduos como tais, mas a vida do corpo-espécie da população. Essa racionalidade política é explicitada por Foucault na aula de 1º de fevereiro de *Segurança, território, população*.[5]

A arte de governar sob a razão de Estado

O que devemos entender, em termos políticos, por "governo do Estado"? A resposta a essa indagação deve buscar

---

população. Os procedimentos voltados à direção da conduta dos indivíduos, sob a égide do poder pastoral, como bem lembra Roberto Machado (2006), são mais bem esclarecidos no curso Do governo dos vivos (1979-1980).

[4] Não nos esqueçamos que é justamente em meio a esse processo que, no século XVI, momento em que começa a se desenvolver o que virá a ser a pedagogia moderna, se coloca o problema central do "governo das crianças".

[5] Originalmente traduzida para o português, com o título "A governamentalidade" (FOUCAULT, 1990a, p. 277-293).

compatibilizar dois fatores: de um lado, as especificidades que singularizam cada uma das formas de governo que se oferecem à análise arqueogenealógica; de outro, uma noção (ferramenta operadora de análise) do que vem a ser a "arte de governo", abstrata o bastante para aplicar-se às diversas racionalidades de governo, contudo, imanente o bastante para não esvaziá-las em suas respectivas singularidades (a cada caso analisado) e para não perder de vista as relações transversais (históricas, sociais) que elas guardam entre si. Considerando inicialmente a *teoria da soberania*, e tomando *O Príncipe*, de Maquiavel, como analisador estratégico, Foucault traça uma primeira imagem do que seja governo do Estado. Ao assinalar que o príncipe não tem com seu principado um vínculo fundamental (essencial, natural, jurídico), haja vista que o conseguiu por herança, aquisição ou conquista, e que o sustenta lançando mão da violência e da tradição, para Foucault, a relação entre o primeiro e o segundo é marcada pela exterioridade e pela transcendência. Nessa condição, diz ele, ela torna-se frágil exteriormente pela presença dos inimigos do príncipe, que cobiçam seu principado, e vulnerável internamente pela possibilidade de não obediência por parte de seus súditos.

Em face dessa situação, prossegue Foucault, a arte de governar o Estado proposta por Maquiavel caracteriza-se pelo imperativo de manter, reforçar e proteger o principado, "entendido não como o conjunto constituído pelos súditos e o território, o principado objetivo, mas como relação do príncipe com o que ele possui, com o território que ele herdou ou adquiriu e com os súditos" (FOUCAULT, 1990a, p. 279). Daí o motivo de o príncipe dever estar permanentemente atento ao que se passa, demarcando os perigos e desenvolvendo a habilidade de manipular astutamente relações de forças. No entanto, apesar de seus conselheiros, o príncipe é único, é ele quem efetivamente exerce e centraliza o poder político – vale lembrar, em relação de exterioridade e transcendência com seu principado. Por isso mesmo, na doutrina do príncipe, assim como na teoria jurídica da soberania, não há continuidade entre o poder soberano e outras formas de exercício do poder, a exemplo daquele do pai de família, do superior do convento, do professor em sala de aula, etc. Ademais, para Maquiavel, e nisso ele também se mantém fiel à lógica jurídica do modelo da soberania que predominou da Idade Média até o século XVI, o objeto do governo é o território do principado, e não a sua população; é o território que constitui, propriamente falando, o fundamento do principado (vale dizer, da soberania, do Estado soberano). Outro traço característico dessa concepção política de governo refere-se à sua finalidade, definida como "o bem comum e a salvação de todos". Todavia, como o príncipe e a teoria da soberania definem esse "bem comum"? Reportando-se aos teólogos e juristas da época, Foucault nos diz que, em última instância, esse "bem comum", público, refere-se à obediência dos súditos à lei, seja ela a do soberano terreno (o príncipe, o monarca), seja ela a do soberano absoluto (Deus). Nesses termos, assim como a finalidade do poder soberano é ele próprio, a finalidade do príncipe é manter seu principado: "A finalidade da soberania é circular, isto é, remete ao próprio exercício da soberania. O bem é a obediência à lei, portanto, o bem a que se propõe a soberania é que as pessoas obedeçam a ela" (FOUCAULT, 1990, p. 284). Por fim, como já apontado no capítulo anterior, a manutenção da ordem, do principado, da soberania, é feita pelo recurso à espada, que "faz morrer".

A essa primeira imagem ou racionalidade do que consiste o governo do Estado, Foucault acrescenta uma outra, através da qual ele nos fornece novos elementos para compreender a questão da governamentalidade. Em meio às críticas e aos elogios que sucederam à publicação d'*O Príncipe*, Foucault nos fala da emergência de certa "literatura anti-Maquiavel".

Mas, curiosamente, não a aborda no que esta tinha de censura ou reserva ao pensador italiano, senão no objeto, nos conceitos e nas estratégias que ela enunciava, em suma, em sua positividade. Para apresentar quatro traços que singularizam esse novo tipo de concepção política de governo, Foucault serve-se largamente da obra *Miroir politique contenant diverses manières de gouverner*, de Guillaume de La Perrière.

De início, salienta que nessa obra os termos "governar" e "governante" apontam para uma pluralização das práticas de governo. Para além daquelas práticas que cabem ao príncipe no governo de seu principado, La Perrière também leva em conta as ações (de governo) do magistrado, do prelado, do juiz, do pai de família, do padre, do pedagogo, etc. Com efeito, não se governa apenas e tão somente um território, mas também uma casa, uma ordem religiosa, um internato, uma família, dentre outros.

> Por outro lado, todos estes governos estão dentro do Estado ou da sociedade. Portanto, pluralidade de formas de governo e imanência das práticas de governo com relação ao Estado: multiplicidade e imanência que se opõem radicalmente à singularidade transcendente do príncipe de Maquiavel. (FOUCAULT, 1990, p. 280)

Não obstante essa multiplicidade de formas e essa imanência de práticas de governo, à diferença do que se observa em Maquiavel e na teoria da soberania, há aqui uma "continuidade essencial" entre elas, tanto numa direção ascendente como numa descendente. O *governo da família*, que na época era designado por *economia*,[6] aparecia como central a essa continuidade, funcionando como intercessor e ponto de reverberação de táticas e mecanismos estratégicos de ação,

---

[6] "[...] a maneira de gerir corretamente os indivíduos, os bens, as riquezas no interior da família [...]". (FOUCAULT, 1990, p. 281)

em ambas as direções (ascendente e descendente). Por outro lado, a afirmação da multiplicidade de práticas não implicava esvaziamento de uma forma particular de governo, esta sim, voltada especificamente à gestão política do Estado. Assim, essa "literatura anti-Maquiavel" se deparava com um dilema crucial, a saber: como fazer para que o Estado, como um todo, em termos gerais, funcione sob uma lógica econômica, isto é, como garantir que o Estado tenha, "em relação aos habitantes, às riquezas, aos comportamentos individuais e coletivos, uma forma de vigilância, de controle tão atenta quanto a do pai de família"? (FOUCAULT, 1990, p. 281). Esse dilema, por si só, expressa uma mutação no sentido do termo *economia*, que deixa de se referir preferencialmente a uma forma de governo, tal como compreendida no século XVI, para designar, em sua acepção moderna, um "nível de realidade, um campo de intervenção do governo através de uma série de processos complexos absolutamente capitais para a nossa história" (FOUCAULT, 1990, p. 282).

Um segundo traço ressaltado por Foucault refere-se ao fato de que, em La Perrière, o governo do Estado envolve a administração de coisas; mais exatamente, ele implica a gestão racional de "um conjunto de homens e coisas", das quais o território e a propriedade não são mais do que variáveis:

> Estas coisas, de que o governo deve se encarregar, são os homens, mas em suas relações com coisas que são as riquezas, os recursos, os meios de subsistência, o território em suas fronteiras, com suas qualidades, clima, seca, fertilidade, etc.; os homens em suas relações com outras coisas que são os costumes, os hábitos, as formas de agir ou de pensar, etc.; finalmente, os homens em suas relações com outras coisas ainda que podem ser os acidentes ou as desgraças como a fome, a epidemia, a morte, etc. (FOUCAULT, 1990, p. 282)

O terceiro traço característico dessa concepção de governo do Estado diz respeito à sua finalidade, remetendo-nos a uma ruptura em face daquele anterior intuito do governo imperial, ou seja, o de exercer-se em nome do bem comum e da salvação de todos. Sob essa nova concepção de governo do Estado, o que se visa efetivamente é

> [...] uma maneira correta de dispor as coisas para conduzi-las não ao bem comum, como diziam os textos dos juristas, mas a um objetivo adequado a cada uma das coisas a governar. O que implica, em primeiro lugar, uma pluralidade de fins específicos, como por exemplo fazer com que se produza a maior riqueza possível, que se forneça às pessoas meios de subsistência suficientes, e mesmo na maior quantidade possível, que a população possa se multiplicar, etc. [...]. E para atingir estas diferentes finalidades deve-se dispor as coisas [...], isto é, utilizar mais táticas do que leis, ou utilizar ao máximo as leis como táticas. Fazer, por vários meios, com que determinados fins sejam atingidos. (FOUCAULT, 1990, p. 284)

Finalmente, Foucault salienta que, em La Perrière, o bom governo do Estado deve ser orientado pela paciência, soberania e diligência. Por trás dessas palavras há coisas mais significativas de que poderíamos, à primeira vista, imaginar. A paciência, nesse caso, aparece como contraponto a um exercício colérico do poder soberano, o qual não hesita em fazer-se prevalecer pela força, pelo seu direito de ceifar vidas. A paciência implica não se deixar arrastar por essa tendência, e sua positividade está em saber aliar a sabedoria e a diligência na gestão das coisas do Estado. Sabedoria, no sentido de conhecimento dessas coisas e dos objetivos almejados, mas também no sentido de habilidade de concatenar o primeiro com os segundos; diligência, por seu turno, no sentido de que "o governante só deva governar na medida em que se considere e aja como se estivesse ao serviço dos governados" (Foucault, 1990, p. 285), tal como o faria um bom pai de família. Além disso, Foucault nos chama a atenção para o fato de que essa nova modalidade de governo não é algo puramente intelectual, distante da realidade concreta e histórica que marcou os séculos XVI e XVII; antes o contrário, ela está ligada ao desenvolvimento das burocracias administrativas, das monarquias territoriais, àqueles saberes que terminaram por perfazer uma ciência do Estado (estatística, geografia, demografia, etc.), bem como ao cameralismo e ao mercantilismo.

> Esquematicamente, se poderia dizer que a arte de governar encontra, no final do século XVI e início do século XVII, uma primeira forma de cristalização, ao se organizar em torno do tema de uma razão de Estado. Razão de Estado entendida não no sentido pejorativo e negativo que hoje lhe é dado (ligado à infração dos princípios de direito, da equidade ou da humanidade por interesse exclusivo do Estado), mas no sentido positivo e pleno: o Estado se governa segundo as regras racionais que lhe são próprias, que não se deduzem nem das leis naturais ou divinas, nem dos preceitos da sabedoria ou da prudência; o Estado, como a natureza, tem sua racionalidade própria, ainda que de outro tipo. Por sua vez, a arte de governo, em vez de fundar-se em regras transcendentes, em um modelo cosmológico ou em um ideal filosófico-moral, deverá encontrar os princípios de sua racionalidade naquilo que constitui a realidade específica do Estado. (Foucault, 1990, p. 285-286)

No âmbito externo, essa realidade é marcada pela concorrência entre os novos Estados europeus; no âmbito interno, por sua vez, ela é marcada pela necessidade de se aumentar a potência das forças estatais para se fazer a melhor gestão do par população-riqueza. É assim que se desenvolvem, em estreita ligação, dois grandes conjuntos mistos, de saber e de tecnologia políticos: de um lado, um agenciamento diplomático militar "que consiste em assegurar e desenvolver as forças do Estado por um sistema de alianças e pela organização de um aparelho armado"; de outro, a *polícia*, isto é, "o conjunto dos meios necessários para se fazer crescer, do interior, as forças do Estado" (FOUCAULT, 1997, p. 83).

Esboçada essa modalidade de governo baseada numa razão de Estado, Foucault passa então a demonstrar como e porque, até meados do século XVIII, ela terminou se constituindo como empecilho para a arte de governar. *Grosso modo*, os motivos históricos para que isso acontecesse foram os seguintes: em primeiro lugar, ela não encontrava boas condições de desenvolvimento e ampliação em períodos instáveis, marcados por "urgências militares, políticas e econômicas", tal como é o caso do que sucedeu no século XVII; em segundo lugar, na medida em que essa forma de governo permanecia atrelada à teoria da soberania, ao problema da soberania "como princípio de organização política" e, portanto, a toda uma "estruturação institucional e mental" em relação de conformidade com a questão da soberania, ela acabou na verdade bloqueando a racionalização do poder como prática de governo. Para Foucault, o mercantilismo serve de exemplo privilegiado a essa impossibilidade; com efeito, afirma ele, o mercantilismo "procurava introduzir as possibilidades oferecidas por uma arte refletida de governar no interior de uma estrutura institucional e mental da soberania, que ao mesmo tempo a bloqueava" (FOUCAULT, 1990, p. 287).[7] Essa relação ambivalente entre o

---

[7] No mercantilismo dos séculos XVI e XVII, cabia ao Estado dar conta de três tarefas: o enriquecimento, a necessidade – então, apenas emergente – de investimento na população e, dentro do possível, a manutenção, sob o lema do *laissez-faire*, de uma concorrência permanente e equilibrada com os outros Estados-nação europeus. Além disso, durante esse período, "no mercado, buscava-se o preço justo que levasse em conta, de um lado, o trabalho feito e as necessidades dos comerciantes e, de outro, as possibilidades dos compradores.

modelo da soberania e uma governamentalidade assentada numa razão de Estado também pode ser expressa pela tentativa dos teóricos do contrato social de "deduzir de uma teoria renovada da soberania os princípios diretores de uma [nova] arte de governo" (FOUCAULT, 1990, p. 287).

De outra parte, dentre os fatores que concorreram para fazer dessa forma de governo um obstáculo à arte de governar, há que se considerar também o problema dessa racionalidade estatal permanecer hesitante, a meio caminho entre a afirmação do Estado e do poder soberano e a fidelidade a uma concepção de economia calcada ainda no poder do pai e na gestão que este fazia de sua família. Paralisada nesse dilema, a arte de governar, para desenvolver-se, precisava a um só tempo autonomizar-se relativamente ao modelo da soberania, encontrando especificidade própria, e desprender-se de uma concepção de economia ainda demasiadamente atrelada ao modelo da família. Isso será realizado em estreita conexão com a emergência da população, do problema da população. Mais exatamente, as novas faces da governamentalidade tornada possível com esse desbloqueio passam inexoravelmente pela população, pelo governo e pela economia política.

Desbloqueio da arte de governar: novas faces da governamentalidade

Nos Capítulos II e III já me reportei ao fenômeno da emergência da população como fato de primordial importância para a constituição da biopolítica; do mesmo modo, tratei também das especificidades da população como novo objeto de tecno-

---

Desse modo, o mercado se constitui num lugar de justiça, 'um lugar onde devia aparecer na troca e se formular no preço alguma coisa que era a justiça'" (NATÉRCIA, 2005). Durante esse período mercantilista, as limitações ao governo do Estado eram eminentemente externas, sendo exercidas pelo Direito e pela concorrência com outros Estados ("balanço europeu").

logias políticas de poder. Agora, trata-se de retomar esse objeto, explicitando de que maneira sua constituição como problema político de governo veio a desbloquear a arte de governar. Para tanto, Foucault nos sinaliza com três ordens de fatores. Em primeiro lugar, diz ele, por suas características, pelos fenômenos que lhe dão especificidade – coisas que a geografia, a demografia e, sobretudo, a estatística o asseguraram –, a população, como problema político, não podia continuar a ser tratada, administrada, de acordo com um modelo de economia baseado na família. Numa palavra, a (gestão da) população é irredutível à (gestão da) família. Em consequência, esta é praticamente eliminada como modelo referencial econômico, passando a constituir mais propriamente um segmento daquela. Por outro lado, a partir da segunda metade do século XVIII, fato da maior importância, a família torna-se um instrumento privilegiado para o governo da população. Em segundo lugar, prossegue Foucault, a própria população sofre também certo deslocamento, tornando-se simultaneamente finalidade e instrumento de uma nova forma de governamentalidade:

> A população aparece, portanto, mais como fim e instrumento do governo que como força do soberano; a população aparece como sujeito de necessidades, de aspirações, mas também como objeto nas mãos do governo; como consciente, frente ao governo, daquilo que ela quer e inconsciente em relação àquilo que se quer que ela faça. O interesse individual – como consciência de cada indivíduo constituinte da população – e o interesse geral – como interesse da população, quaisquer que sejam os interesses e as aspirações individuais daqueles que a compõem – constituem o alvo e o instrumento fundamental do governo da população. Nascimento portanto de uma arte ou, em todo caso, de táticas e técnicas absolutamente novas. (FOUCAULT, 1990, p. 289)

Em terceiro lugar, continua Foucault, pelo fato de a população ter adquirido esse novo estatuto, já não poderia mais haver uma relação de exterioridade entre um saber sobre como governar e um saber sobre todos os processos e características daquilo que constitui o objeto privilegiado de governo. Isso quer dizer que a arte de governar irá se revestir cada vez mais de uma dimensão técnica, fazendo uso de um tipo de saber, a *economia política*, e de tecnologias próprias e adequadas à gestão desse novo campo e/ou objeto de intervenção política, a população, como campo e objeto econômico:

> A economia política pôde se constituir a partir do momento em que, entre os diversos elementos da riqueza, apareceu um novo objeto, a população. Apreendendo a rede de relações contínuas e múltiplas entre a população, o território, a riqueza, etc., se constituirá uma ciência, que se chamará economia política, e ao mesmo tempo uma intervenção característica do governo: a intervenção no campo da economia e da população. Em suma, a passagem de uma arte de governo para uma ciência política, de um regime dominado pela estrutura da soberania para um regime dominado pelas técnicas de governo, ocorre no século XVIII em torno da população e, por conseguinte, em torno do nascimento da economia política. (FOUCAULT, 1990, p. 290)

Aqui, tal como fiz questão de assinalar no Capítulo II, não se deve incorrer no equívoco de se pensar que uma arte de governar baseada no modelo de soberania dá lugar a uma arte de governar assentada numa razão de Estado (em que as disciplinas, a normalização e a regulamentação já funcionam), e que esta, por sua vez, desaparece ou é desbloqueada em favor de uma sociedade governamentalizada (sociedade de governo); não se trata, com efeito, de substituir pura e simplesmente a soberania pela disciplina, e esta pelo governo: "Trata-se de um triângulo: soberania-disciplina-gestão governamental, que tem na população seu alvo principal e nos dispositivos de segurança seus mecanismos essenciais" (FOUCAULT, 1990, p. 291).[8] Nessa disposição triangular, em que o poder é exercido, o que muda é o acento dado a um dos vértices em jogo.

Depois de abordar todos esses fatores, Foucault já dispõe dos elementos que lhe permitem definir com maior precisão o que ele entende por governamentalidade e, em consequência, defender a ideia, muito singular, de que devemos prestar mais atenção ao fato de que, em nossa modernidade, *a questão política crucial* não passa tanto pelo maior ou menor nível de estatização das sociedades modernas ocidentais, senão pelos *modos e estratégias mediante os quais os Estados, nessas mesmas sociedades, foram governamentalizados*. De todo modo, Foucault (2008b, p. 143-144) define governamentalidade sob uma tríplice perspectiva:

> [...] o conjunto constituído pelas instituições, procedimentos, análises e reflexões, os cálculos e as táticas que permitem exercer essa forma bastante específica, embora muito complexa de poder que tem por alvo principal a população, por principal forma de saber a economia política e por instrumento técnico essencial os dispositivos de segurança. Em segundo lugar, por "governamentalidade" entendo a tendência, a linha de força que, em todo o Ocidente, não parou de conduzir, e desde há muito, para a preeminência desse tipo de poder que podemos chamar de "governo" sobre todos os outros – soberania, disciplina – e que trouxe, por um lado, [e, por outro lado],

---

[8] Foucault mostra como Rousseau, em que pese sua tentativa de fundamentar o poder soberano estabelecendo seus limites e sua legitimidade, busca, na verdade, em última instância, definir os parâmetros de uma nova arte de governar. Assim, no *Contrato social*, seu problema será: "como se pode formular, com noções tais como natureza, contrato, vontade geral, um princípio geral de governo que substitua tanto o princípio jurídico da soberania quanto os elementos através dos quais se pode definir e caracterizar uma arte de governo" (FOUCAULT, 1990, p. 291). Em contrapartida, o governo da população implica tanto as tecnologias disciplinares, que operam no detalhe, quanto demanda novas formas de justificação do exercício do poder soberano.

o desenvolvimento de toda uma série de saberes. Enfim, por "governamentalidade", creio que se deveria entender o processo, ou antes, o resultado do processo pelo qual o Estado de justiça da Idade Média, que nos séculos XV e XVI se tornou o Estado administrativo, viu-se pouco a pouco "governamentalizado".

É assim que, a partir do século XVIII, as sociedades ocidentais modernas adentram na era da governamentalidade, na qual o Estado tem garantida a sua sobrevivência, não mais puramente como Estado de justiça ou Estado administrativo, nem tampouco como um tipo de Estado a que corresponde uma sociedade normalizada e regulamentada, mas como um Estado de governo, um Estado governamentalizado. Desde então, embora ainda perdurem mecanismos e dispositivos de normalização e regulamentação para o efetivo governo das populações, desenvolve-se uma biopolítica que atua, sobretudo, pelo controle, assentada primordialmente em dispositivos de segurança, dando ensejo à emergência de *sociedades de controle*.

Biopolítica, liberalismo e governamentalidade neoliberal

No curso *Segurança, território, população*, além do que já foi dito, há ainda um movimento que merece especial atenção para que melhor se compreenda a *démarche* da genealogia foucaultiana e sua abordagem da biopolítica. Esse movimento refere-se à maior atenção dada ao tema do Estado, tema este que aparece expresso, num primeiro momento, na preocupação de Foucault em evidenciar o tipo de racionalidade governamental que, em nossa modernidade, particularmente a partir do século XVIII, buscou conhecer e intensificar as forças estatais, através da gestão biopolítica do par população-riqueza. Sob a ótica de uma política de governo calcada numa razão de Estado, a atividade de governar, no sentido de "dirigir a conduta dos homens em quadros e com instrumentos estatais" (FOUCAULT, 1997, p. 90), obedecia à "regra interna de uma economia máxima", o que quer dizer que ela tomava a si mesma como sua finalidade última, como sua razão de ser. Nesses termos, diz Foucault, ela parecia movida por uma espécie de falta, isto é, pela ideia de que o conjunto de coisas e homens (ou seja, o conjunto dos fenômenos que entrelaçam os processos próprios à população aos processos relativos à riqueza) a que se deve dispor corretamente e conduzir estrategicamente, e que constitui objeto desse tipo de governamentalidade, careceria de maior ordenamento, regulamentação e controle. Em suma, essa forma de governo do Estado mover-se-ia premida pela ideia de que governar-se-ia pouco, que muitas coisas escapavam à governamentalidade, por cima e por baixo; daí o motivo desse investimento na maximização das forças estatais – saúde, natalidade, higiene, segurança, previdência, etc. –, a um custo político e econômico mínimo.

Num segundo momento, entretanto, em *Nascimento da biopolítica*, a questão do Estado, assim como as questões relativas à governamentalidade e à biopolítica são problematizadas sob um novo ângulo, ou melhor, examinadas à luz de um "quadro de racionalidade política" mais amplo, o liberalismo, no interior do qual, inclusive, diz Foucault, não só surgiram como ganharam acuidade. A questão desafiadora que Foucault (1997, p. 89) nos apresenta, através da introdução do liberalismo como quadro de referência privilegiado para o exame de formas de governamentalidade, desde o século XIX até os dias atuais, é a seguinte:

> Num sistema [o liberalismo] preocupado com o respeito aos sujeitos de direito e à liberdade de iniciativa dos indivíduos, como será que o fenômeno "população", com seus efeitos e seus problemas específicos, pode ser levado em conta? Em nome de que e segundo quais regras é possível geri-lo?

Tais indagações não perscrutam o liberalismo como tradicionalmente o fizeram a ciência política e a economia política – tomando-o, por exemplo, como uma teoria, como uma ideologia (caso da tradição marxista) ou como espécie de "representação social". Em vez disso, elas o interrogam como uma "prática", ou melhor, como "princípio e método de racionalização do exercício de governo" (FOUCAULT, 1997, p. 90); só que, agora, se trata de uma racionalidade não mais guiada pelo imperativo de um máximo de governo a um custo mínimo, mas que tem por especificidade "a regra interna da economia máxima". Pois, ao contrário do que rezava a tradição da razão de Estado – governar-se-ia pouco –, para o liberalismo, ao contrário, governar-se-ia em demasia. Isso significa que a direção da conduta dos indivíduos em quadros e por intermédio de instrumentos estatais não pode ter como fundamento o Estado nem tampouco ter por finalidade o próprio governo. Nesses termos, para Foucault, cumpre tomar o liberalismo simultaneamente como prática crítica da possibilidade e da legitimidade de uma governamentalidade já existente (assentada numa razão de Estado) e, pelo modo como ele se utiliza do mercado, como prova (ou teste) das condições de possibilidade de exercício de outros tipos de governamentalidade, prova esta sempre atenta aos efeitos de excesso de governo. Por outro lado, isso só foi possível ao liberalismo na medida em que ele inseriu a *sociedade* em sua crítica. Entretanto, Foucault considera que a sociedade (formada de indivíduos livres, empreendedores – no sentido moderno do termo –, etc.), essa nova variável introduzida pela crítica liberal, guardaria para com o Estado uma relação ambígua, haja vista que ela se situaria tanto em seu interior como em seu exterior.

> A reflexão liberal não parte da existência do Estado, encontrando no governo um meio de atingir essa finalidade que ele seria para si mesmo, mas da sociedade que vem a estar

> numa relação complexa de exterioridade e de interioridade em relação ao Estado. É ela – ao mesmo tempo a título de condição e de fim último – que permite não mais colocar a questão: como governar o mais possível e pelo menor custo possível?, mas esta: por que é preciso governar? Ou seja: o que torna necessário que haja um governo e que fins ele deve ter por meta em relação à sociedade, para justificar sua existência? É a ideia de sociedade que permite desenvolver uma tecnologia de governo a partir do princípio de que ele está já em si mesmo "em demasia", "em excesso" – ou, pelo menos, que ele vem se acrescentar como um suplemento, ao qual se pode e se deve sempre perguntar se é necessário e para que é útil. (FOUCAULT, 1997, p. 91)

Por intermédio desse processo, vê-se que as limitações à governamentalidade já não são mais, como dantes, encaradas como de ordem externa, mas residem justamente no interior do Estado, encarnadas por esse excesso de governo, por essa antiga propensão (típica do mercantilismo e do cameralismo) de querer a tudo regulamentar, enfim, pelo desmedido exercício dessa tecnologia da polícia no campo social e econômico. Por outro lado, a introdução do fator "sociedade" – e, portanto, do problema da população – traduz o novo dilema de que a governamentalidade liberal procura dar conta, em seus altos e baixos, nos termos de um conflito entre liberdade e segurança. Tendo isso em vista, em *Nascimento da biopolítica*, as aulas de 17 e 24 de janeiro são dedicadas à nova forma de governamentalidade que advém com o liberalismo, abordando uma série de temas concernentes aos fisiocratas, à economia política e ao liberalismo clássico, dentre os quais estão: a constituição do mercado como lugar de produção de verdade (e não mais apenas como domínio de jurisdição), a questão da utilidade (utilitarismo inglês) e sua relação com a limitação do exercício das forças estatais, a noção de interesse como operadora desse novo tipo de governamentalidade e a ampliação dessa nova racionalidade governamental (estendida à escala mundial). Além disso, Foucault problematiza também os princípios e instrumentos dessa nova forma de governamentalidade. Os princípios referem-se ao "naturalismo governamental", à produção da liberdade e ao problema da arbitragem liberal, ao passo que os instrumentos dizem respeito à gestão dos perigos e à instituição de mecanismos de seguridade, aos controles disciplinares e às políticas intervencionistas – às voltas com o problema da gestão da liberdade e suas crises.

Vejamos, por sua importância e pelo que pretendo abordar mais adiante, o caso em que o mercado se constitui como lugar de formação de verdade (e não mais apenas como domínio de jurisdição). Relembremos alguns pontos capitais da arqueogenealogia a esse respeito. Para Foucault, o saber (entendido como prática, materialidade, acontecimento) funciona como peça de um dispositivo político, o que o torna imanente e indissociável da ação de mecanismos de poder. Todos os domínios de saber, assim, têm sua gênese em mecanismos de poder. Nesse sentido, todos os regimes de verdade, numa sociedade disciplinar e normalizadora, são efeitos de relações saber-poder: objetos como a loucura, a sexualidade, a delinquência, etc. são literalmente produzidos por esses dispositivos de saber-poder, ao mesmo tempo que inscritos na realidade como coisas que, embora não existam em si mesmas, ganham visibilidade e dizibilidade (concretude, substancialidade) por efeito da ação daqueles dispositivos. Pois bem, no caso da doutrina liberal:

> É o mercado que deve revelar algo como uma verdade: os preços, conformes aos mecanismos naturais e espontâneos, proporcionarão o parâmetro para avaliar se as práticas governamentais vigentes são corretas ou errôneas. E, de lugar de justiça (juridição), passou a ser lugar de verdade (veridição), ou seja, verificação-falsificação para a prática governamental. Nesse contexto, surge um *Homo oeconomicus* que representava aquele que era intangível ao exercício do poder, sujeito ou objeto do *laissez-faire* que obedece a seu

próprio interesse – e que somente obedecendo a seu próprio interesse consegue contribuir para o bem geral – e não deve ser tocado pela teoria do governo. (NATÉRCIA, 2005)[9]

Todavia, já no século XX, o liberalismo se vê diante de uma crise significativa, tendo que lidar com "as ameaças à liberdade representadas pelo aumento do custo econômico do próprio exercício das liberdades, pelo socialismo, pelo nacional-socialismo e pelo fascismo" (FONSECA, 2007, p. 150). As lições seguintes de *Nascimento da biopolítica* prosseguem deslocando seu foco de análise, do liberalismo para o neoliberalismo, tal como este se apresenta, já no contexto do século XX, em três distintas versões – o modelo alemão (*ordoliberalismo*), o modelo francês e, por fim, o modelo norte-americano –, as quais buscam superar, cada uma à sua maneira, os impasses daquela referida crise. Pela necessidade de articular o tema/problema da biopolítica à educação e pelo pouco espaço de que disponho, priorizarei aqui apenas o exame da forma de governamentalidade encarnada pelo neoliberalismo nos Estados Unidos.[10]

---

[9] Por outro lado, isso não deve subsumir com uma mudança operada nas pesquisas de Foucault, a qual desloca a ênfase antes atribuída ao eixo saber-poder para a ideia de governo dos homens. Assim, com a noção de governamentalidade, "a relação entre os três domínios – saber, poder, subjetivação – poderá ser pensada de um modo diferente. Não se trata mais de mostrar *como* as formações de saber e as formas de subjetivação são produzidas pelos mecanismos de poder, mas sim pensá-los como três domínios que se articulam no interior de uma determinada 'arte de governar'" (FONSECA, 2007, p. 157).

[10] FONSECA (2007, p. 159), no entanto, nos dá uma ótima caracterização resumida da governamentalidade implicada no neoliberalismo alemão: "Enquanto para os economistas do século XVIII (no contexto do pensamento liberal, portanto) o problema era estabelecer critérios para se limitar as formas de intervenção do Estado na esfera da economia, resguardando-se assim, uma esfera de liberdade econômica necessária ao crescimento deste Estado, o problema do neoliberalismo alemão foi constituir ou legitimar o Estado – em oposição ao Estado construído pelo nazismo – não a partir da afirmação do próprio Estado – conjurando assim a ameaça de um ressurgimento do estigma nazista –, mas a partir de um domínio não-estatal, representado pela liberdade econômica. [...] Assim, para o neoliberalismo alemão – expresso pelo pensamento dos ordoliberais – a liberdade de mercado aparece como um 'princípio organizador e regulador do próprio Estado'".

Governamentalidade neoliberal e educação

À semelhança do neoliberalismo alemão ("ordoliberalismo"), o neoliberalismo norte-americano desenvolveu-se num contexto de confronto a três fatores: ao New Deal (e, portanto à política keynesiana), ao que Foucault chama de "pactos sociais de guerra" e ao crescimento da administração federal por intermédio de programas econômicos e sociais. Todavia, à diferença do modelo neoliberal alemão, que, preocupado em expurgar o Estado nazista, necessitava a um só tempo construir e legitimar (um novo) Estado – dessa vez através da liberdade econômica –, o neoliberalismo norte-americano não visava a nenhum desses dois propósitos. E isso porque, desde sua constituição como nação independente, os EUA fizeram uso de princípios liberais, de reivindicações essencialmente econômicas, para fundar e legitimar seu próprio Estado. Por outro lado, desde o século XIX, o debate político que singulariza a tradição estadunidense, em vez de centrar-se, como na Europa, em torno de questões concernentes à independência e à unidade das nações, ou ao Estado de direito, sempre teve em seu âmago o liberalismo. Por fim, uma última diferença entre o tipo de neoliberalismo que se desenvolveu nos EUA e aquele que se constituiu na Alemanha (e na Europa) deve-se ao fato de que, enquanto no primeiro o liberalismo perfaz "toda uma maneira de ser e de pensar", uma espécie de "reivindicação global", partilhada tanto à direita quanto à esquerda, no segundo, por sua vez, ele aparece mais como uma espécie de opção, como uma alternativa "formada e formulada pelos governantes ou no meio governamental" (FOUCAULT, 2008a, p. 301). Em suma, no primeiro caso, tem-se o liberalismo como uma "relação" entre governantes e governados, ao passo que no segundo se tem uma (opção, alternativa) técnica dos governantes em relação aos governados. As problematizações de Foucault sobre essa forma de neoliberalismo privilegiam dois mistos de "métodos de análise" e "tipos de programação", a saber: a *teoria do Capital Humano* e o programa de análise da criminalidade e da delinquência. Concentrar-me-ei, contudo, apenas no primeiro desses mistos.

A Escola de Chicago e a teoria do Capital Humano

No prefácio ao livro *Capital humano: investimentos em educação e pesquisa*, publicado nos EUA em 1969, Theodore Schultz, famoso economista da Escola de Chicago e agraciado com o Nobel de economia em 1979, afirmava: "Uma classe particular de capital humano, consistente do 'capital configurado na criança', pode ser a chave de uma teoria econômica da população" (SCHULTZ, 1973, p. 9). Tomemos três elementos dessa afirmação: em primeiro lugar, a ideia de *capital humano*; em segundo, a de sua configuração na criança; em terceiro, por fim, a ideia de que essa configuração pode constituir a "chave de uma teoria econômica da população". Esses três elementos nos remetem a algumas questões caras a Michel Foucault, questões essas relacionadas à biopolítica, à governamentalidade neoliberal, bem como às relações entre ambas. Eles nos parecem importantes, além disso, porque fornecem pistas para pensarmos as condições de possibilidade da educação em nosso presente e algumas das virtuais funções estratégicas que a mesma pode vir a exercer em nossa contemporaneidade. E isso, por exemplo, conforme a maneira como a educação é agenciada a biopolíticas e a uma determinada forma de governamentalidade neoliberal, a saber: aquela que se instituiu nos Estados Unidos da América, desde o início da década de 1960, particularmente sob influência das análises econômicas empreendidas pela Escola de Chicago, e que teve na teoria do Capital Humano uma de suas expressões mais pungentes. Tentarei mostrar, seguindo esse fio, e abordando essa teoria, como determinados valores econômicos, à medida que migraram da economia para outros domínios da vida social, disseminando-se socialmente, ganharam um forte poder normativo, instituindo processos e políticas de subjetivação que vêm transformando sujeitos de direitos em *indivíduos-microempresas* – empreendedores. Em seguida, no próximo item, defenderei a ideia de que tal processo pode ser exemplarmente visto na construção e insidiosa propagação do que designo, muito provisoriamente, por *cultura do empreendedorismo*. Após explicar o que vem a ser isso, direciono minha atenção para alguns de seus efeitos no campo educacional.

No início dos anos 1960, o neoliberalismo norte-americano toma por base a economia de mercado, bem como certas análises econômicas empreendidas tendo em vista a compreensão de seu funcionamento e de sua dinâmica, com o intuito de explicar relações e/ou fenômenos sociais não considerados, pelo menos em princípio, como genuinamente econômicos (ou seja, como costumeiramente relacionados às relações de mercado). Nesse sentido, temos duas novidades importantes nesse novo tipo de economia política: em primeiro lugar, observa-se um deslocamento mediante o qual o objeto de análise (e de governo) já não se restringe apenas ao Estado e aos processos econômicos, passando a ser propriamente a sociedade, quer dizer, as relações sociais, as sociabilidades, os comportamentos dos indivíduos, etc.; em segundo, além de o mercado funcionar como chave de decifração ("princípio de inteligibilidade") do que sucede à sociedade e ao comportamento dos indivíduos, ele mesmo generaliza-se em meio a ambos, constituindo-se como (se fosse a) substância ontológica do "ser" social, a forma (e a lógica) mesma desde a qual, com a qual e na qual deveriam funcionar, desenvolver-se e se transformar as relações e os fenômenos sociais, assim como os comportamentos de cada grupo e de cada indivíduo.

Esse duplo movimento pode ser exemplarmente demonstrado pelas diferenças existentes entre as análises típicas do liberalismo clássico e aquelas promovidas pela chamada Escola de Chicago. Originalmente, o termo "Escola de Chicago" surgiu na década de 1950, aludindo às ideias de alguns professores que, sob influência do paradigma econômico neoclássico e sob a liderança de Theodore Schultz, atuavam junto ao Departamento de Economia da Universidade de Chicago, mas também junto à Escola Superior de Administração e à Faculdade de Direito dessa mesma universidade. Por outro lado, o termo remete também a um grupo de economistas que, a partir do início dos anos 1960, influenciado por Milton Friedman (Nobel de 1976), George Stigler (Nobel de 1982) e seus discípulos, além de servir de arauto à defesa do livre mercado, refutava e rejeitava os princípios da doutrina keynesiana.[11] Um dos principais desenvolvimentos teóricos da Escola de Chicago, particularmente pela influência dos trabalhos de Schultz, Becker e Stigler, consiste na teoria do Capital Humano. Vejamos, então, o que é *capital humano* para essa teoria, como, e em que termos, ela propõe sua gestão, e em que sentido ele é crucial à instituição de um novo espírito do capitalismo. Para o sociólogo Oswaldo López-Ruiz, autor de

---

[11] Dentre os economistas desse grupo se destacam: David Galé Johnson, Gary Stanley Becker (Nobel de 1992), George Stigler, Merton Miller (Nobel de 1990), Ronald Coase (Nobel de 1991), Robert Fogel (Nobel de 1993) e Robert Lucas (Nobel de 1995). Desenvolveram análises econômicas ligadas a temas, tais como a teoria do Capital Humano (Schultz, Becker), desregulamentação da economia, abordagem monetarista (Friedman), a teoria dos custos de transação (Coates), racionalidade econômica do comportamento humano (Becker), dentre outros. Além disso, vale assinalar que os princípios econômicos dessa escola foram aplicados no Chile, em plena ditadura de Pinochet (de 1973 a 1989), sob orientação dos "Chicago Boys" – economistas chilenos que, por efeito de acordos de cooperação entre a Escola de Chicago e a Universidade Católica do Chile, foram treinados para assumir a direção daquele governo. Por seu turno, a doutrina keynesiana defendia que o Estado "[...] deveria manejar grandezas macroeconômicas sobre as quais era possível acumular conhecimento e controle prático. O poder público, desse modo, regularia as oscilações de emprego e investimento, moderando as crises econômicas e sociais. O New Deal americano e o Estado de bem-estar europeu iriam testar (e aprovar durante bom tempo) a convivência do capitalismo com um forte setor público, negociações sindicais, políticas de renda e seguridade social, etc." (MORAES, 2001, p. 30).

um instigante e precioso livro, *Os executivos das transnacionais e o espírito do capitalismo: capital humano e empreendedorismo como valores sociais* (2007), a noção de capital humano refere-se a um conjunto de habilidades, capacidades e destrezas que:

> [...] em função do avanço do capitalismo, deve se tornar valor de troca. Para isso acontecer; esses atributos humanos precisam, de certa maneira, ser abstraídos das pessoas concretas que os detêm, das pessoas concretas nas quais existem, e se articular (alinhar) em função de um fim externo a elas. Argumentaremos, portanto, que o "humano", um conjunto de capacidades, destrezas e aptidões próprias dos homens, adquire valor de mercado e se apresenta como forma de capital – entendido como uma soma de valores de troca que serve de base real a uma empresa capitalista. (LÓPEZ-RUIZ, 2007, p. 18)

A conversão desse conjunto de capacidades e destrezas em valor de troca, segundo Harry Gordon Johnson, outro simpatizante dessa teoria, torna-se mais clara ao se tomar por referência uma transformação no que se entendia por trabalho, no âmbito da teoria econômica. Nas palavras de Johnson (*apud* LÓPEZ-RUIZ, 2007, p. 195, grifos de López-Ruiz):

> Na Inglaterra da revolução Industrial, como nos países subdesenvolvidos hoje, o trabalho podia razoavelmente ser concebido como, predominantemente, a aplicação da força bruta, com a qual os trabalhadores individuais [...] eram dotados de forma aproximadamente igual, assim como o eram também de alguma capacidade de decisão de tipo mais ou menos trivial. Porém, numa sociedade industrial em evolução tanto a provisão de forças quanto a tomada de decisões elementares são crescentemente assumidas pela maquinaria, enquanto *o que o trabalhador leva para o seu serviço são o conhecimento e as habilidades* requeridas para utilizar a maquinaria de forma efetiva. Seu conhecimento e habilidades são, por sua vez, *o produto de um investimento*

de capital feito em sua educação, em suas capacidades gerais de comunicação e cálculo requeridas para participar do processo produtivo, e nas capacidades específicas requeridas para seu trabalho em particular; um investimento de capital que é variavelmente financiado pelo Estado, pelo próprio trabalhador ou pelo empregador. *Deste modo, o trabalhador é ele mesmo um meio de produção produzido, um item de equipamento de capital.*

Pois bem, dentre as diferenças existentes entre as análises típicas do liberalismo clássico e aquelas promovidas pela Escola de Chicago, Foucault aponta uma "mutação epistemológica essencial" promovida por essa versão do neoliberalismo norte-americano, que remete justamente ao modo como ela buscou, com suas análises, reintroduzir o trabalho no campo da análise econômica. Ao assim proceder, segundo Foucault, a Escola de Chicago mudou o que se entendia, desde Adam Smith, como sendo "o objeto, o domínio de objetos, o campo de referência geral da análise econômica" (FOUCAULT, 2008a, p. 306). Nesse sentido, esta já não deveria se concentrar, como dantes, no estudo dos mecanismos de produção, de troca e dos fatos de consumo no interior de determinada estrutura social, assim como tampouco deveria tratar o trabalho em termos abstratos, tal como, por exemplo, Marx o havia feito.[12] Mas, se para os teóricos neoliberais da Escola de Chicago o trabalho aparece como uma abstração, isso não se deve em absoluto à mecânica e/ou à lógica do capitalismo, como queria Marx, senão a equívocos da teoria econômica clássica. Com efeito, ao tentar dar conta do trabalho em sua especificação concreta e em suas modulações qualitativas, a economia clássica cometeu equívocos que "precipitaram sobre o trabalho toda uma filosofia, toda uma

---

[12] Para Marx, a mecânica e/ou a lógica do capitalismo só retém do trabalho concreto sua força, o tempo em que ele é exercido e os efeitos de valor por ele produzidos, tornando-o, assim, uma abstração.

antropologia, toda uma política de que Marx é precisamente o representante" (FOUCAULT, 2008a, p. 305). No que, então, para esses teóricos neoliberais, deveria consistir a análise econômica? Foucault responde a essa indagação em dois trechos de *Nascimento da biopolítica* (2008a):

> [...] no estudo da natureza e das consequências do que chamam de opções substituíveis, isto é, o estudo e a análise da maneira como são alocados recursos raros a fins que são concorrentes, isto é, para fins que são alternativos, que não podem se superpor uns aos outros. (p. 306)
>
> O que a análise deve tentar esclarecer é qual cálculo, que aliás pode ser despropositado, pode ser cego, que pode ser insuficiente, mas qual cálculo fez que, dados certos recursos raros, um indivíduo ou indivíduos tenham decidido atribuí-los a este fim e não àquele. A economia não é mais, portanto, a análise de processos, é a análise de uma atividade. Não já não é, portanto, a análise da lógica histórica de processo, é a análise da racionalidade interna, da programação estratégica da atividade dos indivíduos. (p. 307)

O que isso quer dizer, efetivamente? Quer dizer, sobretudo, que o que importa a esses teóricos da economia é uma análise da "relação custo/benefício", mas tal como esta é pensada e conduzida do ponto de vista daquele que trabalha, isto é, a partir do modo como um indivíduo economicamente ativo faz uso dos recursos de que dispõe. Ocorre que, sob essa perspectiva, diz Foucault, é o próprio estatuto do trabalho e o desse *homo oeconomicus* que se transformam, haja vista que passam a comportar a um só tempo um capital e uma renda:

> Decomposto do ponto de vista do trabalhador, em termos econômicos, o trabalho comporta um capital, isto é, uma aptidão, uma competência; como eles dizem: é uma "máquina". E por outro lado é uma renda, isto é, um salário ou, melhor ainda, um conjunto de salários; como eles dizem: um fluxo de salários. (p. 308)

Nesses termos, a economia política passa a ter como objeto o comportamento humano, ou melhor, a racionalidade interna que o anima. Trata-se de estudar o trabalho exercido pelos indivíduos como uma conduta econômica, e de tentar entender como essa conduta é praticada, racionalizada e calculada por aquele que a exerce. Por outro lado, sob a perspectiva dos economistas da Escola de Chicago, já não faria muito sentido pensar o indivíduo e o capital como exteriores um ao outro – por exemplo, quando se diz que alguém, um banqueiro ou um executivo de uma grande transnacional, é representante do capital; ou, inversamente, quando se diz que alguém, um operário, um professor ou um programador na área de informática, é objeto de exploração do capital. Pois, sob a sua ótica, as competências, as habilidades e as aptidões de um indivíduo qualquer constituem, elas mesmas, pelo menos virtualmente e relativamente independente da classe social a que ele pertence, seu capital; mais do que isso, é esse mesmo indivíduo que se vê induzido, sob essa lógica, a tomar a si mesmo como um capital, a entreter consigo (e com os outros) uma relação na qual ele se reconhece (e aos outros) como uma microempresa; e, portanto, nessa condição, a ver-se como entidade que funciona sob o imperativo permanente de fazer investimentos em si mesmo – ou que retornem, a médio e/ou longo prazo, em seu benefício – e a produzir fluxos de renda, avaliando racionalmente as relações de custo/benefício que suas decisões implicam.

Como bem assinala Laymert Garcia dos Santos (2007, p. 18): "Desse modo, assim como a unidade de base da economia é a empresa, também a unidade de base da sociedade não é mais o indivíduo, mas o trabalhador-empresa". O indivíduo moderno, a que se qualificava como sujeito de direitos, transmuta-se, assim, num *indivíduo-microempresa*: "Você S/A". E é justamente por isso que a economia, desde então, já não mais se resume à preocupação com a lógica histórica de processos ligados à produção, mas passa a se concentrar nos modos mediantes os quais os indivíduos buscam produzir e acumular capital humano. Para autores como Gilles Deleuze e Félix Guattari, o que ocorre aqui não é o fato de a economia deixar de se preocupar com a produção, mas sim que essa produção econômica também é desejante, subjetiva – o desejo é imanente à produção –; trata-se, para eles, de pensar esse processo inserindo o desejo na produção e vice-versa; assim, tanto "o humano" quanto "o capital humano" e seus eventuais "modos de acumulação" não são dados de antemão, não estão já aí, "à espera" de um investimento de natureza produtiva: eles constituem o efeito mesmo dessa produção.

Em todo caso, as pesquisas e análises da Escola de Chicago se desenvolvem em torno de questões, tais como: "como se produz e se acumula o chamado 'capital humano'? De que ele se compõe? Quais são seus elementos inatos ou hereditários? Como ele pode ser adquirido por meio de políticas educacionais?" (FONSECA, 2007, p. 160). Com efeito, a capacitação e a formação educacional e profissional dos indivíduos aparecem aqui como elementos estratégicos a serem investidos por essa nova modalidade de governamentalidade, haja vista, segundo Antonio Catani (2002), que elas não só funcionam como fatores que garantiriam o aumento de produtividade, mas também "acréscimos marginais superiores de capacidade produtiva, o que permitiria maiores ganhos para empresas e, também, para os trabalhadores". Em suma, uma das estreitas interfaces dessa teoria do Capital Humano com a educação está, portanto, na importância que a primeira atribui à segunda, no sentido desta funcionar como investimento cuja acumulação permitiria não só o aumento da produtividade do indivíduo-trabalhador, mas também a maximização crescente de seus rendimentos ao longo da vida.

Mas, então, sob esse novo espírito do capitalismo, que nova forma de governamentalidade é engendrada? Tendo na economia e no mercado sua chave de decifração, seu princípio de inteligibilidade, trata-se de uma governamentalidade que busca programar estrategicamente as atividades e os comportamentos dos indivíduos; trata-se, em última instância, de um tipo de governamentalidade que busca programá-los e controlá-los em suas formas de agir, sentir, pensar e de situar-se diante de si mesmos, da vida que levam e do mundo em que vivem, através de determinados processos e políticas de subjetivação: novas tecnologias gerenciais no campo da administração (*management*), práticas e saberes psicológicos voltados à dinâmica e à gestão de grupos e das organizações, propaganda, publicidade, *marketing*, *branding*, "literatura" de autoajuda, etc.[13] Esses processos e políticas de subjetivação, traduzindo um movimento mais amplo e estratégico, que faz dos princípios econômicos (de mercado) os princípios normativos de toda a sociedade, por sua vez, transformam o que seria uma sociedade de consumo numa sociedade de empresa (sociedade empresarial, ou de serviços), induzindo os indivíduos a modificarem a percepção que têm de suas escolhas e atitudes referentes às suas próprias vidas e às de seus pares, de modo a que cada vez mais estabeleçam entre si *relações de concorrência*.

Nesse ponto, como bem assinala Laymert Garcia dos Santos (2007, v. p. 105), ao analisar a importância das obras de Weber,

---

[13] No campo da gestão empresarial, é impressionante a quantidade de livros que vêm propagando a teoria do Capital Humano, a "cultura do empreendedorismo" e temas que lhes são correlatos; dentre eles estão: DAVENPORT, 2001; CRAWFORD, 1994; STEWART, 1998. Dentre os autores que se constituíram como verdadeiros gurus do mundo corporativo, e cujos livros se tornaram verdadeiros *best-sellers*, estão Peter Drucker, Tom Peters e Michael Porter.

Sombart e Schumpeter na escrita de uma história política, cultural e econômica da ética social da empresa, e ao estimar sua influência sobre os representantes da Escola de Chicago, Foucault aborda o que seria a constituição da ética (em sua "dimensão" e em seu "sentido") de que essa Escola se faz portadora. Avaliando o "deslocamento conceitual-valorativo" operado pela Escola de Chicago, por meio do qual o investimento é acentuado, em detrimento do consumo, ele se questiona sobre até que ponto esse deslocamento seria realmente tão crucial para que se tomasse o mercado como princípio de regulação social:

> Ora, em relação a essa sociedade que se tornou, portanto, agora, o próprio objeto da intervenção governamental, da prática governamental, o que o governo sociológico quer fazer? Ele quer fazer, é claro, que o mercado seja possível. Tem de ser possível se se quiser que desempenhe seu papel de regulador geral, de princípio de racionalidade política. Mas o que isso quer dizer: introduzir a regulação do mercado como princípio regulador da sociedade? Quererá dizer a instauração de uma sociedade mercantil, isto é, de uma sociedade de mercadorias, de consumo, na qual o valor de troca constituiria, ao mesmo tempo, a medida e o critério geral dos elementos, o princípio de comunicação dos indivíduos entre si, o princípio de circulação das coisas? [...] Não creio. Não é a sociedade mercantil que está em jogo nessa nova arte de governar. [...] A sociedade regulada com base no mercado em que pensam os neoliberais é uma sociedade na qual o que deve constituir o princípio regulador não é tanto a troca de mercadorias quanto os mecanismos da concorrência. São esses mecanismos que devem ter o máximo de superfície e de espessura possível, que também devem ocupar o maior volume possível na sociedade. Vale dizer que o que se procura obter não é uma sociedade submetida ao efeito-mercadoria, é uma sociedade submetida à dinâmica concorrencial. Não uma sociedade de supermercado – uma sociedade empresarial.

O *homo oeconomicus* que se quer reconstituir não é o homem da troca, não é o homem consumidor, é o homem da empresa e da produção. (FOUCAULT, 2008a, p. 200-201)

A posição de Foucault em relação ao que está em jogo nesse "deslocamento conceitual-valorativo" – deslocamento este que, teoricamente, permitiria fazer do mercado um regulador social geral, e/ou o princípio, por excelência, de uma nova racionalidade política –, ao apostar que o essencial do mesmo reside na instituição de uma dinâmica concorrencial, mostra-se uma posição singular, na medida em que se afasta de interpretações correntes, as quais, diversamente, tendem a colocar em evidência uma sociedade de massa ou de consumo (de mercadorias) e, nesse sentido, uma sociedade do espetáculo, dos simulacros, etc.[14] De qualquer modo, a instituição e a disseminação dessa dinâmica concorrencial não seriam possíveis sem que o pêndulo tenha se inclinado estrategicamente para o lado do investimento, e não para o lado do consumo, mesmo que isso não deva ser tomado em termos absolutos. Assim, para Foucault, sem que se desconsidere o fato de que aquilo que, antes, os indivíduos tomavam como despesas, como custos, tenha depois se convertido em investimentos, no limite, o que está em jogo nessa forma de governamentalidade neoliberal norte-americana é a pretensão de transmutar os indivíduos em sujeitos-microempresas e de comercializar todas as relações humanas, a qualquer hora e em qualquer lugar, mediante sua inscrição em relações de tipo *concorrencial* (RIFKIN, 2001).

"Cultura do empreendedorismo" e outros temas

Passo a avaliar, agora, alguns dos desdobramentos-efeitos dessa forma de governamentalidade neoliberal nos domínios

---

[14]Tais seriam os casos, por exemplo, dos teóricos da Escola de Frankfurt, de Guy Debord e de Baudrillard. Todavia, antes deles, essa inclinação já se deixava antever no início do século XX, em Sombart.

da educação. A primeira ideia que pretendo desenvolver aqui me foi sugerida por Oswaldo López-Ruiz: é a de que a teoria do Capital Humano dá ensejo a que se constitua, no âmbito empresarial, daí disseminando-se depois para as searas socioculturais, assistenciais e para aquelas propriamente educativas, uma espécie de *cultura do empreendedorismo*. Inicialmente, para falar disso no que respeita aos domínios empresariais, vou seguir de perto a análise de López-Ruiz. O que faz esse sociólogo? Com o intuito de melhor compreender como as noções de capital humano e de empreendedorismo terminaram por se instituir como valores sociais normativos, ele desenvolveu uma brilhante pesquisa sobre o *éthos* dos executivos das transnacionais. Numa palavra: ele toma o *éthos* desses executivos (*éthos* empresarial) como analisador no novo espírito do capitalismo. Embora sua análise tenha por base a obra de Max Weber, é curioso como ela o leva a convergir, em vários pontos significativos, com os achados das investigações de Foucault. O essencial do trabalho de López-Ruiz é resumido por Laymert Garcia dos Santos (2007, p. 13-14) nos seguintes termos:

> Osvaldo tenta compreender, através da reformulação neoliberal da economia política, como o espírito do capitalismo mudou e *gerou um repertório de explicação da realidade* que toma a figura do executivo como matriz de uma conduta a ser disseminada pela sociedade inteira, e fundada não na satisfação do desejo, mas no investimento constante e exclusivo da vontade na produção da riqueza abstrata. Nesse sentido, o novo espírito do capitalismo não só prolonga e intensifica a obrigação do homem moderno de dedicar sua vida ao ganho, tal como apontada por Weber. Para além dela, e de modo muito mais radical, o homem contemporâneo tem de reduzir todos os seus atributos à dimensão do interesse e incorporar a lógica do capital como se ela fosse, mais do que a razão de sua existência, o fundamento último da própria vida humana

em sociedade. Assim, a busca do ganho é mais do que uma obrigação – tornou-se um imperativo vital. A ambiguidade da economia política contemporânea é que ela precisa suscitar essa força da vontade, estimulá-la, privilegiá-la e, ao mesmo tempo, domá-la. Como se o novo espírito do capitalismo exigisse a mobilização, em seu favor, da potência de individuação de cada um.

Ora, essa exigência do novo capitalismo de mobilizar em seu favor a potência de individuação de cada um não é outra coisa senão uma das expressões do exercício do que Foucault chama de governamentalidade neoliberal. Todavia, López-Ruiz ainda fala em algo como "o humano", em algo como atributos humanos, como um *être-la*; ou melhor, ao se reportar à noção de "capital humano", ele nos dá a impressão de ainda se manter nos marcos de uma concepção essencialista, naturalista, identitária da subjetividade. Ao passo que Foucault, por seu turno, bem mais próximo de Deleuze e Guattari, remete a mesma noção à produção, ou seja, a processos e políticas de subjetivação, ou ainda, e mais precisamente, a uma determinada forma de governo (e, portanto, de individualização e subjetivação), que é a da governamentalidade neoliberal. É por isso que, para Foucault, em termos genealógicos, não se trata de um mesmo objeto – "O Homem" –, individuado de duas maneiras diferentes, senão de duas individuações diferenciais: ao passo que a primeira, moderna, objetivou um sujeito de direitos, que é também um sujeito "psi", a segunda, contemporânea, por seu turno, vem objetivando algo distinto, um indivíduo-microempresa. Numa palavra, "o humano" de que fala López-Ruiz apresenta-se, em Foucault, como aquilo em relação a que estamos em vias de diferir, em proveito de outra coisa que, provisoriamente, estou aqui designando por indivíduo-microempresa. Um indivíduo estranho, ainda mal-esboçado, cujo corpo, por exemplo, já não seria mais mecânico-orgânico, mas cibernético, pós-orgânico, pós-humano; por outro lado, um indivíduo cuja identidade, cujo "Eu", cujas maneiras de pensar, de agir e de sentir, já não são, apenas e tão somente, constituídos por uma normatividade "médico-psi", mas cada vez mais produzidos por uma normatividade econômico-empresarial (KURZWEIL, 2007; LIMA, 2004; SANT'ANNA, 2002, p. 99-110; SANTOS, 2008; SIBILIA, 2002, 2008).

De todo modo, os indivíduos e coletividades vêm sendo cada vez mais investidos por novas tecnologias e mecanismos de governo que fazem de sua formação e de sua educação, num sentido amplo, uma espécie de competição desenfreada, cujo "progresso" se mede pelo acúmulo de pontos, como num esquema de milhagem, traduzidos como índices de produtividade. E são avaliados de acordo com os investimentos que são permanentemente induzidos a fazer para valorizarem-se como microempresas num mercado cada vez mais competitivo. O novo empreendedor já não pode mais ser caracterizado com um *passivo* na contabilidade das grandes empresas e corporações; na verdade, há quem diga que ele já não é mais nem mesmo um *ativo*, senão um *investidor*, uma espécie de *sócio* que investe o seu capital humano na empresa em que trabalha (DAVENPORT, 2001, p. 18-22).

É nesse sentido que tem se disseminado de forma surpreendente, por sua abrangência e poder de persuasão, uma nova discursividade nas searas educativas, que busca fazer dos indivíduos-microempresas verdadeiros empreendedores. Estes são caracterizados pelos seguintes traços: são proativos, inovadores, inventivos, flexíveis, com senso de oportunidade, com notável capacidade de provocar mudanças, etc. Migrando do mercado – das novas teorias econômicas, de administração e das grandes corporações empresariais (*éthos* empresarial) – para toda a sociedade, essa nova discursividade chega à educação acolhida e festejada tanto por setores progressistas quanto por setores conservadores, por segmentos privados e públicos, por organizações governamentais e não governamentais:

"[...] a inserção do empreendedorismo no currículo escolar visa, em primeiro lugar, a disseminar a *cultura empreendedora*, a importância do empreendedor na escola, promovendo sua integração no desenvolvimento de projetos conjuntos" (ACÚRCIO; ANDRADE, 2005).[15] A disseminação dessa cultura, sempre em estreita conexão com a educação, com as escolas, com os projetos sociais e assistenciais, esportivos e de formação técnico-profissional, vem sendo feita de tal modo a ampliar-se progressivamente, como estando associada a virtualmente tudo o que seria "decisivo" e "bom", não só para o sucesso dos indivíduos, em particular, mas também para o progresso, o desenvolvimento sustentável e o bem-estar de toda a sociedade. Não seria exagerado dizer, nesses termos, que o culto ao empreendedorismo vem sendo apresentado como a panaceia para os males do País e do mundo:

> Em momentos históricos cuja organização social é marcada por problemas como o desemprego, a má distribuição de renda, a desigualdade de oportunidades e a violência, *investir no empreendedorismo parece ser a melhor solução*. Mais que um programa social, isso significa *uma visão de mundo e de vida, um compromisso político de todo cidadão com a nação e o planeta*. As instituições educacionais podem colaborar na solução dessas dificuldades socioeconômicas, preparando pessoas para empreender, gerar empregos, criar riquezas para o país. Precisamos de um povo participativo, sensível e produtivo, capaz de utilizar suas potencialidades e exercer suas atribuições com plenitude profissional, com atitude ética e empreendedora, para assumir os riscos de sugerir caminhos que beneficiem a todos. (ACÚRCIO; ANDRADE, 2005, p. 12, grifos nossos)

---

[15] Vale assinalar, de passagem, que essa obra é fruto da parceria de uma das editoras com maior penetração nas áreas de pedagogia e psicologia da educação, e de uma das mais influentes organizações privadas de ensino em nosso País. No Brasil, no campo educacional, a cultura do empreendedorismo e o que seria uma "pedagogia empreendedora" vêm sendo difundidos principalmente por Fernando Dolabela (1999, 2003).

Além de fazer do empreendedorismo "uma visão de mundo", "uma maneira de ser", a cultura do empreendedorismo funciona de modo a fragmentar os indivíduos em mônadas, cada uma ficando responsável apenas por si mesma. Numa pedagogia empreendedora, afirma Fernando Dolabela (1999, p. 24), "o empreendedor é alguém que aprende sozinho". A iniciativa individual e o processo de "aprender a aprender" são muito mais enfatizados do que o trabalho em equipe e o ensino, e devem voltar-se, sobretudo, para a inovação. Tendo em vista uma sociedade e uma economia do conhecimento, embora se fale muito em parceria, em colaboração, em espírito de equipe, em estar e trabalhar com "o time" (*team leader*), pelo menos no mundo corporativo, afirma López-Ruiz (2007, p. 243), o que se tem observado é que o vínculo entre o indivíduo e a empresa é melhor definido pelo *ensemble individualism*: "este tipo de configuração permite que cada indivíduo, cada capitalista em relação de dependência, gerencie seu próprio *business* dentro da corporação: 'seu projeto', para o qual, conforme a necessidades do momento, vai se associar com outras pessoas nos efêmeros *teams*". Isso concorre para tornar as relações de sociabilidade frágeis, fugazes e movidas pela concorrência e por cálculos racionais frios, haja vista que implicam investimentos. Por isso mesmo, essas mônadas investidoras também parecem cada vez menos capazes de se agenciarem entre si em torno da invenção de novos modos de vida, e de intervenção em favor de formas outras de existencialização e de sensibilidade, que não aquelas apregoadas pelo mercado. De tão inseguras que estão (e/ou desprotegidas, no caso do desemprego), ou porque se rivalizam como concorrentes (vendo-se obrigadas a uma permanente assunção de riscos e a se responsabilizarem sozinhas pelos mesmos), ou ainda por estarem entorpecidas por processos e políticas de subjetivação que as serializam e homogeneízam, são levadas à passividade política e mesmo ao adoecimento psíquico (CASTEL, 2005; GAULEJAC, 2005; SENNET, 2006).

Meses atrás, depois de uma palestra que proferi a pais de alunos num dos mais conceituados colégios de Fortaleza, duas psicólogas da equipe técnica do mesmo me relataram casos recentes em que, mesmo trabalhando em equipe, alguns alunos sonegavam aos seus colegas informações relevantes para o trabalho realizado em grupo ou relevantes para o aprendizado dos mesmos, e isso sem que fizessem a menor cerimônia em pedir ajuda a estes, sempre que lhes fosse conveniente. Creio que a teoria do Capital Humano e a cultura do empreendedorismo não estão desvinculadas, por outro lado, da crescente atenção e valorização que se vem dando, de duas décadas para cá, e hoje mais do que nunca, à questão das *competências* — na formação do professor, nos processos de aprendizagem dos alunos ("aprender a aprender"), na montagem dos programas curriculares, nas formas de avaliação e na educação, tomada num sentido amplo. Para Dolz e Ollagnier (2004), a noção de competência inseriu-se no "*hit parade* das apelações pedagógicas", a despeito das incertezas que cercam sua definição, dos fenômenos a que ela se refere e de seus eventuais usos no campo educacional.[16] Em meu entender, o desafio, aqui, seria o de desenvolver pesquisas (arqueogenealógicas) que evidenciassem a articulação dessa noção com as novas formas de governo dos indivíduos e coletividades, em vez de se ater tão somente a pesquisas que buscam dar conta da cientificidade

---

[16] Para DOLZ e BRONCKART (2004, p. 29), "[...] ela é apresentada como uma tentativa de redefinir e de organizar, sob um conceito generalizador (a própria noção de competência) e, ao mesmo tempo, capaz de diferenciação (os tipos de competência), os objetos e objetivos dos procedimentos de formação, assim como as capacidades adquiridas ou exigidas dos aprendizes e de seus formadores. Essa emergência se insere em um movimento crítico do 'estado de coisas' e, de modo mais específico, na concepção predominante que estabelece que a educação/formação visa essencialmente à transmissão de saberes coletivos formalizados." A meu ver, essas incertezas e ambiguidades em torno da noção de competência também se encontram nas orientações defendidas pela UNESCO. Ver por exemplo: DELORS, 2005.

ou não dessa noção, a partir de uma perspectiva cientificista, epistemológica e/ou cognitivista. Poder-se-ia dizer, além disso, que essa questão das competências, na medida em que se reporta ao desenvolvimento de conhecimentos, habilidades e destrezas, tem a ver também com a instituição, demarcação, medição e comparação daqueles componentes de capital humano que têm ou não valor, no e para o mercado, ou seja, dos componentes de capital humano que mereceriam ou não ser objeto de investimentos por parte dos indivíduos:

> Daí a importância dada em toda a literatura que trata do capital humano e do capital intelectual no mundo dos negócios às ferramentas para mensurar, contabilizar, avaliar e monitorar esse tipo de capital e os investimentos nele feitos. Em outras palavras, o capital humano precisa ser redutível a uma unidade de medida comum às outras formas de capital. (LÓPEZ-RUIZ, 2007, p. 235)

Isso remete à questão da meritocracia, tal como pensada por esses teóricos neoliberais, e à possibilidade do estabelecimento de uma sociedade altamente diferenciada hierarquicamente, em que o *status* de cada um é determinado, em última instância, pelo grau e pela qualidade de capital humano que foi acumulado através da educação. Sem que me seja possível desenvolvê-lo aqui, creio, no entanto, que este constitui um misto de tema e problema que mereceria mais investigações, inclusive porque, além de tocar em questões já abordadas por Foucault, relativas à normalização e normatização social, requer que suas análises se atualizem, agregando elementos ligados à governamentalidade neoliberal, particularmente a norte-americana, e elementos de ordem antropológica, ligados às diferentes culturas em que essa governamentalidade faz-se presente, nelas operando efeitos (BARBOSA, 2006; SENNET, 2006). Em dezembro de 1964, em *Beatles for sale*, John Lennon fustigava os jovens cantando "I'm a loser". Talvez seja o caso de pensarmos sobre as condições de possibilidade de os "jovens empreendedores" de hoje enunciarem algo do gênero. Ao que tudo indica, proferir algo de semelhante em nossos dias parece depor contra aquele que o enuncia, seja na família, no trabalho, seja entre amigos. Que os jovens não o façam apenas como expressão de *marketing* pessoal ou como resultado de um cálculo racional visando a um determinado investimento, eis um desafio político e educacional a que devemos fazer face. Porque isso é pobre, isso é pouco; não abre básculas para o embaralhamento dos signos ("in-competência"), para a sua consequente avaliação e problematização, para a transvaloração de valores, nem tampouco para a invenção de modos outros de vida.

Algumas considerações

Para finalizar este capítulo, gostaria de tecer algumas considerações, das quais algumas serão retomadas no próximo e último capítulo. Em primeiro lugar, o leitor deve ter em mente que privilegiei aqui apenas uma das virtuais relações entre biopolítica, governamentalidade e educação. Acredito que outras seriam possíveis, inclusive explorando-se diferentes facetas e/ou dimensões da governamentalidade neoliberal norte-americana. Poder-se-ia, por exemplo, explorar o jogo de forças entre o público e o privado, na orientação e condução das políticas educacionais voltadas à educação; além disso, poder-se-ia explorar as interfaces entre violência, educação e políticas sociais. Tais pesquisas poderiam nos fornecer novos elementos para a inteligibilidade dos processos de inclusão-exclusão em curso em nossa contemporaneidade.

Em segundo lugar, mas não menos importante, faz-se necessário ressaltar em que sentido não só a sociedade e os comportamentos individuais são governamentalizados economicamente, mas também como o próprio Estado sofre a ação desse processo:

> Enquanto no liberalismo clássico pedia-se ao governo para respeitar a forma de mercado, no neoliberalismo [norte-americano] o mercado não é apenas um princípio de auto-limitação do governo, mais do que isto, é um princípio normativo que se invoca constantemente diante dele. O mercado torna-se um "tribunal econômico permanente" perante as políticas governamentais. (FONSECA, 2007, p. 160)

Isso não significa, contudo, que o mercado torne supérflua a necessidade de um governo. Sua existência continuaria sendo necessária, mas a relação entre governo (de Estado) e mercado dar-se-á, doravante, pela governamentalização do primeiro pelo segundo, tal como se pode depreender dessa declaração de Milton Friedman (*apud* MORAES, 2001, p. 92):

> Ao contrário, um governo é essencial para a determinação das "regras do jogo" e um árbitro para interpretar e por em vigor as regras estabelecidas. O que o mercado faz é reduzir sensivelmente o número de questões a serem decididas por meios políticos, minimizando assim a extensão em que o governo tem de participar diretamente do jogo. O aspecto característico da ação política é o de exigir ou reforçar uma conformidade substancial. A grande vantagem do mercado, de outro lado, é a de permitir uma grande diversidade, significando, em termos políticos, um sistema de representação proporcional. Cada homem pode votar pela cor da gravata que deseja e obtê-la; ele não precisa ver que cor a maioria deseja e então, se fizer parte de minoria, submeter-se.

Para Friedman, a educação não se insere entre aqueles bens e serviços em relação aos quais não se poderia decidir senão politicamente; deixá-la sob o encargo do Estado seria fazer crescer as despesas do governo e subtrair aos indivíduos a possibilidade de satisfazerem seus gostos, a possibilidade de fazerem suas escolhas num sistema de "representação proporcional efetiva". Deixá-la sob regulação do mercado, ao contrário, liberaria os indivíduos de sua submissão a um processo político que lhes imporia a conformidade.

Em terceiro lugar, diz-se que talvez um dos mais importantes efeitos sociais do neoliberalismo, mais precisamente, da financeirização da economia e do Estado, seja o que alguns analistas políticos vêm designando por "esvaziamento da política". Com efeito, se a nova matriz de normatividade do social provém do mercado (num período em que as grandes corporações comerciais e financeiras deixam de ser meramente organizações sociais e tendem a tornar-se verdadeiras instituições sociais), passando a ser agentes estratégicos de primordial importância na atual geopolítica mundial; se os valores que elas propagam e fazem circular são os da eficácia, eficiência, flexibilidade, versatilidade, inovação, empreendedorismo, concorrência, etc.; se o Estado (New Deal americano, Estado de Bem-Estar Social europeu, Estado-providência), no dizer dos arautos do neoliberalismo, se sobrecarrega e funciona de forma ineficaz e ineficiente, tornando ingovernáveis as democracias; se, por conta disso, ainda de acordo com um receituário político afinado ao neoliberalismo, é preciso "limitar a participação política, distanciar a sociedade e o sistema político, subtrair as decisões administrativas ao controle político" (MORAES, 2001, p. 32); se, aliada a essa crença, nos afirmam que é "urgente barrar a vulnerabilidade do mundo político à influência perniciosa das massas pobres, incompetentes, malsucedidas", em primeiro lugar, "reduzindo-se esse universo político – ou o campo de atividades sobre os quais elas podem influir, desregulamentando, privatizando, emagrecendo o Estado" e, em segundo lugar, "reduzindo o número de funcionários estatais que estejam submetidos à pressão das massas" (MORAES, 2001, p. 63) e; se, considerando a despadronização das antigas relações entre capital e trabalho, os indivíduos já não mais possuem a proteção, a capacidade de representação e de mobilização coletivas outrora garantidas por sindicatos e por associações classistas, é compreensível que a política, seu exercício e sua legitimidade, tal como pensados tradicionalmente na tradição humanística, iluminista, revolucionária, e até mesmo segundo a doutrina do liberalismo clássico, sejam tomados como estando imersos numa profunda crise, gerando instabilidade e incertezas em relação ao futuro. Por outro lado, podemos nos indagar sobre as perspectivas com as quais se chegou a esse "diagnóstico", que fatores foram considerados como capitais e quais foram negligenciados. Mais importante ainda: caso com ele concordemos, não podemos também tomá-lo como ocasião para a experimentação prática e teórica de modos outros do exercício da política, ou novas formas de politização de nossas existências?

Em 2006, o sociólogo Francisco de Oliveira, uma inteligência aguda que sempre soube interrogar com perspicácia os dilemas enfrentados por nosso País, reportou-se, em diversas ocasiões, ao processo de colonização da política (entendida aqui como "escolha", como "opção", como possibilidade de instituir um conflito produtivo à sociedade) pelo mercado, que termina por fazer dela um fator irrelevante em face da necessidade de resolver problemas urgentes, tais como a efetiva distribuição de renda no Brasil e a diminuição de suas desigualdades sociais. Para ele, seguindo uma análise marxista não dogmática, esse processo se deve à perda de autonomia dos Estados-nação sobre suas próprias economias diante das forças externas que regulam o mercado globalizado, à quebra das identidades de classe e à incapacidade das entidades classistas e dos partidos de interferirem concretamente em prol dos excluídos. Em entrevista concedida ao jornal *Folha de S. Paulo*, Francisco de Oliveira tece considerações críticas à política social e à política educacional do governo Lula. Nessa mesma entrevista, ao tocar em dois pontos caros a alguns dos segmentos (inclusive, no campo educacional) progressistas de nosso País, o programa Bolsa-Família e as cotas raciais, ele o faz aludindo à noção foucaultiana de biopolítica:

> FOLHA – *O sr. não reconhece nenhum mérito na política social do governo Lula, no Bolsa-Família? O sr. chegou a dizer que Lula exclui os trabalhadores da política, quando perguntado sobre o programa e as possíveis relações entre Lula e Getúlio Vargas.*
>
> OLIVEIRA – As analogias entre Lula e Getúlio estão sendo propagandeadas aos quatro ventos. Até ele, quando líder sindical contrário a todas as criações sindicais da era varguista, até Lula agora quer se identificar com o Getúlio. Reafirmo: são antípodas. Lula não tem nada que ver com Getúlio. É o oposto. Lula não é populista, porque ele não faz o movimento de incluir o proletariado na política – ele faz o movimento de excluí-lo. Como é que pode? Pode no momento em que todas as medidas do governo são contra a centralidade do trabalho na política. O Bolsa-Família é algo que se pode entender a partir da irrelevância da política. Não adianta dizer que é assistencialista – isso é óbvio. De forma pedante, poderíamos dizer que o Bolsa-Família é uma criação foucaultiana. Um instrumento de controle, em primeiro lugar. Restaura uma espécie de clientelismo que não leva à política. Ela passa a ser determinada não por opções, mas pela "raça". Não é raça em termos raciais, é a "raça" da classe. É pelas suas carências que você é classificado perante o Estado. A política se constrói pelas carências. Então é abominável. Seria cínico dizer que é uma porcaria total, porque tem gente que come por causa do Bolsa--Família. Do outro lado, é isso. É a morte da política. Acabou a história de você depender das relações de força, das relações de classe para desenhar as políticas sociais. Elas são desenhadas agora por uma espécie de dispositivo foucaultiano. Quanto você tem de renda, qual é o seu estatuto de miserável, aí a política é desenhada. É uma clara regressão.
>
> FOLHA – *Não é mais desenhada a partir de direitos universais.*

OLIVEIRA – De jeito nenhum. É um dispositivo. Da mesma forma que as cotas, que as ações afirmativas. É também um dispositivo. É o paradoxo. É uma antipolítica na forma de uma política. Porque a desigualdade é tão abissal no Brasil que é difícil você resistir que é preciso um estatuto especial para você tratar da questão racial. Vejo a questão das cotas no mesmo registro que o Bolsa-Família. É uma biopolítica. As relações sociais não suportam mais uma política que na verdade envolva escolhas, opções e política. Seu substituto é um dispositivo foucaultiano.[17]

Parece-me inegável o vínculo entre educação e biopolítica em ambos os casos apontados por Francisco de Oliveira. Todavia, creio que sua leitura não seria de todo partilhada por Foucault. Deixo essa discussão, todavia, para o final do próximo capítulo. O que gostaria de abordar, a título de encerramento deste, tendo em vista precisar melhor uma relação que a noção de governamentalidade guarda com a de biopolítica, são algumas considerações feitas por Foucault acerca da primeira, por ocasião das conferências que proferiu na Universidade de Stanford, em outubro de 1969. Naquela ocasião, Foucault se prontificava, não sem algum embaraço – pois dizia que não tinha mais a oferecer do que "delineamentos e esboços inacabáveis" –, a retornar a uma questão que, desde o século XIX, vinha sendo recorrentemente trabalhada pelo pensamento ocidental, a saber: "a crítica do papel da razão – ou da falta de razão – nas estruturas políticas" (FOUCAULT, 2003b, p. 355). O caso é que, se antes a razão esclarecida foi objeto de grande expectativa, esperando-se que seus poderes políticos fossem multiplicados no sentido de garantir o progresso da sociedade e a emancipação dos homens,

---

[17] Entrevista concedida em: 24 jul. 2006. Disponível em: <http://www1.folha.uol.com.br/fsp/brasil/fc2407200614.htm>. Acesso em: 4 dez. 2007.

logo se atinou, no entanto, para a inquietante constatação de que mesmo uma sociedade propensa à racionalização também deixava sob ameaça não só os indivíduos e suas liberdades, mas também a espécie humana e a sobrevivência da mesma. Assim, desde Kant, coube à filosofia, dentre outras coisas, vigiar os abusos de poder da racionalidade política, pois o laço entre razão e poder político foi, por força da realidade, reconhecido como evidente. Entretanto, em vez de lidar com essa evidência à maneira tradicional, instaurando um "processo da razão", tal como fizeram os teóricos da Escola de Frankfurt, Foucault sugeria uma outra via, considerando: a) a possibilidade de focar a análise da racionalidade, não na sociedade ou na cultura como um todo, mas em "vários domínios – cada um deles enraizando-se em uma experiência fundamental: loucura, doença, morte, crime, sexualidade etc." (FOUCAULT, 2003b, p. 356); b) tomar como essencial a esse problema saber a que tipos de racionalidade as pessoas recorrem, em vez de preocupar-se em saber se elas estão ou não conformadas aos princípios de racionalidade; c) recuar a análise para aquém do período das Luzes, com o intuito de "compreender como nos deixamos pegar na armadilha de nossa própria história" (p. 357). E acrescentava, além disso, sua intenção de centrar seu trabalho, a partir daquele momento, sobre a individualidade, ou identidade, em face do "poder individualizante".

Isso lhe serviu de oportunidade para passar em revista duas questões. Em primeiro lugar, os modos de individuação inerentes ao poder pastoral (por ele caracterizado como "poder individualizador"); em segundo, uma série de problemas atinentes: a) às relações entre esse tipo de poder e "o poder político operando no seio do Estado [não o moderno] como quadro jurídico da unidade"; b) à crise do pastorado, já na Idade Média Cristã; c) às seguidas lutas em busca de formas alternativas de governo dos homens e, por fim; d) às vicissitudes de uma governamentalidade assentada numa razão de Estado (moderno) (FOUCAULT, 2003b, p. 366). Já tivemos a oportunidade de ver praticamente todos esses pontos. O que nos interessa, sobretudo, são as possibilidades abertas por essa direção tomada pelas pesquisas de Foucault: "a arte de governar", a "governamentalidade". Parece-me que ele queria destacar algo de singular, de específico na governamentalidade, algo que não permite que esta seja meramente reduzida ou identificada à violência instrumental, à troca, à produção, à comunicação, ao saber científico, nem tampouco que ela seja mecanicamente determinada pelos mesmos, embora esteja estreitamente associada a cada um deles. Decerto que todos esses fatores concorrem em alguma medida para a determinação do exercício do poder; contudo, a racionalização "não cessa de perseguir sua obra [o governo dos homens] e reveste formas específicas[...]" (p. 385), tais como as apresentadas por Foucault. Na história das sociedades ocidentais, a racionalidade política se exerce tanto na perspectiva da individualização quanto na da totalização. Se inscrevermos a biopolítica como uma das formas possíveis assumidas pela arte de governar, de nossa modernidade à nossa contemporaneidade, de um governo assentado tanto numa razão de Estado (a ser desbloqueado), a uma racionalidade de um Estado governamentalizado, ela pode ter seu sentido expandindo, funcionando também para a individualização:

> Essa biopolítica implica, entretanto, não somente uma gestão da população, mas um controle das estratégias que os indivíduos, na sua liberdade, podem ter em relação a eles mesmos e uns em relação aos outros. As tecnologias governamentais concernem, portanto, também ao governo da educação e da transformação dos indivíduos, àquele das relações familiares e àquele das instituições. É por essa razão que Foucault estende a análise da governamentalidade dos outros para uma análise do governo de si: "Eu chamo 'governamentalidade' o encontro entre as técnicas

de dominação exercidas sobre os outros e as técnicas de si". (REVEL, 2005, p. 55)

Por outro lado, se o governo (e o Estado) tanto individualizam quanto totalizam, nunca isso acontece, afirma Foucault (2003b, p. 384), em termos absolutos:

> O traço distintivo do poder é que alguns homens podem mais ou menos determinar inteiramente a conduta de outros homens – mas nunca de maneira exaustiva ou coercitiva. Um homem acorrentado e espancado é submetido à força que se exerce sobre ele. Não ao poder. Mas se se pode levá-lo a falar, quando seu último recurso poderia ter sido o de segurar sua língua, preferindo a morte, é porque o impelimos a comportar-se de uma certa maneira. Sua liberdade foi sujeitada ao poder. Ele foi submetido ao governo. Se um indivíduo pode permanecer livre, por mais limitada que possa ser sua liberdade, o poder pode sujeitá-lo ao governo. Não há poder sem recusa ou revolta em potencial.

No final do próximo capítulo, além de proceder a novas aproximações e precisões acerca da relação entre biopolítica e educação, bem como de fornecer um exemplo histórico de sua mútua implicação, procurarei, mesmo que brevemente, retornar a esse tema, abordando mais detidamente a agonística entre exercício do poder e resistência.

Capítulo V

Biopolítica e educação: laços, exemplos e perspectivas

Gostaria de iniciar este quinto e último capítulo retornando a algo que afirmei logo na introdução e que diz respeito ao cuidado de minha parte em não afirmar precipitadamente, como fato óbvio, evidente, devidamente dimensionado e explicitado, a relação entre biopolítica e educação. Ressaltei também que esse cuidado me parecia ainda mais justificado se, para tanto, a obra de Michel Foucault fosse tomada por referência. Pois bem, feito todo esse percurso, em que parte da *démarche* foucaultiana foi descrita e discutida, vejo-me na obrigação de enfrentar esse dilema, buscando, dentro do que me foi possível, sugerir pelo menos algumas pistas ou alguns caminhos à sua abordagem. Assim, me inclino a defender a ideia de que é possível, em termos, estabelecermos uma relação entre biopolítica e educação, e isso, mais do que *na* obra de Foucault, *a partir* dela, ou seja, pelo estabelecimento de um diálogo produtivo *com* a mesma. A defesa, "em termos", dessa possibilidade, deve-se ao fato – também já assinalado na introdução – de Foucault não ter efetivamente privilegiado a educação em suas diversas formulações sobre a biopolítica. Com efeito, nessa trajetória em que a genealogia do poder se desenvolve e se estende até a problematização da questão da governamentalidade, ou nesse percurso em que a biopolítica aparece e se desdobra como objeto de análise, pode-se observar que seus destaques foram notadamente reservados à medicina social, ao racismo biológico de Estado, à economia política, à polícia, à previdência social, ao poder pastoral, aos dispositivos de segurança e controle, a análises econômicas neoliberais como as da Escola de Chicago, etc. Em suma, dentre os temas eletivos trabalhados por Foucault durante o período em que este se debruçou sobre o tema/problema da biopolítica, a educação não parece ter comparecido como uma peça ou mecanismo estratégico sem o qual a compreensão da biopolítica ficasse substancialmente incompleta ou comprometida.[1]

Assim, ao lermos Foucault, embora fiquemos com a impressão de que a educação pareça estar sempre ali, em alguma medida presente, implicada no funcionamento das disciplinas, do dispositivo da sexualidade, do poder pastoral, dos processos de normalização, de regulamentação da vida das famílias pobres, da organização da produção, no mais das vezes, essa presença parece discreta, aparecendo como tema/questão coadjuvante, cumprindo como que um papel secundário em face de outros mecanismos ou dispositivos de regulação e controle da vida do corpo-espécie da população.

Por outro lado, sob outra perspectiva, se buscarmos estender, aprofundar e até mesmo recolocar algumas das formulações e problemas situados por Foucault, fazendo uso de sua lógica de análise, de noções que ele mesmo nos legou, instaurando diálogos inventivos com seu pensamento, é perfeitamente legítimo e factível posicionar a educação como fator presente e ligado à problemática da biopolítica, ora

---

[1] Como afirma CASTRO (2006, p. 71): "são escassas as vinculações que Foucault estabelece entre a biopolítica e a problemática da educação [...]". VEIGA-NETO e GALLO (2007, p. 19), por sua vez, afirmam que: "Apesar da multiplicidade de campos de trabalho abordados por Foucault, a educação, porém, não foi uma das áreas às quais ele tenha dedicado seu tempo e seu pensamento. Não tendo sido, certamente, o foco de suas investigações, ele dedicou-se à educação de uma forma um tanto marginal, transversal".

apresentando-se à sombra de outros problemas e questões, discretamente, como tema transversal, ora, dependendo das circunstâncias, também como uma espécie de mecanismo sem o qual as principais articulações que movem os dispositivos de dominação e de governo não funcionariam a contento, conectando-se e ajustando-se uns aos outros, estendendo-se uns a partir dos outros, tornando-se compatíveis entre si. Para Alfredo Veiga-Neto e Silvio Gallo (2007, p. 19), o fator-chave que conecta a educação à obra de Foucault, servindo-lhes de "dobradiça", é o "sujeito". Com efeito, ao passo que, ao final de sua vida, Foucault deixou claro que a problematização do sujeito sempre foi o tema central de suas pesquisas, a prática e a teorização educacionais modernas, por seu turno, tomaram o sujeito como sua razão de ser, isto é, como seu objeto e objetivo maior. Todavia, alertam-nos os autores, o "sujeito", em Foucault, não corresponde de forma alguma àquela entidade substancial, essencial, abstrata, universal, transcendente em relação à história, tomada como um *a priori*, a ser formada, desenvolvida, potencializada e instruída pela educação. Em vez disso, o sujeito em Foucault remete a uma "invenção moderna": ele é da ordem da produção, de uma produção historicamente situada. Nesse sentido, em se tratando da educação, poder-se-ia falar dos modos através dos quais ela se agencia à questão ou ao problema "da subjetividade": num primeiro caso, envolvendo-se em processos, políticas, dispositivos e mecanismos de subjetivação, isto é, de constituição de identidades, de personalidades, de formas de sensibilidade, de maneiras de agir, sentir e pensar, normalizadas, sujeitadas, regulamentadas, controladas; num segundo caso, em que a resistência ao poder entra em foco, dando-se por uma via ético-estética, pode-se pensar como ela, a educação, se encontra implicada na invenção de maneiras singulares de relação a si e com a alteridade.

O estabelecimento de uma relação entre biopolítica e educação, outrossim, talvez requeira de nós, por um lado, o abandono de uma leitura um tanto quanto rígida de Foucault, que se atenha tão somente ao que ele explicitamente escreveu em seus livros, ou falou em suas entrevistas e nos cursos que proferiu, e, por outro, uma maior abertura à exploração das possibilidades abertas por seu pensamento, por suas investigações e seus achados. Tal atitude demanda que não nos limitemos apenas a parafrasear Foucault, a mimetizar sua produção, a meramente repetir o que ele disse. Embora seja relevante a aplicação de seus conceitos e formulações em pesquisas que buscam problematizar fenômenos de nossa realidade educacional, acredito também ser de primordial importância que pensemos *com* ele, tomando-o como intercessor privilegiado para as nossas próprias inquietações, para os nossos próprios problemas. Essa postura, creio, seria a que mais se aproximaria do espírito que animou seu pensamento, a que mais se afinaria com a ética que presidiu sua escritura, seu livre pensar e seu engajamento político.[2]

Norma disciplinar e norma biopolítica

Considerando todos esses fatores, como, então, posicionar e dimensionar a relação entre biopolítica e educação? Em primeiro lugar, sem superestimá-la, parece-me lícito supor que

---

[2] A respeito das possíveis utilizações do pensamento de Foucault no campo da educação, VEIGA-NETO e GALLO (2007, p. 20) assim se pronunciam: "Talvez simplificando um pouco – mas sem que isso implique qualquer incorreção –, costuma-se dizer que os 'usos' que se pode fazer do pensamento foucaultiano para a educação são de dois tipos. Tanto se pode trazer para as nossas pesquisas e práticas educacionais os conceitos que o filósofo construiu – a seu modo e para dar conta de suas investigações –, tais como *poder, disciplina, governamentalidade, discurso, dispositivo*, quanto se pode assumir a perspectiva foucaultiana como um 'fundo' sobre o qual pensamos nossas investigações e desenvolvemos nossas práticas educativas."

Foucault nos sugere que a mesma teria, como *ponto de ancoragem principal, a noção de norma e os processos de normalização*. Lembro, a propósito, que a norma, em Foucault, incide tanto sobre o corpo-orgânico dos indivíduos (objetivando-os e subjetivando-os) como sobre o corpo-espécie das populações (regulamentando suas condições de vida):

> [...] pode-se dizer que o elemento que vai circular entre o disciplinar e o regulamentador, que vai se aplicar, da mesma forma, ao corpo e à população, que permite a um só tempo controlar a ordem disciplinar do corpo e os acontecimentos aleatórios de uma multiplicidade biológica, esse elemento que circula entre um e outro é a "norma". A norma é o que pode tanto se aplicar a um corpo quanto a uma população que se quer regulamentar. (FOUCAULT, 1999, p. 302)

O que não se pode perder de vista, portanto, são as formas como a norma disciplinar e a norma da regulamentação (biopolítica) se cruzam, e os lugares em que esse cruzamento se dá, no estrato sócio-histórico que se estende do final do século XVIII a meados do século XX e, relativamente, até mesmo aos dias atuais. Para o que nos importa, não podemos perder de vista o cruzamento de ambas no campo de práticas e saberes que informam a educação, seja ela escolarizada ou não, ou nas políticas que a atravessam e a agenciam para determinados fins estratégicos, determinando sua instrumentalidade, operacionalidade, produzindo determinados efeitos de saber-poder e incrementando novas formas de governamentalidade.

Tomemos, por exemplo, o caso da pedagogia moderna. Nela, as práticas e os saberes que fundamentam a formação do educador provêm, em sua maior parte, das ciências humanas (Sociologia, Antropologia, História, Direito, Economia e Psicologia – sobretudo, da Psicologia da Educação), mas sempre estreitamente acompanhados pelos conhecimentos relativos às disciplinas clínicas e suas respectivas especializações (Medicina, Psiquiatria, Pediatria, Psicologia, Psicanálise, etc.). Por outro lado, são esses mesmos saberes e práticas – a que se convencionou chamar de "fundamentos da educação" – que irão consubstanciar "o sujeito da educação", ou seja, que irão moldar esse misto de objeto e objetivo que constitui a razão de ser da ação dos educadores.

Ocorre, todavia, que não só o corpo desse sujeito, mas também os saberes que se encarregam de sua constituição – nas relações e posições desde as quais estes devem ser tomados uns em relação aos outros –, são objetos de uma normalização disciplinar. O dispositivo disciplinar, assinala Edgardo Castro (2006, p. 67-68),[3] como expressão de uma transformação na forma de exercício do poder, disciplina e normaliza a luta econômica e política que se trava em torno dos saberes. Nesse sentido, prossegue Castro (2006, p. 67), há que se estabelecer uma relação hierárquica entre os saberes, dos mais particulares aos mais gerais; há que se instaurar um ordenamento a partir do qual eles se ajustem entre si e se comuniquem mutuamente; há que dispô-los numa organização piramidal e centralizada e; por fim, há que se eliminar e desqualificar aqueles saberes tidos por inúteis, irredutíveis e economicamente custosos. Esse movimento de dupla normalização disciplinar é abordado por Foucault (1991, p. 171-172) num conhecido trecho de *Vigiar e punir*, em que ele analisa a diferença entre o modo de individualização ("ascendente") predominante nas sociedades feudais e o modo de individualização ("descendente") que se institui com o advento das sociedades disciplinares:

> Num regime disciplinar, a individualização, ao contrário, é "descendente": à medida que o poder se torna mais anônimo e mais funcional, aqueles sobre os quais se

---
[3] O conteúdo desta e das próximas páginas segue de perto a argumentação desse autor – a nosso ver, muito importante e esclarecedora.

exerce tendem a ser fortemente individualizados; e por fiscalizações mais que por cerimônias, por observações mais que por relatos comemorativos, por medidas comparativas que têm a "norma" como referência, e não por genealogias que dão os ancestrais como pontos de referência; por "desvios" mais que por proezas. Num sistema de disciplina, a criança é mais individualizada que o adulto, o adulto o é antes do homem são, o louco e delinqüente mais que o normal e o não-delinqüente. É em direção aos primeiros, em todo caso, que se voltam em nossa civilização todos os mecanismos individualizantes; e quando se quer individualizar o adulto são, normal e legalista, agora é sempre perguntando-lhe o que ainda há nele de criança, que loucura secreta o habita, que crime fundamental ele quis cometer. Todas as ciências, análises ou práticas com a raiz "psico" têm seu lugar nessa troca histórica dos processos de individualização. O momento em que se passou de mecanismos histórico-rituais de formação da individualidade a mecanismos científico-disciplinares, em que o normal tomou o lugar do ancestral, e a medida o lugar do status, substituindo assim a individualidade do homem memorável pela do homem calculável, esse momento em que as ciências do homem se fizeram possíveis, é aquele em que foram postas em funcionamento uma nova tecnologia do poder e uma outra anatomia política do corpo.

Depreende-se daí que a pedagogia (e, portanto, as instituições educativas) recebe "de fora"[4] as referências que lhe permitem produzir e representar seu objeto – o sujeito da educação –, individualizando-o, num sentido amplo, como "o

---

[4] Poder-se-ia dizer, também, "de cima", no caso de se posicionar a pedagogia num nível inferior da hierarquia de saberes legitimados como científicos, quando e se ela é efetivamente aceita e reconhecida como fazendo parte desses últimos. Em todo caso, nesse processo de disciplinarização dos saberes, tudo se passa como se a educação fosse segunda (no tempo e em valor) em face de outras modalidades de conhecimento.

aluno", "o escolar", "o aprendente". Dentre essas referências, talvez a mais importante seja justamente a *norma*, isto é, não uma referência qualquer, mas aquela tida por modelo, uma referência modelar, ótima, imanente. Na medida em que a pedagogia, a educação e a escola operam aplicando, com maior ou menor autonomia, processos de conformação que especificam esse sujeito, classificando-o e fixando-o arbitrariamente em categorias que oscilam entre a normalidade e a anormalidade (como "ajustado" ou "desajustado", "infradotado" ou "superdotado", "motivado" ou "desmotivado", e assim por diante – com todas as classificações psicopedagógicas, médico-psiquiátricas, psicanalíticas e higienizantes aí implicadas), elas exerceriam uma normalização. Em outros termos, na medida em que a escola se viu investida como principal agência de socialização, depois da família, e que, nessa condição, ela passou a influir decisivamente no funcionamento desta última e; na medida em que ela acolheu esses saberes exteriores, tomando o que eles produziram por referência modelar para a organização e racionalização do trabalho pedagógico-formativo (no tempo e no espaço), operando cotidianamente com uma série de ações (adestramento do corpo, vigilância hierárquica, sanção normalizadora, exame, etc.) sobre ações possíveis de um sem número de indivíduos, a escola talvez constitua um dos lugares mais exemplares e um veículo, por excelência, de normalização disciplinar. Mas, além disso, a relação entre disciplina e norma, mais especificamente, a noção de "normalização", como bem apontado por Edgardo Castro, será retomada e precisada por Foucault em *Segurança, território, população*:

> A normalização disciplinar consiste em traçar primeiro um modelo, um modelo ótimo que está construído em função de um determinado resultado, e a operação de normalização disciplinar consiste em tratar de conformar as pessoas, os gestos, os atos a este modelo. O normal é, precisamente, o que é capaz de adequar-se a esta norma,

e o anormal, o que não é. Em outros termos, o que é fundamental e primeiro na normalização disciplinar não é o normal e o anormal, mas sim a norma. Para dizer de outra maneira, a norma tem um caráter primariamente prescritivo, e a determinação e distinção entre o normal e o anormal resultam em possibilidades decorrentes dessa norma postulada. A causa do caráter primário da norma em relação com o normal, o fato de que a normalização disciplinar parte da norma à diferenciação final entre o normal e o anormal, gostaria de dizer, acerca do que ocorre nas técnicas disciplinares, que se trata mais de uma normação que de uma normalização. (FOUCAULT apud CASTRO, 2006, p. 71-72)

Em face dessa importante precisão posteriormente feita por Foucault, pode-se dizer, então, que, enquanto a norma prescrita pelo agenciamento dos saberes das ciências humanas ao das disciplinas clínicas, mais do que servir a uma normalização disciplinar, cumpre a função de *normação disciplinar*, a pedagogia, a educação e a escola, por seu turno, uma vez orientadas por essa função de normação, por suas prescrições, são responsáveis pelos processos que fazem operar propriamente a *normalização disciplinar* dos alunos, dos professores, assim como das relações entre ambos e destes com os familiares. Por outro lado, a par disso, elas também podem ser pensadas como constituindo lugares e veículos nada negligenciáveis em se tratando de uma normalização regulamentadora, o que só faz reforçar sua implicação com a biopolítica – particularmente por intermédio de suas relações com os dispositivos de segurança e com a medicina social – assim como os possíveis usos que estes podem lhe destinar na regulamentação do corpo-espécie da população. Vejamos como isso acontece.

Em primeiro lugar, lembremos que a pedagogia, a educação e a escola foram e ainda são frequentemente acionadas, como elementos auxiliares, complementares e às vezes até mesmo essenciais, para a viabilização de iniciativas, programas e/ou campanhas que envolvam seja o esclarecimento, a prevenção e outros cuidados com a saúde das massas, particularmente, da população infanto-juvenil (campanhas de vacinação, de higiene bucal, programas de nutrição infantil, de prevenção às doenças sexualmente transmissíveis, educação física, etc.), seja a instrumentalização para o mundo do trabalho (ensino técnico e profissionalizante) e, ainda, políticas voltadas para a segurança pública (serviços de auxílio na regularização da documentação, educação física, educação moral e cívica, campanhas de prevenção ao uso de drogas, de desarmamento, etc.). Em segundo lugar, assinalemos que, em meio a tudo isso, elas também acolhem, reproduzem e reforçam determinadas prescrições normativas, hábitos e condutas estreitamente vinculados à regulamentação e ao controle dos fenômenos inerentes à população, mas provindos de outras instituições e/ou setores sociais, tais como a indústria, a igreja, associações classistas, corporativas e comunitárias, etc. Se quisermos, pois, seguir em nosso propósito de tentar situar e dimensionar a presença e uma virtual função estratégica da educação na biopolítica, devemos levar em conta que a relação entre dispositivos biopolíticos de segurança[5] e norma deve ser apreendida, conforme assinala Edgardo Castro, de uma forma diferente daquela aplicada à relação entre disciplina e norma. Em vez de uma normação, inversamente, o que estaria em jogo nesse

---

[5] "O termo 'dispositivos de segurança' deve ser tomado, aqui, num sentido amplo, envolvendo tanto a segurança contra o crime, a contravenção e outras práticas que causam desordem social, como cuidados relativos à criação de mecanismos que venham a garantir boas condições de vida e de saúde à população, assim como sua conservação. Como já foi dito, o que Foucault designava por 'polícia' cumpria perfeitamente essa dupla função de segurança ('polícia médica'). Dentre esses dispositivos está o de 'variolização', que consistia em "provocar nos indivíduos inoculados algo que era a própria varíola, mas em condições tais que a anulação podia se produzir no momento mesmo de uma vacinação [...]" (FOUCAULT *apud* CASTRO, 2006, p. 72).

caso seria um processo de *normalização*, a ser levado a cabo tanto por um conjunto de novas noções e técnicas biopolíticas quanto pelas ciências humanas. No que tange às primeiras, temos a noção de *distribuição dos casos*, que diz respeito ao modo como acontecimentos individuais contingentes podem ser situados (distribuídos) na quantificação de um determinado fenômeno coletivo; a noção de *risco*, que remete ao cálculo probabilístico do aumento ou da diminuição de determinadas ocorrências, estimando seus efeitos perniciosos na vida da população; a noção de *perigo*, que se refere à "quantificação do risco diferenciado" (CASTRO, 2006, p. 72) e; por fim, a noção de *crise*, que "identifica os fenômenos de escalada, de aceleração, de multiplicação" (p. 73). Uma vez conectadas a técnicas higienistas de intervenção, a técnicas preventivas e de segurança, tais noções irão informar um sistema biopolítico de funcionamento no interior do qual a relação entre norma e normalização adquire um novo sentido:

> Agora, ao contrário, haverá um assinalamento do normal e anormal, um assinalamento das diferentes curvas de normalidade, e a operação de normalização consistirá em fazer interagir essas diferentes atribuições de normalidade e procurar que as mais desfavoráveis se assemelhem às mais favoráveis. Temos então algo que parte do normal e se vale de certas distribuições consideradas, para dizer de alguma maneira, como mais normais ou, em todo caso, mais favoráveis que outras. E essas distribuições servirão de norma. A norma é um jogo dentro das normalidades diferenciais. O normal é o primeiro e a norma se deduz dele, ou se fixa e cumpre seu papel operativo a partir do estudo das normalidades. (FOUCAULT *apud* CASTRO, 2006, p. 73)

Essa normalização biopolítica estende-se, igual e paralelamente, ao funcionamento dos saberes das ciências humanas, os quais já não se restringem apenas àquela função de normação, mas passam a exercitar também uma normalização biopolítica, na medida em que, através de sua discursividade, incluem a normalidade do humano – entendido aqui como homem genérico, que vive, trabalha e fala, portanto, como figura da população – nos dispositivos médicos e de segurança.

Um caso concreto: biopolítica e educação no Estado Novo

Na história do Brasil, uma experiência em particular nos ajuda a compreender melhor como é possível visualizar relações significativas entre biopolítica e educação. Refiro-me ao *Estado Novo*, instituído por Getúlio Vargas, que vigorou no período que se estendeu de 1937 a 1945. Ao abordá-lo, o que tenho em mente é apenas fornecer ao leitor alguns indicadores de como, concretamente, a partir de um exemplo histórico relativo ao nosso próprio País, a educação pode ser agenciada ao exercício da biopolítica. Se esse exemplo não contempla – e nem poderia – tudo o que se discutiu sobre biopolítica até aqui, ele se presta muito bem a ilustrar pelo menos algumas formulações importantes de Foucault sobre esse tema. Antes de abordar o vínculo entre educação e biopolítica no Estado Novo, porém, vejamos alguns dados relevantes sobre as circunstâncias que o antecederam e que nos ajudam a situá-lo.

Na passagem do século XIX ao século XX, o Brasil era um país atrasado, pobre, de economia eminentemente agrícola, com sistemas de comunicação ainda muito precários, dominado por oligarquias regionais ("República dos Coronéis"), com quase 80% da população em idade escolar analfabeta e aproximadamente 90% dela fixada no meio rural. As desigualdades sociais podiam ser atestadas pela extrema concentração de renda e pelos efeitos deletérios de mais de três séculos de escravidão, com a marginalização da população negra e o esvaziamento do trabalho de qualquer positividade, haja vista sua associação com as atividades realizadas pelos escravos. Numa sociedade em que a educação estava limitada às elites ("República dos Bacharéis"), os inúmeros analfabetos se viam impedidos de votar, não participando assim da vida política do País, situação que perdurou até mesmo após a promulgação da Constituição de 1891, segundo a qual apenas o ensino superior deveria ficar sob responsabilidade do governo federal, ao passo que a formação e a escolarização das massas ficaram a cargo dos estados e municípios, através de distintas políticas que seguiam os interesses de suas respectivas elites oligárquicas.

Nessa época, a sociedade brasileira era, por assim dizer, fragmentada, extremamente desigual, com significativas diferenças regionais, tornando-se difícil admitir a existência e o funcionamento de uma *biopolítica* consolidada, em face de uma população e de um problema da população, já constituídos como tais, no sentido forte dessas duas noções. Isso não significa, contudo, a inexistência de tendências dessa natureza em curso, haja vista, por exemplo, a tentativa de equacionar uma série de problemas que envolviam a "gestão da população" – através de uma política de imigração e de miscigenação – e sua adequação ao novo regime de produção, doravante baseado no trabalho assalariado (industrialização), e não mais no trabalho escravo:

> A política racista se traduziu em algumas decisões. Uma delas teve impacto direto sobre a educação. A vinda de imigrantes brancos, mais preparados, letrados, foi uma saída vislumbrada pela elite política e econômica para "higienizar" a sociedade brasileira. A miscigenação poderia se constituir em uma chance de "limpeza" dos brasileiros marcados pela cor e pela miséria social.
>
> Os imigrantes se espalharam por muitas regiões do país, justamente aquelas que exibiam melhores condições de promover a industrialização. Foram recebidos como uma

alternativa à mão-de-obra local, ex-escrava, iletrada, a qual as elites econômicas e políticas não se dispunham a valorizar ou preparar. O racismo implicado nessa política consistia na concepção do negro como raça inferior, incapaz para o trabalho, propensa ao vício, ao crime, e inimiga da civilização e do progresso. A política de imigração respondia de imediato com a troca do negro pelo branco. Com o tempo, promoveria a higienização pela miscigenação, pelo branqueamento, no contato com os brancos, da população brasileira, de maioria negra. Resolvia-se assim o problema do trabalho assalariado. O problema do ex-escravo ficava pendente. Para esse, o liberalismo republicano nada tinha a oferecer. (BOMENY, 2003, p. 21-22)

Nesses termos, talvez não seja incorreto dizer que esse período é marcado por certo paroxismo em relação a uma gestão biopolítica da população. Em que pesem iniciativas como a descrita anteriormente, bem como intervenções sanitaristas como as de Oswaldo Cruz, Carlos Chagas, Vital Brasil e Emílio Ribas (no campo da medicina social), o estado de coisas no campo da educação e da saúde evidenciava o abandono e o descaso do Estado para com a população, dando a entender que esta não constituía ainda, em termos substanciais, objeto de um cálculo do poder. Depoimentos, preocupações e desabafos de intelectuais, higienistas e algumas autoridades testemunham isso. Mesmo em 1916, Miguel Pereira, catedrático da Faculdade de Medicina, refere-se ao Brasil como "um imenso hospital", ao passo que o higienista Belisário Pena, em 1912, descreve nos seguintes termos as condições de vida da população:

> ¾ dos brasileiros vegetam miseravelmente nos latifúndios e nas favelas das cidades, pobres párias que, no país do nascimento, perambulam como mendigos estranhos, expatriados na própria pátria, quais aves de arribação de região em região, de cidade em cidade, de fazenda em fazenda, desnutridos, esfarrapados, famintos, ferreteados com a preguiça

verminótica, a anemia palustre, as mutilações da lepra, das deformações do bócio endêmico, as devastações da tuberculose, dos males venéreos e da cachaça, a inconsciência da ignorância, a cegueira do tracoma, as podridões da bouba, da leishmaniose, das úlceras fragedêmicas, difundindo sem peias esses males. (BOMENY, 2003, p. 26-27)[6]

Se as décadas de 1910 e 1920 sinalizam mudanças nessa situação, a década de 1930 serve de palco para sua efetiva transformação, principalmente com o advento do Estado Novo. A máscara que encobria o atraso do País cai com a publicação de censos estatísticos mais confiáveis nos campos da saúde e da educação.[7] O Brasil precisava educar-se e modernizar-se sob os

---

[6] É curioso observar, de passagem, que Belisário Pena era sogro e também colaborador de Renato Kehl, talvez o principal defensor das teorias eugênicas e de programas de purificação racial no Brasil, nas décadas de 1920 e 1930. Sobre Renato Kehl e o movimento eugenista no Brasil, cf. DIWAN (2007 – especialmente o último capítulo, "Renato Kehl, o médico do espetáculo: como salvar um povo feio, inculto e triste?", p. 123-152).

[7] "[...] os dados obtidos em 1906, publicados em 1916 em *Estatística da instrução*, são suficientes para que tenhamos desenhada a cara de um país que fazia da educação um privilégio de muito poucos. O analfabetismo era, senão o maior, um dos grandes obstáculos que o Brasil tinha de ultrapassar" (BOMENY, 2003, p. 12). Antes, o desconhecimento sobre as características do Brasil do interior, esquecido e ainda intocado – eternizado em *Os sertões*, de Euclides da Cunha –, só não era maior por conta de informações advindas de relatos de viagens e expedições científicas de alguns desbravadores. Às preconceituosas e etnocêntricas observações de Gustave Le Bon, Joseph-Arthur de Gobineau e Louis Agassiz, vieram a se acrescentar as da "Escola Nina Rodrigues" e as dos eugenistas: "Em 1912 Arthur Neiva e Belisário Pena lideraram a expedição médico-científica ao nordeste brasileiro [...], que percorreu mais de sete mil quilômetros. Esse trabalho realizado a serviço da Inspeção de Obras contra a Seca e ligado ao Instituto Oswaldo Cruz tinha como finalidade diagnosticar a situação epidemiológica da região para o desenvolvimento de medidas profiláticas. Os objetivos iniciais da expedição serão superados quando os relatórios questionam os determinismos raciais e climáticos até então tidos como regra nas análises sobre população. A expedição mostra que o Brasil está 'doente' e muitas das futuras ideias de saúde, saneamento e limpeza se desdobrarão a partir da publicação, em 1916, do relatório dessa viagem" (DIWAN, 2007, p. 94-95).

signos do progresso e da ciência e, para isso, precisava também articular-se internamente, costurando suas partes numa unidade orgânica e planejando seu futuro como nação, o qual passava necessariamente por sua industrialização. É por essa via que os debates sobre o papel fundamental a ser cumprido pela educação e pela cultura, sobre a reforma do sistema educacional, assim como sobre a necessidade de investir numa formação técnico-profissional, ganhariam especial relevância entre intelectuais, políticos, artistas e outras autoridades.

No plano externo, o liberalismo enfrentava uma crise sem precedentes, cujos sintomas se expressavam, dentre outras coisas, pela I Grande Guerra Mundial, pela Revolução Bolchevique e pelo *Crash* da Bolsa de Nova York, com a consequente fragilização da ordem internacional. No reordenamento político que emerge dessa instabilidade, reagindo a ela, despontam tendências que, acolhidas parcialmente tanto à esquerda como à direita (pelo liberalismo conservador), buscam afirmar a instituição de um Estado forte e o culto à personalidade como estratégicos e fundamentais "na formação da coesão social e da unidade nacional" (D'Araújo, 2000, p. 7). Por princípio, esse novo tipo de Estado deveria sobrepujar-se às liberdades individuais e à livre iniciativa, caracterizando-se também por seu intervencionismo no campo econômico e social.

> O "novo" aqui representava o ideal político de encontrar uma "via" que se afastasse tanto do capitalismo liberal quanto do comunismo, duas doutrinas políticas que, desde meados do século XIX e mais precisamente a partir da revolução soviética, competiam entre si no sentido de oferecer uma nova alternativa política e econômica para o mundo. Havia em ambas a ambição de corrigir os problemas do capitalismo: desigualdade social, crises, insegurança econômica, conflito de classes e de interesses. (D'Araújo, 2000, p. 7)

O que os simpáticos a essa concepção de Estado reprovavam no comunismo, além de sua determinação em extinguir a propriedade privada, era a tendência deste em negligenciar a espiritualidade e religiosidade do povo, fatores considerados cruciais à construção de um sentimento de pertença à nação e à defesa do nacionalismo. Seria necessário, como afirma Celina D'Araújo (2000, p. 7), "conciliar esses sentimentos com um sistema de produção que sobrepusesse os interesses da nação aos das classes, dos indivíduos e dos grupos econômicos através da ação direta do Estado". É em meio a esse caldo histórico-social e a essas tendências que o mundo assistirá à emergência de novas modalidades de exercício do poder político que tanto inquietaram posteriormente a Foucault e seus contemporâneos: o nazismo, o fascismo, os totalitarismos de Estado.

No que se refere ao Brasil, as matrizes do Estado Novo remetem a influências diversas e periféricas: em primeiro lugar, da Turquia, tomou-se de empréstimo a ideia de uma rápida e autoritária modernização, a ser capitaneada por jovens militares; da Romênia, por sua vez, destacou-se como de especial relevância a doutrina corporativista desenvolvida por Mihail Manoilescu, em *O século do corporativismo*, que defendia a associação "de um espírito medieval de comunidade com a ideia de Estados nacionais fortes e centralizados", mediante os quais "se recomporiam as estruturas sociais em patamares superiores aos então existentes – a organização social através da produção, ou seja, das corporações" (D'Araújo, 2000, p. 11); da Polônia, por fim, o Brasil tomou por referência a legislação, nela inspirando-se para a elaboração da Carta Constitucional de 1937, conhecida como "Constituição Polaca". Por outro lado, todas essas influências concorreram para uma racionalização e tecnificação crescentes da gestão da sociedade brasileira, em que as instituições das democracias representativas liberais foram esvaziadas em sua ação, quando não anuladas.

Paradoxalmente, essa racionalização e essa instrumentalização corporativa de gestão[8] vieram acompanhadas de uma intensa mobilização, por parte do Estado, das paixões das massas, de sentimentos nacionalistas, cívicos, de culto aos símbolos nacionais e à personalidade do chefe ou guia da nação. Temos aqui reunidos, pois, alguns dos elementos já caracterizados por Foucault como implicados em maior ou menor medida numa biopolítica, elementos estes que vieram a permear ditaduras como a de Vargas, no Brasil, como a de Franco, na Espanha, assim como a de Salazar, em Portugal.[9]

Como situar a educação em meio a esse processo? A década de 1920 será crucial ao entendimento do caráter ambíguo que marcará seu destino no Estado Novo, assim como sua relação com a biopolítica durante esse período. Numa tentativa imediatista e pragmática de reverter o analfabetismo no País, desenvolvendo um projeto de alfabetização das massas incultas e buscando a disseminação de escolas primárias, surgem as Ligas de Defesa Nacional. Contrapondo-se à sua atuação, é criada em 1924 a Associação Brasileira de Educação (ABE), organização informal e heteróclita em suas posições, composta de intelectuais da educação e outros notórios das

---

[8] Esse tipo de corporativismo estatal "propunha que as atividades políticas fossem substituídas por trabalhos técnicos em comissões e conselhos de grupos profissionais ou econômicos. Os partidos e a liberdade de organização política deveriam ser substituídos por câmaras e/ou setores da produção organizados e liderados por um Estado fortalecido" (D'ARAÚJO, 2000, p. 11). Além disso, doutrinas como a positivista, a evolucionista, assim como teorias racistas e eugenistas, então consideradas "científicas", deveriam alicerçar as ações e políticas modernizadoras do Estado.

[9] Para alguns estudiosos, o que sucede à educação e à cultura, nesse período, deve ser entendido como fazendo parte de um processo de "modernização conservadora": "É um processo que permite a inclusão progressiva de elementos de racionalidade, modernidade e eficiência em um contexto de grande centralização do poder, e leva à substituição de uma elite política mais tradicional por outra mais jovem, de formação cultural e técnica mais atualizada" (SCHWARTZMAN *et al.*, 1984, p.19).

letras e humanidades,[10] cuja principal função era a de "trazer à baila a questão educacional, pela realização de conferências nacionais, publicações de revistas e cursos de diversos tipos" (SCHWARTZMAN *el al.*, 1984, p. 52). Paralelamente a esta, tomava corpo o movimento da Escola Nova. Esse importante movimento, de índole liberal e abrigando também orientações diversas, dentre outras coisas, criticou o "fetichismo da alfabetização", propondo uma educação integral do "indolente" homem brasileiro; almejou influir de forma significativa na implantação de políticas para a educação, combatendo sua fragmentação e propondo sua modernização com base em avanços conquistados por nações mais desenvolvidas, como a França e, especialmente, os Estados Unidos; por fim, foi decisivo no processo de cientificização da pedagogia brasileira, buscando orientá-la de acordo com os saberes e práticas da ciência moderna, notadamente da Psicologia (psicologia das diferenças individuais, psicometria, valorização de processos de ensino e aprendizagem centrados no aluno, etc.). Escolanovistas como Anísio Teixeira, Fernando de Azevedo e Lourenço Filho estão entre os principais reformadores da educação brasileira.

Toda a movimentação em torno do imperativo iluminista e pragmático de fazer progredir o País por meio da educação de seu povo, de atender aos reclamos dos reformadores no sentido de dar fim à fragmentação do ensino – que teimava em permanecer, a despeito das mudanças operadas pelas reformas estaduais[11] – e de se instituir um verdadeiro sistema nacional

---

[10] Dentre a elite de educadores que animavam seus debates e conferências, destacam-se: Heitor Lira, José Augusto, Antonio Carneiro Leão, Venâncio Filho, Everardo Backeuser, Edgard Sussekind de Mendonça e Delgado de Carvalho.

[11] São Paulo (1920), Ceará (1922-1923), Bahia (1928), Minas Gerais (1927-1928), Pernambuco (1928), Paraná (1927-1928), Rio Grande do Norte (1925-1928) e Distrito Federal (1922-1926).

de educação, mas também pelo atendimento das demandas urgentes colocadas pelos higienistas, leva à criação, em 1931, do Ministério da Educação e Saúde. O primeiro titular da nova pasta, Francisco Campos, alçado ao cargo por uma aliança do governo federal com forças políticas mineiras, nutria forte simpatia pelo fascismo, orientando diversas de suas iniciativas de acordo com o que acontecia na Itália de Mussolini. Em setembro de 1932, deixa o Ministério, dando lugar a Washington Pires, que, por sua vez, permanece no cargo até 1934, ocasião em que é substituído por Gustavo Capanema, justamente no momento em que se inicia a ditadura do Estado Novo de Vargas.

Por outro lado, há que se destacar ainda a estranha proximidade dos defensores do ideário escolanovista com a gestão de Capanema frente ao Ministério da Educação e Saúde, e destes com inovações e/ou renovações que também vinham ocorrendo no âmbito cultural e da *intelligentsia*, particularmente pelo movimento dos modernistas no campo artístico (Semana de Arte Moderna de 1922). Não se deve esquecer, por exemplo, que foi Monteiro Lobato quem apresentou Anísio Teixeira a Fernando de Azevedo, quando da volta do primeiro ao Brasil, depois de uma estadia para estudos na Universidade de Colúmbia (EUA). Ora, esses dois pioneiros da Escola Nova, liberal-democratas, assim como seus seguidores, defendiam firmemente uma escola pública, gratuita e laica. Como então, compreender a penetração de suas ideias numa ditadura simpática a algumas ideias fascistas? O curioso, aqui, não é só a proximidade e mesmo a presença de alguns dos maiores representantes de nossa educação, de nossa inteligência e de nossa arte no Ministério da Educação e Saúde, ou seja, num Ministério de um governo autoritário, que suprimiu instituições democráticas, promoveu perseguições políticas e que não escondia certa influência fascista no seu modo de funcionamento, mas a valorização de sua presença e de suas ideias, particularmente no âmbito da gestão educacional e cultural.

Do ponto de vista da intelectualidade, o lado mais ambíguo do Estado Novo tem a ver com a política cultural e a educação. Neste campo, vários projetos desenvolvidos pela esquerda e por progressistas brasileiros foram contemplados, e vários intelectuais foram convidados a participar do governo – sem que possamos dizer que com isso tenham se tornado fascistas. Entre intelectuais de renome que atuaram como funcionários ou assistentes de políticas empreendidas pelo Estado Novo temos Mário de Andrade, Gustavo Capanema, Carlos Drummond de Andrade, Manuel Bandeira, Villa-Lobos e muitos outros. A busca de um projeto cultural autônomo, de uma identidade nacional, era tema que animava poetas, pintores, romancistas, arquitetos e educadores desde a Semana de Arte Moderna de 1922. (D'ARAÚJO, 2000, p. 34)[12]

Mas há ainda um outro fator a ser considerado em relação a essa questão, não menos importante e que, todavia, ao que parece, foi estranhamente silenciado nas narrativas e memórias da história da inteligência de nosso País. Trata-se do envolvimento de vários intelectuais, inclusive de alguns ligados à educação, com a causa da eugenia. Assinalar esse envolvimento permite-me, de outra parte, explorar um pouco a presença da eugenia naquele período de nossa história. Na esteira de sua propagação entre diversos países, a eugenia chegou ao Brasil arregimentando fervorosos adeptos. Com atuação decisiva de Renato Kehl, em 1918 é criada a Sociedade Eugênica de São Paulo (SESP), tendo por objetivo

> [...] estudar as leis da hereditariedade; a regulamentação do meretrício, dos casamentos e da imigração; as técnicas de esterilização; o exame pré-nupcial; a divulgação da eugenia

---

[12] Essa questão remete, em última instância, às relações entre os intelectuais e o poder. A propósito dessa relação, no período em que Capanema esteve à frente do Ministério da Educação e Saúde, cf. SCHWARTZMAN *et al.* (1984, p. 23-28). Para a compreensão dessa mesma questão, segundo Foucault, cf.: FOUCAULT (1990c); GROS (2004).

e o estudo e aplicação das questões relativas à influência do meio, do estado econômico, da legislação, dos costumes, do valor das gerações sucessivas e sobre aptidões físicas, intelectuais e morais. (DIWAN, 2007, p. 100)

Também em 1918 é fundada a Liga Brasileira Pró-Saneamento do Brasil, com a participação ativa de Belisário Pena, Carlos Chagas, Arthur Neiva, Monteiro Lobato, Miguel Pereira, Vital Brasil e Afrânio Peixoto, com o intuito de discutir uma série de propostas de racionalização e modernização do atendimento no campo da medicina social. As ideias eugenistas estavam aí presentes, com vistas a intervir no sentido da melhoria e/ou regeneração do "corpo coletivo" da população brasileira. Em 1922, por sua vez, é criada a Liga Brasileira de Higiene Mental (LBHM), sob os auspícios de Gustavo Riedel, com a finalidade de combater os "fatores comprometedores da higiene da raça e a vitalidade da Nação" (DIWAN, 2007, p. 103). Por volta de 1929, essa Liga contava com mais de 120 associados e reunia a elite médica e científica do Rio de Janeiro; nesse mesmo ano, também no Rio de Janeiro, realiza-se o Primeiro Congresso Brasileiro de Eugenia (CEB), dividido em três sessões – "Antropologia", "Genética" e "Educação e Legislação"[13] –, reunindo especialistas das mais diversas áreas, nacionais e internacionais, assim como educadores, escritores, jornalistas, políticos e autoridades do governo. Acenando com a radicalização da causa eugenista, o Congresso buscava, sobretudo, definir propostas para as políticas públicas a serem encampadas pelo próximo governo. Nesse sentido, tais

---

[13]Conforme atesta DIWAN (2007, p. 113), a sessão "Educação e Legislação" revela-se a mais concorrida e polêmica das três, "uma vez que somente as atas de reunião desse grupo foram publicadas na íntegra [...]. Evidencia-se uma hierarquia no interior do Congresso, uma vez que as discussões sobre legislação eram mais valiosas do que as questões de genética e de antropologia. Isso sugere o interesse dos participantes do CBE na disputa pela formulação de leis entre médicos e advogados em favor da eugenia".

propostas iriam influenciar posteriormente a legislação que regulamentaria as ações do Estado Novo em relação à imigração de judeus, japoneses e outras etnias. Pois bem, Pietra Diwan nos lembra que nomes como Roquette-Pinto, Oliveira Viana, Fernando Azevedo, Vieira de Carvalho e Monteiro Lobato, dentre outros, além de pertencerem a sociedades eugênicas, publicaram artigos em defesa da eugenia, engajaram-se nessa causa e mantiveram relações epistolares com Renato Kehl. No entanto, tudo isso parece ter sido varrido de suas biografias oficiais, sem deixar vestígios, perdendo-se nas brumas do esquecimento:

> Houve muito investimento e dedicação por parte da intelectualidade brasileira para a formação desse campo do saber. Articulados por todo o país, esses intelectuais tinham como foco norteador a figura de Renato Kehl. Interessante é pensar de que maneira, após mais de 70 anos da plena divulgação da eugenia, não encontramos tal participação na biografia desses adeptos e investidores, o que nos abre um caminho de análise bastante interessante, já que questiona o próprio papel dos historiadores e seu comprometimento com a ética nas análises e abordagens de determinados temas. Por isso o interesse em enfatizar essas relações e apurar a rede de poderes que compôs a empreitada pela eugenia no Brasil. (DIWAN, 2007, p. 93)

Uma vez definido esse cenário, e feitas essas considerações de caráter mais amplo sobre a educação, como nele se efetivaria o vínculo entre educação e biopolítica? Para Schwartzman, Bomeny e Costa (1984, p. 17), as atividades do Ministério da Educação e Saúde desdobraram-se em torno de dois principais planos, estreitamente interligados:

> [...] em um nível mais concreto, era necessário dar forma e conteúdo a todo o sistema educativo, desde seu ápice, a universidade, até o ensino industrial e agrícola para os trabalhadores urbanos e rurais, passando por sua espinha dorsal, que era o ensino secundário. Em um nível mais amplo, era

necessário ir além das escolas e universidades. Era preciso atuar diretamente sobre a cultura e a sociedade, criando as normas e as instituições que mobilizassem os jovens, definissem o lugar e o papel das mulheres e trouxessem os imigrantes estrangeiros para o grande projeto de construção nacional. (SCHWARTZMAN *et al.*, 1984, p. 17)

Ora, tais atividades, assim distribuídas nesses dois planos, atestam agora, senão a existência efetiva de um corpo-espécie da população, pelo menos a preocupação em constituí-lo como tal, ou seja, de produzi-lo como objeto de uma governamentalidade biopolítica, através da criação de laços orgânicos entre os coletivos que o constituem (trabalhadores – rurais e urbanos –, jovens, mulheres, imigrantes, etc.) e de sua unificação numa nacionalidade comum; elas deixam antever, ainda, uma preocupação com a regulamentação do modo de vida dessa população (definição de lugares e papéis reservados aos jovens, à família – através da atenção dada às mulheres –, aos imigrantes, mas também formação técnica e profissional para os trabalhadores, o que demandava uma organização e padronização das relações entre capital e trabalho, assim como a instituição de uma previdência social, etc.), no sentido da maximização do que Foucault chamava de "forças estatais"; por fim, elas, por si só, dão a ver como a educação se encontra implicada nesse grande projeto de construção da nação brasileira, nele cumprindo um relevante papel estratégico.

Em se tratando do período do Estado Novo, por mais que se fale na presença e atuação de diferentes forças políticas e sociais, com suas respectivas "ideologias", relativas, por exemplo, à ação conservadora do movimento da Renovação Católica, ao conservadorismo fascista da Associação Integralista Brasileira (AIB), ao humanismo liberal-democrático dos reformadores da educação, ao corporativismo estatal que presidiu às ações do governo de Estado, dentre outros, gostaria de salientar, com Foucault, que, em termos concretos e efetivos, a noção de ideologia não capta o essencial dessa transformação na forma de governo dos homens, que diz respeito à biopolítica, nem tampouco os usos que esta veio a fazer da educação, da saúde e da segurança na gestão do corpo-espécie da população. Um bom exemplo disso é o embate de forças em torno do novo estatuto que deveria ser dado à família, na tarefa de construção e unificação da nação brasileira. Lembro de passagem, o quanto, para Foucault, a família é estratégica numa gestão biopolítica. Pois bem, para Gustavo Capanema, constituída pelo casamento indissolúvel, a família era a base da organização social brasileira, demandando, portanto, que fosse colocada sob proteção especial do Estado. Mas essa tutela requeria, por outro lado, a intervenção do Estado junto à mulher, pois é pela mão desta, dizia ele, que tanto se funda e se conserva uma família, quanto se pode destruí-la. Daí a necessidade de o Estado, por intermédio da educação, "prepará-la conscientemente para esta grave missão" (SCHWARTZMAN *et al.*, 1984, p. 107). No fim das contas, essa missão traduziu-se pelo que se conhece por "educação doméstica" (na verdade, uma espécie de "economia doméstica"), reservada, a princípio, a meninas de origem social humilde, entre 12 a 18 anos, equivalendo a um ensino médio, com conteúdo prático e profissionalizante, desenvolvido, no mais das vezes, por instituições católicas destinadas à educação feminina. Com a Lei Orgânica do Ensino Secundário, termina-se por adotar um ensino único, embora "com recomendações específicas para o tratamento diferencial dos sexos" (p. 108). Vejamos um exemplo de como, segundo Capanema, as instruções pedagógicas deveriam constituir diferencialmente as subjetividades feminina e masculina:

> Os textos destinados de preferência à atenção feminina devem encarecer as virtudes próprias da mulher, a sua missão de esposa, de mãe, de filha, de irmã, de educadora, o seu reinado no lar e o seu papel na escola, a sua ação nas

obras sociais de caridade, o cultivo daquelas qualidades com que ela deve cooperar com o outro sexo na construção da pátria e na ligação harmônica do sentimento da pátria com o sentimento da fraternidade universal. Os excertos que visarem à educação de crianças do sexo masculino procurarão enaltecer aquela têmpera de caráter, a força de vontade, a coragem, a compreensão do dever, que fazem os grandes homens de ação, os heróis da vida civil e militar, e esses outros elementos, mais obscuros, porém não menos úteis à sociedade e à nação, que são os bons chefes de família e os homens de trabalho, justos e de bem. (SCHWARTZMAN et al, 1984, p. 109)

Contudo, a formação e a educação da mulher constituíam apenas parte de um projeto mais amplo, ambicioso e complexo, que, em meio a um embate de forças, deveria ser finalmente regulamentado com a publicação do decreto 3.200, em 19 de abril de 1941, o qual dispunha sobre "a organização e proteção à família". O que estava em jogo, a pretexto dessa proteção, seria um projeto eminentemente biopolítico, cuja formulação inicial partiu do Ministério da Educação e Saúde, cujo funcionamento implicava uma série de outras instâncias governamentais e cujo conteúdo fazia prevalecer a importância crescente dos novos saberes atinentes à biopolítica. É por essa razão que Schwartzman, Bomeny e Costa (1984, p. 111) afirmam que ele "teria tido profundas consequências em relação à política de previdência social, ao papel da mulher na sociedade, à educação e até, eventualmente, em relação à política populacional do país".

Mas, afinal, que ponto desse projeto deu ensejo ao referido embate? O primeiro estatuto apresentado por Capanema, de cunho doutrinário, buscava conciliar duas necessidades prementes: o aumento da população e a proteção da família em sua estrutura tradicional. A Igreja Católica apoiava o ministro e o pressionava nesse sentido (de conciliar o que era moral com o que era conveniente à nação), através de figuras que lhe eram próximas, tais como Alceu Amoroso Lima e padre Leonel Franca.[14] Por outro lado, esse estatuto foi submetido por Vargas a distintos pareceres críticos, um deles redigido por Francisco Campos e Oswaldo Aranha, e o outro por Oliveira Viana. O parecer conjunto dos dois primeiros discorda na forma, mas não quanto ao conteúdo do documento de Capanema. Já o parecer de Oliveira Viana, por seu turno, mostra como o problema em pauta estava mal colocado por Capanema, permitindo que princípios religiosos, moralistas e "ideológicos" interviessem numa questão que diria respeito, sobretudo, à *economia política* (como *questão demográfica*). Seu parecer, portanto, muda o foco do problema, buscando basear-se no exame das condições sociais e econômicas da população brasileira. No entender de Oliveira Viana, o Brasil não padecia da diminuição de nupcialidade e nem de natalidade. Antes o contrário. O que poderia ameaçar realmente o casamento seria o desemprego, razão pela qual Oliveira Viana sugere medidas eminentemente *econômicas* para enfrentar esse possível problema. Além disso, outro verdadeiro problema a ser enfrentado, aos olhos do parecerista, também de ordem econômica, era, na verdade, a mortalidade infantil. Para fazer frente ao mesmo ele propunha a criação de instituições assistenciais para o campo, medidas de apoio e amparo à mulher (seguro-maternidade, ambulatórios, etc.) e programas de financiamento alternativos a essas ações. Em suma, para Oliveira Viana, o fundamental seria fazer da questão demográfica "parte da legislação social e trabalhista" (SCHWARTZMAN *et al.* 1984, p. 119). Isso significaria desinvestir

---

[14] "O casamento incentivado, a prole numerosa premiada, a mulher presa ao lar e condicionada ao casamento, a chefia paterna reforçada, a censura moral estabelecida em todos os níveis, as letras e as artes condicionadas pela propaganda governamental: tal é o projeto que sai do Ministério da Educação e Saúde" (SCHWARTZMAN *et al.*, 1984, p. 113).

a educação de qualquer papel relevante em face dessa questão e do encaminhamento a ela proposto por esse parecerista? De forma alguma. Mesmo seguindo nessa perspectiva, a melhoria da "qualidade da população", que deveria se tornar "hígida e forte", como queria Oliveira Viana, não podia ser levada a cabo sem o concurso da educação, mas de uma educação, acrescento eu, que se via ela mesma obrigada a transmutar-se e a adequar-se, além de às disciplinas, a essa nova tecnologia de dominação, a essa nova forma de governamentalidade: a biopolítica.[15]

Todavia, talvez a relação mais importante entre educação e biopolítica durante o período do Estado Novo esteja ligada ao problema e ao imperativo da *construção e consolidação da nacionalidade*, problema este estreitamente ligado à política de miscigenação a que me referi anteriormente, mas que agora emergiria sob outra face, isto é, sob o receio de ver o Brasil constituído por uma sociedade étnica e culturalmente pluralista, fragmentada, sem uma unidade soberana e autônoma.

---

[15] Guardadas as devidas diferenças, esse movimento de transmutação e adequação da educação a imperativos de uma gestão biopolítica da população também pode ser observado no que respeita à implantação de um ensino industrial no Brasil, em que as ambições do Ministério da Educação e Saúde se viram fracassadas. Dentre elas, as mais importantes foram: "A maior era a criação de um amplo sistema de educação profissional, que não se diferenciasse das outras formas de educação secundária a não ser pelas diferentes 'vocações' dos estudantes, a serem descobertas pelos sistemas de seleção e orientação profissional. Este sistema deveria ser coroado pela regulamentação dos direitos e deveres de cada uma das profissões, dando à sociedade uma estrutura corporativa perfeitamente ajustada e coordenada. Na prática, a educação profissional continuou sendo uma educação para as classes baixas, e a regulamentação das profissões técnicas não foi conseguida. A segunda ambição era colocar todo o sistema sob a tutela do Ministério da Educação e Saúde. Aqui, o Ministério do Trabalho e a Federação das Indústrias se mostraram mais fortes e conseguiram criar seu sistema de educação profissional como achavam mais conveniente: de forma mais pragmática, mais ajustada a seus interesses imediatos e livres da tutela ministerial" (SCHWARTZMAN *et al.*, 1984, p. 252).

Silvio Romero, Alberto Torres, Manuel Bonfim e Afrânio Peixoto estão entre aqueles que já se preocupavam com essa questão. O alvo, aqui, são as comunidades de imigrantes que se estabeleceram nas regiões Sul e Sudeste, particularmente as italianas, as japonesas e as alemãs. Essas últimas, por sinal, eram as que mais causavam preocupação, haja vista que, embora submetidas de bom grado às leis brasileiras, obtendo do governo a cidadania, integradas através do trabalho, do pagamento de impostos, etc. (obediência civil), dificilmente se dispunham, no entanto, a serem assimiladas ao que seria uma "nacionalidade brasileira" (a se "abrasileirarem"). Com efeito, formavam comunidades fechadas em torno de sua própria nacionalidade (alemã), onde os casamentos eram consanguíneos, cultivando seus costumes ancestrais, os símbolos e a língua de sua pátria de origem, inclusive na formação educacional proporcionada por suas escolas. Na década de 1930, essa desconfiança tendeu a aumentar pela maneira mesma com que o nacional-socialismo, sob o signo do pangermanismo, se organizava e buscava se expandir, inclusive em outros países, nas colônias de imigrantes alemães.

Por outro lado, e paradoxalmente, o problema agravava-se por conta de não se saber definir exatamente o que seria o sentimento genuíno de nacionalidade brasileira. Aos olhos de muitos intelectuais e das autoridades constituídas, se é que se podia falar de um "espírito nacional brasileiro", esse parecia caracterizado pela debilidade, pela anemia e pela inoperância, em suma, por um "complexo de inferioridade" que seria herança dos tempos de colonização. De outra parte, todos os requisitos de uma "mística nacional", de orgulho, de grandeza, de superioridade e de devotamento à nação eram encontrados justamente nas comunidades de imigrantes, particularmente nas alemãs. E isso era reconhecido pelos intelectuais e pelas autoridades brasileiras. Os imigrantes alemães, nesse sentido, eram tanto objeto de medo quanto de admiração. O problema, pois, no dizer de Lourenço Filho, era o de

> [...] homogeneizar a população, dando a cada nova geração o instrumento do idioma, os rudimentos da geografia e da história pátria, os elementos da arte popular e do folclore, as bases da formação cívica e moral, a feição dos sentimentos e idéias coletivos, em que afinal o senso de unidade e de comunhão nacional repousam (SCHWARTZMAN *et al.*, 1984, p. 75).

Se esse era o problema, os dois principais obstáculos para enfrentá-lo, por sua vez, eram, de um lado, a fragmentação e a falta de padronização entre as experiências pedagógicas existentes no País (nos programas, currículos, metodologias, etc.) e, de outro, a resistência das comunidades de imigrantes em abandonarem suas próprias maneiras de formação e educação, baseadas em seus costumes, tradições e realizadas em sua língua materna. Era imperativo, pois, enfrentar esses dois obstáculos, tratando-os como *questões de segurança nacional,* como fatores que punham sob ameaça a nacionalidade e a soberania brasileiras, lançando mão de iniciativas que deveriam mobilizar conjuntamente a polícia, a propaganda de massa (na época, sob responsabilidade do DIP), o Exército, os Ministérios do Trabalho e Justiça, assim como a educação. Uma das principais estratégias para isso foi a *nacionalização do ensino,* devendo esta ser entendida como mecanismo capaz de regulamentar alguns aspectos cruciais da vida da população, direta ou indiretamente dependentes da educação, os quais deveriam ficar sob o controle do Estado:

> A nacionalização da educação implicará um profundo controle de todos os currículos, de todas as atividades de todas as escolas nos recantos mais remotos do país. A escola nacionalizada e monitorada pelo governo seria a porta de entrada para a nacionalidade, para a homo-

geneidade nacional e o controle de tendências exógenas que pudessem advir da multiculturalidade. (D'Araújo, 2000, p. 37-38)

E se, para efetivar o processo de nacionalização, tanto do ensino quanto num sentido mais amplo, foi necessário o recurso à repressão e à violência, não nos enganemos, essas últimas foram apenas algumas das formas encontradas, dentre outras, para garantir aquela. Contudo, deve-se admitir que tanto uma como a outra, acompanhadas pelo acirramento do preconceito e da discriminação, vinham bem a calhar, no sentido de parecerem legítimas, tendo em vista, naquela época, a ameaça representada pela ascensão do nazismo.[16] Assim, com a ajuda do Exército, 297 escolas particulares alemãs foram fechadas no estado de Santa Catarina, ao mesmo tempo em que 472 novas escolas oficiais foram criadas, passando então a funcionar com professoras brasileiras. A par disso, o governo fez uso de uma série de decretos autoritários que viabilizavam e complementavam o processo de nacionalização e o controle das comunidades de imigrantes:

> Na verdade, a maioria dos decretos que reprimiam drasticamente as atividades estrangeiras no Brasil foi promulgada entre 1938 e 1939. O fechamento de escolas, a proibição

---

[16] "[...] a presença do nazismo serviu de argumento para a política repressiva dirigida ao grupo alemão, através da criação de um estigma que a legitimava aos olhos de quase todos. Desagregar o grupo alemão era garantir a unidade nacional e combater as influências nazistas no território brasileiro. Com esse novo ingrediente, o governo poderia eximir-se das acusações de propulsor de uma política nacionalista xenófoba – de resto, atribuída ao fascismo e ao nazismo –, legitimando-se como protetor de uma identidade nacional contrária à doutrina nazi-fascista. Tudo se passa como se a nacionalidade brasileira, já constituída, estivesse sofrendo a ameaça de ser destruída pela ação de grupos estrangeiros afinados com o nazismo, e não o contrário, ou seja, que sua construção estivesse condicionada à eliminação dos grupos e culturas diferenciadas" (SCHWARTZMAN *et al.*, 1984, p. 145-146).

> do ensino em língua estrangeira, os decretos relativos à importação do livro didático em língua estrangeira, a proibição de circulação de jornais em língua estrangeira, enfim, as medidas de nacionalização representavam para esses grupos a interrupção de um processo cultural que vinha sendo mantido há quase um século. (SCHWARTZMAN *et al.*, 1984, p. 166)

Ao dizer, antes, que a repressão e a violência não garantiam, por si sós, o processo de nacionalização e a consequente assimilação dos alemães, mas também dos italianos e japoneses ao mesmo; ao dizer que esse processo demandava, além disso, a ação conjunta de outros mecanismos de controle e regulação biopolíticos, quero aqui destacar a presença e o papel crucial reservado à educação. Isso pode ser constatado pela necessidade de uma "contraofensiva" que deveria se dar mediante a criação de um "sentimento de brasilidade", o qual demandava, por sua vez, a criação de políticas singulares que tomassem por objeto os jovens, difundindo entre eles símbolos, saudações políticas, noções de civilidade, o orgulho e o amor à pátria. Isso remete ao último ponto que gostaria de abordar nessas breves considerações sobre as relações entre biopolítica e educação no Estado Novo.

No início da década de 1930, a Legião de Outubro e o Movimento Integralista tinham por firme propósito desenvolver no Brasil um projeto de mobilização e organização da juventude, baseado no militarismo, na disciplina e no ideário fascista. Em 1938, no âmbito do Ministério da Justiça, então sob comando de Francisco Campos, formula-se a proposta de criação de uma Organização Nacional da Juventude (acompanhada de um regulamento técnico-disciplinar), político-miliciana, a qual deveria ficar sob a direção exclusiva e direta do presidente, e dos ministros de Estado da Guerra, da Justiça e da Marinha. Para Schwartzman, Bomeny e Costa (1984), essa iniciativa fazia coro à crescente importância atribuída à participação ativa da juventude na vida política e social, particularmente na Alemanha, na Itália e em Portugal:

> A década de 1930 foi fértil, em todo o mundo, de movimentos juvenis que traziam às ruas, em suas canções, bandeiras e marchas organizadas, uma ideia de dinamismo, fé e participação social que pareciam simbolizar a força e promessa dos regimes políticos que apoiaram e ajudaram a constituir. (SCHWARTZMAN *et al.*, 1984, p. 123)

Chama a atenção o amplo leque de finalidades a que serviria essa organização: para além de seu caráter assistencial, socializador, educativo e disciplinador das disposições morais, cívicas e físicas da juventude, ela teria também, por sua feição policial-militarista, a função de auxiliar na organização e defesa dos interesses da nação, em todo território brasileiro. Passando ao largo da forma como foi idealizada sua organização institucional e burocrática, vale a pena enfatizar em que sentido ela seria estratégica à propagação do regime autoritário instituído por Getúlio Vargas:

> Através da educação individual, praticada dentro da disciplina da Organização, contava-se com uma preparação para o exercício dos atos e deveres da vida civil, o que vale dizer, do fortalecimento de uma milícia civil organizada. A Organização deveria espelhar a vida familiar e social. Deveria ser a matriz geradora de comportamentos mais afinados à nova realidade política que deveria ser encarnada no país. Para tanto, enaltecia-se no projeto [de regulamento administrativo, de 1938] "o culto fervoroso de símbolos e cânticos nacionais e o cumprimento mais rigoroso da disciplina da Organização e dos seus deveres na família e na sociedade". (SCHWARTZMAN *et al.*, 1984, p. 125)

Qual foi o destino dessa iniciativa governamental e como ela nos dá a ver um vínculo estratégico entre biopolítica e educação? O governo de Estado, além de "apresentar-se como opção" criticando o regime liberal e a democracia, combatia também o comunismo, para o que fez uso instrumental tanto do apoio da Igreja Católica quanto do Movimento Integralista, chefiado por Plínio Salgado, e francamente comprometido com o ideário e a prática fascistas. Por mais autoritário que fosse, contudo, o regime de Vargas não via com bons olhos a capacidade da AIB de mobilização política e coletiva, seu esteio militarista, suas posições radicais e as ambições desse movimento, assim como as do ministro da Justiça, Francisco Campos, cuja proximidade com aquele e a simpatia pelo fascismo eram claras e manifestas. Nesse sentido, não é sem razão que, logo após o golpe de 1937, em dezembro desse mesmo ano, o governo decreta o fim dos partidos e, inclusive, da Ação Integralista Brasileira, que vinha funcionando apenas à maneira de um grêmio cultural, sem que suas milícias pudessem mais portar armas. Sentindo-se traída, a extinta AIB resolve partir para o confronto, em maio do ano seguinte, numa tentativa de golpe que fracassaria, sendo depois duramente perseguida pelo governo. Esse jogo de forças e acomodações, essas alianças e rupturas nos ajudam a compreender melhor em que sentido caminharia a gestão do projeto de organização nacional de uma juventude brasileira.

Antes de tudo, pelo teor militarista da proposta de Francisco Campos, ela não só não foi bem recebida por Eurico Gaspar Dutra, ministro da Guerra, como também pelo Palácio do Catete. Com efeito, além de interferir em responsabilidades e ações que seriam genuinamente da alçada das forças armadas, conformando como que uma estrutura que lhes seria paralela, o projeto de Campos implicava ainda onerosa e complexa constituição de uma estrutura burocrático-administrativa. Ora, se o que importava ao regime era a constituição de uma juventude brasileira e sua mobilização no sentido do fortalecimento de uma nacionalidade brasileira e do próprio governo, esse imperativo biopolítico deveria ser conquistado, *mais do que pela repressão, por processos e políticas de normalização e regulamentação.*[17] E é justamente para isso que a educação se vê convocada a entrar em cena. Depois de idas e vindas, e com decisiva participação do Exército, o Ministério da Educação e Saúde passa a se encarregar da organização e direção da juventude, substituindo seu acento militarizante por um movimento de cunho cívico-educativo:

> Na questão da educação cívica, privilegia-se a formação de uma consciência patriótica, significando que "na alma das crianças e dos jovens deverá ser formado o sentimento de que o Brasil é uma entidade sagrada, e que a cada cidadão cabe uma parcela de responsabilidade pela sua segurança, e ainda de que, a exemplo dos grandes brasileiros do passado, deve cada brasileiro de hoje estar por tal forma identificado com o destino da pátria, que se consagre ao seu serviço com o maior esforço e esteja a todo momento pronto a dar por ela a própria vida". (SCHWARTZMAN *et al.*, 1984, p. 134-135)

Considerações finais

Acompanhando o percurso "errático" das pesquisas arqueogenealógicas de Foucault, nos deparamos com uma série de formulações, tais como "dispositivo disciplinar", "norma disciplinar", "dispositivo da sexualidade", "normalização", "biopolítica", "norma regulamentadora", "arte de governar"

---

[17] Segundo Robert Levine: "A milícia armada da AIB era o que o povo mais temia. Segundo os estatutos da AIB, cada célula tinha seu próprio depósito de armas pesadas e leves, e inventários regulares eram feitos e submetidos aos centros regionais, e nacionais da AIB. Plínio [Salgado] aboliu formalmente a milícia quando o governo promulgou a lei de Segurança Nacional de abril de 1935 (cujo alvo eram, naturalmente, as esquerdas), mas criou em seu lugar uma secretaria de Educação Moral e Cívica, também sob a orientação de Gustavo Barroso, o que vinha a dar na mesma coisa." (in: SCHWARTZMAN *et al.*, 1984, p. 138).

("governamentalidade"). Elas nos dão testemunho do esforço inventivo do filósofo para lidar com os problemas suscitados por diferentes dispositivos e tecnologias políticas de dominação, ou diferentes tipos de racionalidade que informam o governo dos homens, a cada vez, em distintos estratos histórico-societais, e sempre visando, em última instância, tornar visível o que condiciona nossas existências no presente, mas também o que concorre para nos tornar diferentes do éramos até recentemente.

Creio que, por volta do início dos anos 1990, os educadores brasileiros começaram a acompanhar com mais atenção parte dessa trajetória, familiarizando-se com algumas dessas formulações, com os problemas que elas concernem e, talvez o mais importante, a interrogarem suas próprias práticas em função das interrogações que a obra de Foucault lhes suscitava. Até onde vejo, só muito recentemente, e de forma ainda tímida, questões relativas à biopolítica, pelo menos tal como perscrutadas e desenvolvidas por Foucault, têm suscitado o interesse da teorização educacional brasileira, de professores e educadores em geral. Até então, parece-me que os regimes discursivos, as "disciplinas", os processos de disciplinarização, as relações saber-poder, os processos de normalização, etc., foram os elementos privilegiados na maior parte dos estudos e pesquisas realizados em nosso País. Paralelamente, percebo que essa recente sensibilidade à biopolítica vem acompanhada do crescente interesse em conhecer e explorar as últimas produções de Foucault, voltadas, por exemplo, para a "ontologia do presente", para o "cuidado de si" (*hermenêutica do sujeito*), para a resistência (através da instituição da diferença), para uma ética e uma estética da existência. Que fatores explicariam essas mudanças, além, é claro, da curiosidade e da inclinação em continuar a se familiarizar com o movimento de um pensamento pelo qual se sente afinidade e que traz consigo a potência da inquietação?

Aventuro-me a afirmar que o crescente interesse por temas/problemas como o da biopolítica, o da governamentalidade e o de uma ética e uma estética da existência, dever-se-ia, em meu entender, a três ordens de fatores. Em primeiro lugar, ao fato de conduzirem Foucault à problematização daquilo que resiste ao (exercício do) poder, daquilo que resiste ao governo. Em segundo lugar, em complementaridade a isso, a certo esgotamento, certo cansaço dos referenciais teórico-políticos de que até então os setores progressistas e engajados, inclusive no âmbito da educação, se serviam para embasar suas lutas políticas e reivindicações. Refiro-me, aqui, sobretudo, ao materialismo histórico-dialético, a toda sorte de marxismos dogmáticos, à teologia da libertação e às orientações humanistas que sempre marcaram forte presença na educação. Em terceiro lugar, por fim, à própria natureza dos problemas evocados pelas noções de biopolítica e de governamentalidade, assim como por suas cruciais implicações na vida dos indivíduos e coletividades nesse início de milênio. Passemos brevemente em revista, assim, cada um desses três pontos.

As problematizações arqueogenealógicas de Foucault, particularmente aquelas relativas aos temas/problemas da biopolítica e da governamentalidade, induzem-no, segundo Judith Revel (2005, p. 27, grifos nossos), a uma "ultrapassagem da tradicional dicotomia Estado/sociedade, em proveito de uma *economia da vida em geral*". Esse movimento, prossegue Revel (p. 27-28), faz emergir um novo problema, qual seja:

> Trata-se de pensar a biopolítica como um conjunto de biopoderes ou, antes, na medida em que dizer que o poder investiu a vida significa igualmente [dizer] que a vida é um poder, pode-se localizar na própria vida [...] o lugar de emergência de um contra-poder, o lugar de uma produção de subjetividade que se daria como momento de desassujeitamento?

Essa leitura de Revel é igualmente compartilhada por Peter Pál Pelbart (2000, p. 27), para quem Foucault havia claramente se apercebido de que "aquilo que o poder investia – a vida – era precisamente o que doravante ancoraria a resistência a ele, numa reversão inevitável". Tomemos, a título de exemplo, um belo trecho de um artigo publicado no *Le Monde*, em maio de 1979, no qual Foucault (2004b, p. 77), reportando-se à revolta dos iranianos, deixa evidente essa questão:

> As insurreições pertencem à história. Mas, de certa forma, lhe escapam. O movimento com que um só homem, um grupo, uma minoria ou todo um povo diz: "Não obedeço mais", e joga na cara de um poder que ele considera injusto o risco de sua vida – esse movimento me parece irredutível. Porque nenhum poder é capaz de torná-lo absolutamente impossível: Varsóvia terá sempre o seu gueto sublevado e seus esgotos povoados de insurrectos. E porque o homem que se rebela é em definitivo sem explicação, é preciso um dilaceramento que interrompa o fio da história e suas longas cadeias de razões, para que um homem possa, "realmente", preferir o risco da morte à certeza de ter de obedecer.
>
> Todas as formas de liberdade adquiridas ou reivindicadas, todos os direitos exercidos, mesmo quando se trata das coisas aparentemente menos importantes, têm ali, sem dúvida um último ponto de sustentação, mais sólido e mais próximo do que "os direitos humanos". Se as sociedades se mantêm e vivem, isto é, se os seus poderes não são "absolutamente absolutos", é porque, por trás de todas as aceitações e coerções, mais além das ameaças, violências e persuasões, há a possibilidade desse momento em que nada mais se permuta na vida, em que os poderes nada mais podem e no qual, na presença dos patíbulos e das metralhadoras, os homens se insurgem.

Assim, de acordo com Pelbart (2000, p. 27), o novo problema que enlaça a política à ética poderia ser enunciado do seguinte modo: "o que fazer quando o campo de ancoragem da resistência tende a coincidir com o campo de incidência do poder?". Ao abraçar essa nova orientação de pesquisa e ao explorá-la com novos desenvolvimentos, Foucault posicionaria em novos termos a relação entre a *ética* e o *político* em nossas existências. O crucial, aqui, é a ideia de que uma vida que pretenda constituir-se a si mesma como resistente ao (exercício do) poder, à racionalidade, aos mecanismos e às técnicas que buscam governá-la, de que uma vida que busca constituir e dar expressão a atos de resistência deve, para tanto, estar atenta, a cada vez, às relações de poder imanentes às circunstâncias em que ela devém, assim como às conflitualidades que tais relações guardam com a "intransitividade da liberdade". O "ato de resistência", aqui, ganha relevo, e não pode ser pensado senão em sua relação com a invenção e a pluralização de novos modos de existência, de novos mundos possíveis, com aquilo a que Gilles Deleuze e Félix Guattari designavam por "processos de singularização", de "micropolítica", de "devires minoritários", num regime de conexão aberta às multiplicidades, à diferença, à alteridade. Essa forma de pensar a resistência tem encontrado especial ressonância na inventividade e multiplicidades de práticas e estratégias criadas e encampadas pelos "novos movimentos sociais", além de repercutir junto aos estudos póscolonialistas e outras tendências mais ou menos radicais que buscam, cada uma a seu modo, desconstruir e problematizar as relações de saber-poder que sustentam diferentes formas de dominação e de governo dos indivíduos e coletividades. Isso nos leva à minha segunda hipótese, relativa a certo esgotamento ou cansaço dos tradicionais modelos de referência que serviam de horizonte às lutas emancipatórias progressistas ou de esquerda.

O problema, aqui, *grosso modo*, reside por um lado, em determinados vícios cristalizados na imagem de pensamento – para falar com Deleuze – recorrentemente utilizada para se diagnosticar e transformar a realidade e, de outro, à incapacidade de tais modelos referenciais de lidarem com formas complexas de dominação política e de governo que funcionam estrategicamente, aquém e além do registro jurídico-político:

> Se admitirmos que a forma ao mesmo tempo geral e concreta da luta é a contradição, é certo que tudo o que pode localizá-la, tudo o que permite compor com ela terá valor de freio ou de bloqueio. Mas o problema é saber se a lógica da contradição pode servir de princípio de inteligibilidade e de regra de ação na luta política. Toca-se, aqui, em uma questão histórica considerável: como aconteceu que, a partir do século XIX, se tendesse tão constantemente a dissolver os problemas específicos da luta e de sua estratégia na lógica pobre da contradição? Há, para isso, toda uma série de razões que se deveria tentar analisar um dia. Em todo caso, é preciso pensar a luta, suas formas, seus objetivos, seus meios, seus processos, segundo uma lógica que será liberada de coações esterilizantes da dialética. Para pensar o laço social, o pensamento político "burguês" do século XVIII se deu a *forma jurídica do contrato*. Para pensar a luta, o pensamento "revolucionário" do século XIX se deu a forma lógica da contradição: esta não vale mais do que a outra. Em contrapartida, os grandes Estados do século XIX se deram um pensamento estratégico, enquanto as lutas revolucionárias só pensaram sua estratégia de um modo muito conjuntural, e tentando sempre inscrevê-lo no horizonte da contradição. (FOUCAULT, 2003d, p. 250)

Nesse sentido, as lutas, as resistências não se dão como algo que tenha por referência necessária o Estado, o domínio jurídico-político, tal como estes se apresentam instituídos nas sociedades ocidentais contemporâneas, embora sempre tenham uma relação de implicação com os mesmos. Tampouco precisam ser pensadas (e legitimadas) sob a lógica da contradição, de um pensamento moralista/moralizador (o que é típico no caso das lutas em defesa dos direitos humanos). Além disso, diz-nos Foucault, se é certo que a "luta de classes" pode servir como garantia de inteligibilidade de algumas grandes estratégias políticas de dominação, isso, todavia, não faz dela "a *ratio* do exercício do poder" (FOUCAULT, 2003d, p. 249). Com efeito, a agonística entre (exercício do) poder e vida (resistência), além de vazar, *por baixo* e *entre* os limites de uma ou de outra classe, não pode ser redutível ao antagonismo entre elas:

> Na sociedade, há milhares e milhares de relações de poder e, por conseguinte, relações de forças de pequenos enfrentamentos, microlutas, de algum modo. Se é verdade que essas pequenas relações de poder são com frequência comandadas, induzidas do alto pelos grandes poderes de Estado ou pelas grandes dominações de classes, é preciso ainda dizer que, em sentido inverso, uma dominação de classe ou uma estrutura de Estado só podem bem funcionar se há, na base, essas pequenas relações de poder. (FOUCAULT, 2003c, p. 231)

Pode-se depreender daí, apesar das inegáveis diferenças de enfoque, o quanto a apreciação crítica de Francisco de Oliveira a respeito do programa "Bolsa-Família" – como estratégia de natureza biopolítica (cf. Capítulo IV) – ressoa com algumas posições assumidas por Foucault. Por outro lado, ao minimizar a importância de uma série de lutas localizadas, minoritárias, inclusive, negativando-as como reacionárias por ferirem os "direitos universais do Homem", Francisco de Oliveira talvez corra o risco de vir a engrossar, mesmo que inadvertidamente, o coro dos que lamentam o "fim da política", dos que nos alertam para "as ciladas da diferença" (PIERUCCI, 1999) – ou seja, para os perigos que acompanhariam as práticas políticas características das "ações afirmativas" e dos movimentos das minorias que afirmam suas "identidades" pela diferença –, de que nada mais há fazer; em suma, contribuindo para a apatia, o imobilismo e o niilismo.

Finalmente, encerro minhas considerações finais reportando-me àquela terceira hipótese, qual seja, a de que o interesse por temas/problemas como o da biopolítica, o da governamentalidade e o de uma ética e uma estética da existência, dever-se-ia também à natureza mesma dos problemas evocados pelas noções de biopolítica e de governamentalidade, assim como às suas cruciais implicações na vida dos indivíduos e coletividades em nossos dias. Nas "sociedades de controle" (de governo), por efeito de uma governamentalidade assentada numa racionalidade econômica, a política passa a ser atribuição exclusiva de *experts*, de técnicos, ao passo que os indivíduos são progressivamente excluídos da tomada de decisões relativas ao domínio público, à vida da *pólis* (FONSECA, 2006, p. 155-163). Alijados daquilo que antes lhes proporcionava um pouco de segurança e amparo social (Estado-providência) (CASTEL, 2005), são induzidos a cuidarem eles próprios de si mesmos e dos seus, tornando-se "indivíduos-empresas", "empreendedores" concorrentes e, como disse Deleuze (1992), "consumidores permanentemente endividados". Esse é o preço de sua inclusão no sistema. Todavia, a esquizofrenia que criva as condições de vida nas grandes cidades, cada vez mais policiadas e monitoradas por sistemas finos e flexíveis de segurança, é agravada pela violência, pelas crescentes manifestações de xenofobia, pela paranoia que cerca os que vêm de fora e os que, nela já estando, não deveriam, contudo, para muitos, nela permanecer: os pobres, os miseráveis, os negros, os índios, os desclassificados, os imigrantes, que encarnariam aquilo a que Zigmunt Bauman (2005) chamou de refugo humano. O receio de vir a ser um excluído (terror de uma classe média tendente à extinção) gera insegurança, desconfiança e alimenta o ressentimento; a princípio, não se sabe muito bem a que, mas, por conta das circunstâncias, dos apelos simplistas e sedutores dos meios de comunicação e do recorrente esforço em se criminalizar a pobreza, esta se torna objeto de mais uma penalização. E reage, através do crime, do tráfico, da revolta: sua "irrelevância" ao sistema, sua condição de dispensável, também tem um preço: a instauração de uma verdadeira guerra civil (MIR, 2004). A par disso, os indivíduos e as coletividades têm que lidar ainda com as profundas e vertiginosas transformações introduzidas pelas revoluções tecnoinformacional, biotecnológica e nos meios de comunicação, que redesenham a paisagem urbana, dão novo estatuto "ao vivo" (experimentações no campo da genética), transmutam valores e modificam as sociabilidades, as sensibilidades, etc. Num nível mais amplo, o desinvestimento dos Estados-nação em favor de um mundo globalizado, sem fronteiras, no qual a noção de soberania vê-se, aparentemente, em suspensão, no qual os fenômenos de imigração se intensificam, no qual guerras são travadas em nome da liberdade, da paz e da democracia, desequilibram ainda mais o frágil tecido das várias sociedades, também concorrendo para a propagação de um sentimento difuso de mal-estar e de crise, sentimento este que pode dar vazão à barbárie e a soluções de desespero, condições férteis para o ressurgimento do terror: genocídios, totalitarismo, nazifascismo. Tudo sucede como se as vidas de grandes contingentes populacionais espalhados pelo planeta passassem a ser "estruturalmente irrelevantes" (CASTELLS *et al.*, 1996, p. 22) ao sistema capitalista neoliberal ou, conforme salienta Susan George (2002), em *O relatório Lugano*, como se essas vidas desqualificadas viessem a constituir não só um fardo, uma sujeira, mas também um risco ao equilíbrio e à manutenção desse sistema no presente e no futuro. De qualquer modo, o importante, aqui, é que, uma vez fixadas nesse estatuto e, portanto, negativadas, desvalorizadas, o sistema as toma como vidas perfeitamente descartáveis.

Pois bem, todos esses fatores, considerados em sua heterogeneidade, em suas relações transversais, nos níveis em que entram em contato uns com os outros, nas estratégias que os mobilizam, nos singulares elementos que introduzem na vida cotidiana, em âmbito nacional e no cenário da geopolítica mundial, dizem respeito às novas e paradoxais implicações entre poder e vida, em face das quais uma análise de natureza biopolítica, em moldes arqueogenealógicos, tal como a que nos foi legada por Foucault, se revela da maior importância. Por outro lado, o interesse crescente por essas questões se dá em conformidade com suas próprias condições de exercício em nossa contemporaneidade e por suas possibilidades de enunciação. Como assinala André Duarte (2005, p. 19):

> Pensar os desvarios da política contemporânea sob o signo da biopolítica é pensar o estatuto ambíguo e paradoxal da vida e de sua politização em nosso tempo, visto que, sob tal processo, a vida é simultaneamente protegida e excluída, incentivada e massacrada pela própria política. O conceito da biopolítica nos permite compreender, portanto, a dinâmica intrinsecamente paradoxal entre a assunção da vida ao estatuto de bem supremo e a sua simultânea transformação no item mais descartável do mercado político contemporâneo. Em um contexto biopolítico, a manutenção e incremento da qualidade de vida de uns implica e exige a destruição da vida de outros, implica tornar a vida supérflua e descartável, motivo pelo qual sua destruição faz-se acompanhar pela indiferença crassa dos não atingidos.

Não seria exagero atribuir um papel crucial desempenhado por Foucault diante das diversas problematizações que vêm sendo desenvolvidas acerca da biopolítica, a partir das trilhas por ele abertas, em ressonância ou em estreito diálogo com suas formulações, tais como as de Antonio Negri e Michael Hardt, a de Giorgio Agamben, a de Roberto Espósito, a de Susan George e a de Zygmunt Bauman, dentre outros. Na medida em que o tema/problema da biopolítica incide diretamente sobre os processos de inclusão-exclusão (ou de exclusão por inclusão) contemporâneos, creio que ele deve vir a interessar cada vez mais aos educadores e aos teóricos da educação, permitindo-lhes avaliar como e em que medida suas práticas se encontram implicadas nesses processos. De que vale a inclusão se ela não constituir, ao mesmo tempo, um ato de resistência?

Referências

Bibliografia citada

ACÚRCIO, Marina Rodrigues Borges (Coord.); ANDRADE, Rosamaria Calaes de (Org.). *O empreendedorismo na escola*. Porto Alegre: Artmed; Belo Horizonte: Rede Pitágoras, 2005.

ADORNO, Sérgio. Foucault, a lei e o direito. In: SCAVONE, Lucila; ALVAREZ, Marcos César; MISKOLCI, Richard (Orgs.). *O legado de Foucault*. São Paulo: Ed. UNESP, 2006. p. 201-222.

ALVES, Ricardo Luiz. *A doutrina clausewitziana da guerra ou a apologia política do militarismo estatal em função da 'raison d'état'*. Disponível em: <http://jus2.uol.com.br/doutrina/texto.asp?id=5674>. Acesso em: 2009.

BARBOSA, Lívia. *Igualdade e meritocracia: a ética do desempenho nas sociedades modernas*. 4. ed. Rio de Janeiro: Ed. FGV, 2006.

BAUMAN, Zygmunt. *Vidas desperdiçadas*. Rio de Janeiro: Jorge Zahar, 2005.

BOMENY, Helena. *Os intelectuais da educação*. Rio de Janeiro: Jorge Zahar, 2003.

CALOMENI, Tereza Cristina (Org.). *Michel Foucault: entre o murmúrio e a palavra*. Campos (RJ): Ed. Faculdade de Direito de Campos, 2004.

CASTEL, Robert. *A insegurança social. O que é ser protegido?* Petrópolis (RJ): Vozes, 2005.

CASTELLS, Manuel *et al. Novas perspectives críticas em educação*. Porto Alegre: Artes Médicas, 1996.

CASTELO BRANCO, Guilherme (Org.). *Filosofia pós-metafísica*. Rio de Janeiro: Papel Virtual, 2005.

CASTRO, Edgardo. Foucault sigue dando cátedra. *Clarín*, 8 jan. 2005. Disponível em: <http://www.clarin.com/suplementos/cultura/2005/01/08/u-900172.htm>. Acesso em: 30 mar. 2006.

CASTRO, Edgardo. Leituras da modernidade educativa: disciplina, política, ética. In: GONDRA, José; KOHAN, Walter (Orgs.). *Foucault 80 anos*. Belo Horizonte: Autêntica, 2006. p. 63-67.

CATTANI, Antonio David. *Teoria do capital humano*. Publicado em 1º mar. 2002. Disponível em: <http://www.multirio.rj.gov.br/sec21/chave_artigo.asp?cod_artigo=223>. Acesso em: 20 dez. 2008.

COCCO, Giuseppe; PILATTI, Adriano. Desejo e liberação: a potência constituinte da multidão. In: NEGRI, Antonio. *O poder constituinte: ensaio sobre as alternativas da modernidade*. Rio de Janeiro: DP&A, 2002.

COLL, César; PALACIOS, Jesús; MARCHESI, Álvaro. *Desenvolvimento psicológico e educação: psicologia da educação*. Porto Alegre: Artes Médicas, 1996. v. 2.

CRAWFORD, Richard. *Na era do capital humano: o talento, a inteligência e o conhecimento como forças econômicas, seu impacto nas empresas e nas decisões de investimento*. São Paulo: Atlas, 1994.

D'ARAÚJO, Maria Celina. *O Estado Novo*. Rio de Janeiro: Jorge Zahar, 2000.

DAVENPORT, Thomas O. *Capital humano: o que é e por que as pessoas investem nele*. São Paulo: Nobel, 2001.

DELEUZE, Gilles. *Espinosa: filosofia prática*. São Paulo: Escuta, 2002.

DELEUZE, Gilles. *Foucault*. 2. ed. São Paulo: Brasiliense, 1991.

DELEUZE, Gilles. *Post-scriptum* sobre as sociedades de controle. In: DELEUZE, Gilles. *Conversações*. Rio de Janeiro: Ed. 34, 1992. p. 219-226.

DELORS, Jacques (Org.). *A educação para o século XXI: questões e perspectivas*. Porto Alegre: Artmed, 2005.

DESCAMPS, Christian. *As ideias filosóficas contemporâneas na França (1960-1985)*. Rio de Janeiro: Jorge Zahar, 1991.

DIWAN, Pietra. *Raça pura: uma história da eugenia no Brasil e no mundo*. São Paulo: Contexto, 2007.

DOLABELA, Fernando. *Oficina do empreendedor: a metodologia de ensino que ajuda a transformar conhecimento em riqueza*. São Paulo: Cultura, 1999.

DOLABELA, Fernando. *Pedagogia empreendedora*. São Paulo: Cultura, 2003.

DOLZ, Joaquim *et al. O enigma da competência em educação*. Porto Alegre: Artmed, 2004.

DOLZ, Joaquim; BRONCKART, Jean-Paul. A noção de competência: qual é a sua pertinência para o estudo da aprendizagem das ações de linguagem? In: DOLZ, Joaquim *et al. O enigma da competência em educação*. Porto Alegre: Artmed, 2004. p. 29-46.

DREYFUS, Hubert; RABINOW, Paul. *Michel Foucault, uma trajetória filosófica: para além do estruturalismo e da hermenêutica*. Rio de Janeiro: Forense Universitária, 1995.

DUARTE, André. Biopolítica e resistência: o legado de Michel Foucault. In: RAGO, Margareth; VEIGA-NETO, Alfredo (Orgs.). *Figuras de Foucault*. Belo Horizonte: Autêntica, 2006. p. 45-55.

DUARTE, André. Biopolítica e sociedade de controle: notas para compreender o presente. In: CASTELO BRANCO, Guilherme (Org.). *Filosofia pós-metafísica*. Rio de Janeiro: Papel Virtual, 2005. p. 11-26.

ERIBON, Didier. *Michel Foucault, 1926- 1984*. São Paulo: Cia. das Letras, 1990.

EWALD, François. *Foucault, a norma e o direito*. Lisboa: Vega, 1993. (Comunicação & Linguagens).

FONSECA, Márcio Alves da. Para pensar o público e o privado: Foucault e o tema das artes de governar. In: RAGO, Margareth; VEIGA-NETO, Alfredo. (Orgs.). *Figuras de Foucault*. Belo Horizonte: Autêntica, 2007.

FONSECA, Márcio Alves da. As imagens do direito em Michel Foucault. In: CALOMENI, Tereza Cristina B. (Org.). *Michel Foucault:*

entre o murmúrio e a palavra. Campos (RJ): Ed. Faculdade de Direito de Campos, 2004. p. 169-185.

FONSECA, Márcio Alves da. *Michel Foucault e a constituição do sujeito*. São Paulo: EDUC, 1995.

FONSECA, Márcio Alves da. *Michel Foucault e o direito*. São Paulo: Max Limonad, 2003.

FONSECA, Márcio Alves da. Para pensar o público e o privado: Foucault e o tema das artes de governar. In: RAGO, Margareth; VEIGA-NETO, Alfredo (Orgs.). *Figuras de Foucault*. Belo Horizonte: Autêntica, 2006. p. 155-163.

FONTANA, Alessandro; BERTANI, Mauro. Situação do curso (Em defesa da sociedade). In: FOUCAULT, Michel. *Em defesa da sociedade*. Curso do Collège de France. São Paulo: Martins Fontes, 1999. p. 327-351.

FOUCAULT, Michel. *Ditos e escritos*. Rio de Janeiro: Forense Universitária, v. IV (Estratégia, Poder-Saber), 2003a.

FOUCAULT, Michel. *Ditos e escritos*. Rio de Janeiro: Forense Universitária, v. V (Ética, Sexualidade, Política), 2004a.

FOUCAULT, Michel. É inútil revoltar-se? In: FOUCAULT, Michel. *Ditos e escritos*. Rio de Janeiro: Forense Universitária, v. V (Ética, Sexualidade, Política), 2004b. p. 77-81.

FOUCAULT, Michel. *Em defesa da sociedade*. Curso no Collège de France (1975-1976). São Paulo: Martins Fontes, 1999.

FOUCAULT, Michel. Est-il donc important de penser? (entretien avec D. Éribon). *Libération*, n. 15, p. 30-31 mai 1981, p. 21. In: FOUCAULT, Michel. *Dits et écrits IV (1980-1988)*. Paris: Gallimard, 2006a. p. 178-182.

FOUCAULT, Michel. *História da sexualidade 1*: a vontade de saber. 9. ed. Rio de Janeiro: Graal, 1988.

FOUCAULT, Michel. *Microfísica do poder*. 9. ed. Organização, introdução e revisão técnica de Roberto Machado. Rio de Janeiro: Graal, 1990a.

FOUCAULT, Michel. *Nascimento da biopolítica*. Curso dado no Collège de France (1978-1979). São Paulo: Martins Fontes, 2008a.

FOUCAULT, Michel. *"Omnes et singulatim"*: uma crítica da razão política. In: FOUCAULT, Michel. *Ditos e escritos*. Rio de Janeiro: Forense Universitária, v. IV (Estratégia, Poder-Saber), 2003b. p. 355-385.

FOUCAULT, Michel. O olho do poder. In: FOUCAULT, Michel. *Microfísica do poder*. 9. ed. Organização, introdução e revisão técnica de Roberto Machado. Rio de Janeiro: Graal, 1990b.

FOUCAULT, Michel. O nascimento da medicina social. In: FOUCAULT, Michel. *Microfísica do poder*. 9. ed. Organização, introdução e revisão técnica de Roberto Machado. Rio de Janeiro: Graal, 1990c. p. 79-98.

FOUCAULT, Michel. *O poder psiquiátrico*. Curso dado no Collège de France (1973-1974). São Paulo: Martins Fontes, 2006b.

FOUCAULT, Michel. Os intelectuais e o poder. In: *Microfísica do poder*. 9. ed. Organização, introdução e revisão técnica de Roberto Machado. Rio de Janeiro: Graal, 1990c. p. 69-78.

FOUCAULT, Michel. Poder e saber. In: FOUCAULT, Michel. *Ditos e escritos*. Rio de Janeiro: Forense Universitária, v. IV (Estratégia, Poder-Saber), 2003c. p. 223-240.

FOUCAULT, Michel. Poderes e estratégias. In: FOUCAULT, Michel. *Ditos e escritos*. Rio de Janeiro: Forense Universitária, v. IV (Estratégia, Poder-Saber), 2003d. p. 241-252.

FOUCAULT, Michel. *Resumo dos cursos do Collège de France (1970 – 1982)*. Rio de Janeiro: Jorge Zahar, 1997.

FOUCAULT, Michel. *Segurança, território, população*. Curso dado no Collège de France (1977-1978). São Paulo: Martins Fontes, 2008b.

FOUCAULT, Michel. Sexualidade e poder. In: FOUCAULT, Michel. *Ditos e escritos*. Rio de Janeiro: Forense Universitária, v. V (Ética, Sexualidade, Política), 2004c. p. 56-76.

FOUCAULT, Michel. Sobre a história da sexualidade. In: FOUCAULT, Michel. *Microfísica do poder*. 9. ed. Organização, introdução e revisão técnica de Roberto Machado. Rio de Janeiro: Graal, 1990d. p. 258.

FOUCAULT, Michel. *Vigiar e punir: nascimento da prisão*. 9. ed. Petrópolis: Vozes, 1991.

GAULEJAC, Vincent de. *La société malade de la gestion: idéologie gestionnaire, povoir managérial et harcèlement social*. Paris: Seuil, 2005.

GEORGE, Susan. *O relatório Lugano*. Rio de Janeiro: Boitempo, 2002.

GONDRA, José; KOHAN, Walter (Orgs.). *Foucault 80 anos*. Belo Horizonte: Autêntica, 2006.

GROS, Frédéric (Org.). *Foucault: a coragem de verdade*. São Paulo: Parábola, 2004.

KOERNER, Andrei. Direito, regulação e governamentalidade. In: SCAVONE, Lucila; ALVAREZ, Marcos César; MISKOLCI, Richard (Orgs.). *O legado de Foucault*. São Paulo: Ed. UNESP, 2006. p. 223-240.

KOHAN, Walter. *Infância. Entre educação e filosofia*. Belo Horizonte: Autêntica, 2003.

KURZWEIL, Ray. *A era das máquinas espirituais*. São Paulo: Aleph, 2007.

LIMA, Homero Luís A. de. *Do corpo-máquina ao corpo-informação: o pós-humano como horizonte biotecnológico*. Tese (Doutorado em Sociologia) – Centro de Filosofia e Ciências Humanas, Departamento de Sociologia, Universidade Federal de Pernambuco, Recife, 2004.

LÓPEZ-RUIZ, Oswaldo. *Os executivos das transnacionais e o espírito do capitalismo: capital humano e empreendedorismo como valores sociais*. Rio de Janeiro: Azougue, 2007.

LOURAU, René. *Sociólogo em tempo inteiro: análise institucional e pedagogia*. Lisboa: Estampa, 1976.

MACHADO, Roberto. *Ciência e saber: a trajetória da arqueologia de Foucault*. Rio de Janeiro: Graal, 1981.

MACHADO, Roberto. *Foucault, a ciência e o saber*. Rio de Janeiro: Jorge Zahar, 2006.

MACHADO, Roberto. Introdução: por uma genealogia do poder. In: FOUCAULT, Michel. *Microfísica do poder*. 9. ed. Organização, introdução e revisão técnica de Roberto Machado. Rio de Janeiro: Graal, 1990. p. VII-XXIII;

MARIGUELA, Márcio (Org.). *Foucault e a destruição das evidências*. Piracicaba (SP): Ed. UNIMEP, 1995.

MARTINS, Carlos José. A vida dos corpos e das populações como objeto de uma biopolítica na obra de Michel Foucault. In: SCAVONE, Lucila; ALVAREZ, Marcos César; MISKOLCI, Richard (Orgs.). *O legado de Foucault*. São Paulo: Ed. UNESP, 2006. p. 177-198.

MIR, Luís. *Guerra civil: Estado e trauma*. São Paulo: Geração, 2004.

MORAES, Reginaldo. *Neoliberalismo: de onde vem, para onde vai?* São Paulo: Ed. SENAC São Paulo, 2001.

MOREY, M. La cuestión del método. In: FOUCAULT, Michel. *Tecnologias del yo y otros textos afines*. Barcelona: Paidos Ibérica, 1991. p. 9-44.

NATÉRCIA, Flávia. Resenha a Naissance de la biopolitique. 2005. Disponível em: <http://www.comciencia.br/resenhas/2005/07/resenha2.htm>. Acesso em: 27 jan. 2006.

NEGRI, Antonio. *O poder constituinte: ensaio sobre as alternativas da modernidade*. Rio de Janeiro: DP&A, 2002.

OLIVEIRA, Francisco de. Entrevista da 2ª. *Folha de S. São Paulo*, 24 jul. 2006. Disponível em: <http://www1.folha.uol.com.br/fsp/brasil/fc2407200614.htm>. Acesso em: 4 dez. 2007.

PAIVA, Antonio Crístian S. *Sujeito e laço social: a produção de subjetividade na arqueogenealogia de Michel Foucault*. Rio de Janeiro: Relume-Dumará, 2000.

PELBART, Peter Pál. *A vertigem por um fio: políticas da subjetividade contemporânea*. São Paulo: Iluminuras, 2000.

PEREIRA, Antônio. *A analítica do poder em Michel Foucault: a arqueologia da loucura, da reclusão e do saber médico na Idade Clássica*. Belo Horizonte: Autêntica; FUMEC, 2003.

PIERUCCI, Antonio Flávio. *Ciladas da diferença*. São Paulo: USP, Curso de Pós-Graduação em Sociologia; Ed. 34, 1999.

PORTOCARRERO, Vera; CASTELO BRANCO, Guilherme (Orgs.). *Retratos de Foucault*. Rio de Janeiro: NAU, 2000.

QUEIROZ, André. *Foucault: o paradoxo das passagens*. Rio de Janeiro: Pazulin, 1999.

RAGO, Margareth; ORLANDI, Luiz B. L.; VEIGA-NETO, Alfredo (Orgs.). *Imagens de Foucault e Deleuze: ressonâncias nietzschianas.* Rio de Janeiro: DP&A, 2002.

RAGO, Margareth; VEIGA-NETO, Alfredo (Orgs.). *Figuras de Foucault.* Belo Horizonte: Autêntica, 2006.

REVEL, Judith. *Foucault: conceitos essenciais.* São Carlos (SP): Claraluz, 2005.

RIBEIRO, Renato Janine (Org.). *Recordar Foucault: os textos do colóquio Foucault.* São Paulo: Brasiliense, 1985.

RIFKIN, Jeremy. *A era do acesso: a transição de mercados convencionais para networks e o nascimento de uma nova economia.* São Paulo: Pearsom Education do Brasil, Makron Books, 2001.

SANT'ANNA, Denise Bernuzzi de. Transformações do corpo: controle de si e uso dos prazeres. In: RAGO, Margareth; ORLANDI, Luiz B. L.; VEIGA-NETO, Alfredo (Orgs.). *Imagens de Foucault e Deleuze: ressonâncias nietzschianas.* Rio de Janeiro: DP&A, 2002.

SANTOS, Laymert G. dos. In: LÓPEZ-RUIZ, Oswaldo. *Os executivos das transnacionais e o espírito do capitalismo: capital humano e empreendedorismo como valores sociais.* Rio de Janeiro: Azougue, 2007.

SANTOS, Laymert G. dos. Humano, pós-humano, transumano. In: NOVAES, Adauto (Org.). *Mutações: ensaios sobre as novas configurações do mundo.* Rio de Janeiro: Agir; São Paulo: Ed. SESC-SP, 2008.

SCAVONE, Lucila; ALVAREZ, Marcos César; MISKOLCI, Richard (Orgs.). *O legado de Foucault.* São Paulo: Ed. UNESP, 2006.

SCHULTZ, Theodore. *Capital humano: investimentos em educação e pesquisa.* Rio de Janeiro: Zahar, 1973.

SCHWARTZMAN, Simon *et al. Tempos de Capanema.* São Paulo: EDUSP, 1984.

SENNET, Richard. *A cultura do novo capitalismo.* Rio de janeiro: Record, 2006.

SIBILIA, Paula. *O homem pós-orgânico: corpo, subjetividade e tecnologias digitais.* Rio de Janeiro: Relume-Dumará, 2002.

SIBILIA, Paula. *O show do eu: a intimidade como espetáculo*. Rio de Janeiro: Nova Fronteira, 2008.

SILVA, Tomaz Tadeu da (Org.). *O sujeito da educação: estudos foucaultianos*. Petrópolis (RJ): Vozes, 1994.

STEWART, Thomas A. *Capital intelectual: a nova vantagem competitiva das empresas*. 2. ed. Rio de Janeiro: Campus, 1998.

VAZ, Paulo. *Um pensamento infame: história e liberdade em Michel Foucault*. Rio de Janeiro: Imago, 1992;

VEIGA-NETO, Alfredo (Org.). *Crítica pós-estruturalista e educação*. Porto Alegre: Sulina, 1995.

VEIGA-NETO, Alfredo. *Foucault e a educação*. Belo Horizonte: Autêntica, 2003. (Pensadores e educação, 4).

VEIGA-NETO, Alfredo. *Governabilidade ou governamentalidade?* Disponível em: <http://www.ufrgs.br/faced/alfredo/governo1.htm>. Acesso em: 2009.

VEIGA-NETO, Alfredo; GALLO, Silvio. Ensaio para uma filosofia da educação. In: *Revista da Educação. Especial – Foucault pensa a educação*. Consultoria editorial e coordenação de Júlio Groppa Aquino e Teresa Cristina Rego. São Paulo: Segmento, Biblioteca do Professor, v. 3, 2007.

VERGARA, Francisco. *Introdução aos fundamentos filosóficos do liberalismo*. São Paulo: Nobel, 1995.

Bibliografia complementar

ABDALA JR., Benjamin (Org.). *Margens da cultura: mestiçagem, hibridismo & outras misturas*. São Paulo: Boitempo, 2004.

ABDALLA, Maurício; BARROS, Maria Elizabeth B. de (Orgs.). *Mundo e sujeito: aspectos subjetivos da globalização*. São Paulo: Paulus, 2004.

AGAMBEN, Giorgio. *Estado de exceção*. São Paulo: Boitempo, 2004.

AGAMBEN, Giorgio. *Homo sacer: o poder soberano e a vida nua I*. Belo Horizonte: Ed. UFMG, 2002.

BACCA, Ana Maria; PEY, Maria Oly; SÁ, Raquel Stella de. *Nas pegadas de Foucault: apontamentos para a pesquisa de instituições*. Rio de Janeiro: Achiamé, 2004.

BAUMAN, Zygmunt. *Comunidade: a busca por segurança no mundo atual.* Rio de Janeiro: Jorge Zahar, 2003.

BAUMAN, Zygmunt. *Em busca da política.* Rio de Janeiro: Jorge Zahar, 2000.

BAUMAN, Zygmunt. *Globalização: as consequências humanas.* Rio de Janeiro: Jorge Zahar, 1999.

BAUMAN, Zygmunt. *Modernidade e holocausto.* Rio de Janeiro: Jorge Zahar, 1998.

BAUMAN, Zygmunt. *Vida líquida.* Rio de Janeiro: Jorge Zahar, 2007.

BENDASSOLI, Pedro Fernando. Público, privado e o indivíduo no novo capitalismo. In: *Tempo social – Revista de Sociologia da USP.* São Paulo, USP, FFLCH, v. 12, n. 2, p. 203-236, nov. 2000.

BLACK, Edwin. *A guerra contra os fracos: a eugenia e a campanha norte-americana para criar uma raça superior.* São Paulo: A Girafa, 2003.

BOLTANSKI, Luc; CHIAPELLO, Ève. *El nuevo espíritu del capitalismo.* Madrid: Akal, 2002. (Cuestiones de antagonismo).

BRANDÃO, Rodrigo. Giorgio Agamben sobre uma profecia biopolítica de Sade. In: GONÇALVES, Anderson *et al.* (Orgs.). *Questões de filosofia contemporânea.* São Paulo: Discurso; Curitiba: UFPR, 2006. p. 321-334.

BUCKINGHAM, David. *Crescer na era das mídias eletrônicas.* São Paulo: Loyola, 2007.

BUENO, Sinésio Ferraz. *Pedagogia sem sujeito: qualidade total e neoliberalismo na educação.* São Paulo: Annablume; FAPESP, 2003.

BURMESTER, Ana Maria de O. Em defesa da sociedade. In: RAGO, Margareth; ORLANDI, Luiz B. L.; VEIGA-NETO, Alfredo (Orgs.). *Imagens de Foucault e Deleuze: ressonâncias nietzschianas.* Rio de Janeiro: DP&A, 2002. p. 35-47.

CADERNOS ABONG. *ONGs: identidade e desafios atuais.* São Paulo: Cortez; Associação Brasileira de Organizações Não Governamentais, n. 27, maio 2000.

CÂMARA, Heleusa Figueira. *Além dos muros e das grades (discursos prisionais).* São Paulo: EDUC, 2001;

CANCLINI, Nestor García. *Consumidores e cidadãos: conflitos culturais da globalização*. Rio de Janeiro: Ed. UFRJ, 2001.

CARNEIRO, Maria Luiza Tucci. *O anti-semitismo na Era Vargas: fantasmas de uma geração (1930-1945)*. São Paulo: Perspectiva, 2001.

CARNOY, Martin. *A educação na América Latina está preparando sua força de trabalho para as economias do século XXI?* Brasília (DF): UNESCO Brasil, 2004.

CARNOY, Martin. *Mundialização e reforma na educação: o que os planejadores devem saber*. Brasília: UNESCO Brasil, IIPE, 2003.

CARRION, Rosinha Machado. Organizações privadas sem fins lucrativos: a participação do mercado no terceiro setor. In: *Tempo social – Revista de Sociologia da USP*. São Paulo, USP, FFLCH, v. 12, n. 2, p. 237-255, nov. 2000.

CASTEL, Robert; WANDERLEY, Luiz Eduardo W.; BELFORE-WANDERLEY, Mariangela. *Desigualdade e a questão social*. 2. ed. rev. e ampl. São Paulo: EDUC, 2000.

CASTELLS, Manuel. *A era da informação: economia, sociedade e cultura*. 4. ed. São Paulo: Paz e Terra, 2000. (A sociedade em rede, 1).

COCCO, Giuseppe; HOPSTEIN, Graciela (Orgs.). *As multidões e o império: entre globalização da guerra e universalização de direitos*. Rio de Janeiro: DP&A, 2002.

COMISSÃO SOBRE GOVERNANÇA GLOBAL. *Nossa comunidade global: relatório da Comissão sobre Governança Global*. Rio de Janeiro: Ed. FGV/CGG, 1996.

COSTA, Jurandir Freire. *Ordem médica e norma familiar*. 3. ed. Rio de Janeiro: Graal, 1989.

COUTINHO, Maurício Chalfin. *Lições de economia política clássica*. São Paulo: HUCITEC; Campinas: Ed. Unicamp, 1993.

DEAN, Michael. *Governmentality: power and rule in modern society*. London: Sage, 1999.

DE GRAND, Alexander J. *Itália fascista e Alemanha nazista: o estilo "fascista" de governar*. São Paulo: Madras, 2005.

DEJOURS, Christophe. *A banalização da injustiça social*. 6. ed. Rio de Janeiro: Ed. FGV, 2005.

DELEUZE, Gilles; GUATTARI, Félix. *Mil Platôs: capitalismo e esquizofrenia* (II). Rio de Janeiro: Ed. 34, 1995. (TRANS, 1).

DELEUZE, Gilles; GUATTARI, Félix. *Mil Platôs: capitalismo e esquizofrenia* (II). Rio de Janeiro: Ed. 34, 1996. (TRANS, 3).

DELEUZE, Gilles; GUATTARI, Félix. *Mil Platôs: capitalismo e esquizofrenia* (II). Rio de Janeiro: Ed. 34, 1997. (TRANS, 4).

DELEUZE, Gilles; GUATTARI, Félix. *Mil Platôs: capitalismo e esquizofrenia* (II). Rio de Janeiro: Ed. 34, 1997. (TRANS, 5).

DEMANT, Peter. *O mundo muçulmano*. São Paulo: Contexto, 2004.

DOLZ, Joaquim *et al. O enigma da competência em educação*. Porto Alegre: Artmed, 2004.

DONZELOT, Jacques. *A polícia das famílias*. Rio de Janeiro: Graal, 1980.

DOWNING, John D. H. *Mídia radical: rebeldia nas comunicações e movimentos sociais*. São Paulo: Ed. SENAC São Paulo, 2002.

EDUCAÇÃO & SOCIEDADE. *Revista de Ciência da Educação*. Educação: de direito de cidadania a mercadoria: novas leituras sobre o público e o privado/mercantil. São Paulo: Cortez; Campinas: CEDES, v. 24, n. 84, set. 2003.

EISEMBERG, José; CEPIK, Marco (Orgs.). *Internet e política*. Belo Horizonte: Ed. UFMG, 2002.

ESPOSITO, Roberto. *Origine e destino della comunità*. Torino: Einaudi, 1998.

ESPOSITO, Roberto. *Immunitas: protezione e negazione della vita*. Torino: Einaudi, 2002.

ESPOSITO, Roberto. *Bios: biopolítica e filosofia*. Torino: Einaudi, 2004.

FEATHERSTONE, Mike. *Cultura global: nacionalismo, globalização e modernidade*. 3. ed. Petrópolis: Vozes, 1999.

FEATHERSTONE, Mike. *O desmanche da cultura: globalização, pós-modernismo e identidade*. São Paulo: Studio Nobel/SESC, 1997.

FISK, Robert. *A grande guerra pela civilização: a conquista do Oriente Médio*. São Paulo: Planeta do Brasil, 2007.

FONSECA, Márcio Alves da. Entre monstros, onanistas e incorrigíveis: as noções de "normal" e "anormal" nos cursos de Michel Foucault no *Collège de France*. In: RAGO, Margareth; ORLANDI, Luiz B. L.; VEIGA-NETO, Alfredo (Orgs.). *Imagens de Foucault e Deleuze: ressonâncias nietzschianas*. Rio de Janeiro: DP&A, 2002. p. 239-253.

FONSECA, Tânia Mara Galli; KIRST, Patrícia Gomes (Orgs.). *Cartografias e devires: a construção do presente*. Porto Alegre: Ed. UFRGS, 2003.

FOUCAULT, Michel. *A ordem do discurso*. São Paulo: Loyola, 1996.

FOUCAULT, Michel. *A verdade e as formas jurídicas*. Rio de Janeiro: NAU, 1996.

FOUCAULT, Michel. Verdade e subjectividade. In: *Comunicação e Linguagens. Foucault: uma analítica da experiência*. Lisboa, 1993. p. 203-223.

GADELHA, Sylvio. Elementos para se pensar uma virtual relação entre educação e biopolítica. In: LINS, Daniel. Nietzsche/Deleuze: arte, resistência. *Simpósio Internacional de Filosofia*. Rio de Janeiro: Forense Universitária; Fortaleza: Fundação de Cultura, Esporte e Turismo, 2004. p. 304-320.

GADELHA, Sylvio. Educação, políticas de subjetivação e sociedades de controle. In: MARCONDES, Adriana; FERNANDES, Ângela; ROCHA, Marisa da (Orgs.). *Novos possíveis no encontro da psicologia com a educação*. São Paulo: Casa do Psicólogo, 2007. p. 15-36.

GALLO, Silvio. Cuidar de si e cuidar do outro: implicações éticas para a educação nos últimos escritos de Foucault. In: GONDRA, José; KOHAN, Walter (Orgs.). *Foucault 80 anos*. Belo Horizonte: Autêntica, 2006, p. 177-190.

GALLO, Silvio. Foucault: (re)pensar a educação. In: RAGO, Margareth; VEIGA-NETO, Alfredo (Orgs.). *Figuras de Foucault*. Belo Horizonte: Autêntica, 2006, p. 253-260.

GARCIA, Joana. *O negócio do social*. Rio de Janeiro: Jorge Zahar, 2004.

GAULEJAC, Vincent de. *La société malade de la gestion: idéologie gestionnaire, pouvoir managérial et harcèlement social*. Paris: Seuil, 2005.

GIACÓIA JR., Oswaldo. O conceito do Direito e a ontologia do presente. In: CALOMENI, Tereza Cristina (Org.). *Michel Foucault: entre o murmúrio e a palavra*. Campos (RJ): Ed. Faculdade de Direito de Campos, 2004. p. 187-205.

GORZ, André. *O imaterial: conhecimento, valor e capital*. São Paulo: Annablume, 2005.

GROS, Frédéric. O cuidado de si em Michel Foucault. In: RAGO, Margareth; VEIGA-NETO, Alfredo (Orgs.). *Figuras de Foucault*. Belo Horizonte: Autêntica, 2006. p. 127-138.

HAESBAERT, Rogério. *O mito da desterritorialização: do "fim dos territórios" à multiterritorialidade*. Rio de Janeiro: Bertand Brasil, 2004.

HERSCHMANN, Micael M.; PEREIRA, Carlos Alberto M. (Orgs.). *A invenção do Brasil moderno: medicina, educação e engenharia nos anos 20-30*. Rio de Janeiro: Rocco, 1994.

HERZ, Mônica: HOFFMANN, Andréa Ribeiro. *Organizações internacionais: história e práticas*. Rio de Janeiro: Elsevier, 2004.

HIMANEN, Pekka. *A ética dos hackers e o espírito da era da informação*: a importância dos exploradores da era digital. Rio de Janeiro: Campus, 2001.

JÚLIO, Carlos Alberto; NETO, José Salibi (Orgs.). *E-business e tecnologia: autores e conceitos imprescindíveis*. São Paulo: Publifolha, 2001.

JÚLIO, Carlos Alberto; NETO, José Salibi (Orgs.). *Inovação e mudança: autores e conceitos imprescindíveis*. São Paulo: Publifolha, 2001.

MARQUES, Vera Regina Beltrão. *A medicalização da raça: médicos, educadores e discurso eugênico*. Campinas (SP): Ed. Unicamp, 1994.

KLEIN, Naomi. *Sem logo: a tirania das marcas em um planeta vendido*. 4. ed. Rio de Janeiro: Record, 2004.

KLIKSBERG, Bernardo. *Falácias e mitos do desenvolvimento social*. São Paulo: Cortez; Brasília (DF): UNESCO, 2001.

KUTTNER, Robert. *Tudo à venda: as virtudes e os limites do mercado*. São Paulo: Companhia das Letras, 1998.

LARROSA, Jorge; SKLIAR, Carlos. *Habitantes de babel: políticas e poéticas da diferença*. Belo Horizonte: Autêntica, 2001.

LAZZARATO, Maurizio. *As revoluções do capitalismo*. Rio de Janeiro: Civilização Brasileira, 2006.

LE BRETON, David. *Adeus ao corpo: antropologia e sociedade*. Campinas (SP): Papirus, 2003.

LEITE, Marcelo. *Promessas do genoma*. São Paulo: Ed. UNESP, 2007.

LÉVY, Pierre. *As tecnologias da inteligência: o futuro do pensamento na era da informática*. Rio de Janeiro: Ed. 34, 1993.

LÉVY, Pierre. *Cibercultura*. São Paulo: Ed. 34, 1999.

LINS, Daniel (Org.). *Cultura e subjetividade: saberes nômades*. Campinas (SP): Papirus, 1997.

LUGAR COMUM. Estudos de mídia, cultura e democracia. Número especial: modulações da resistência. Rio de Janeiro: LATeC / UFRJ; Rede Universidade Nômade, n. 19-20, jan.- jun. 2004.

MAGNOLI, Demétrio. *O mundo contemporâneo: relações internacionais (1945-2000)*. São Paulo: Moderna, 1996.

MARSHALL, James. Governamentalidade e educação liberal. In: SILVA, Tomaz Tadeu da (Org.). *O sujeito da educação*. Petrópolis (RJ): Vozes, 1995. p. 21-34.

MATTELART, Armand. *A globalização da comunicação*. 2. ed. Bauru (SP): EDUSC, 2002.

MILMAN, Luis; VIZENTINI, Paulo Fagundes (Orgs.). *Neonazismo, negacionismo e extremismo político*. Porto Alegre: Ed. UFRGS; CORAG, 2000.

MORAES, Ilara Hammerli S. *Política, tecnologia e informação em saúde: a utopia da emancipação*. Salvador: Casa da Qualidade, 2002.

NEGRI, Antonio. *Cinco lições sobre Império*. Com contribuições de Michael Hardt e Danilo Zolo. Rio de Janeiro: DP&A, 2003.

NEGRI, Antonio; COCCO, Giuseppe. *Glob(al): biopoder e luta numa América Latina globalizada*. Rio de Janeiro: Record, 2005.

NEGRI, Antonio; HARDT, Michael. *Império*. Rio de Janeiro: Record, 2001.

NEGRI, Antonio; HARDT, Michael. *Multidão: guerra e democracia na era do Império*. Rio de Janeiro: Record, 2005.

NEGRI, Antonio; LAZZARATO, Maurizio. *Trabalho imaterial: formas de vida e produção de subjetividade*. Rio de Janeiro: DP&A, 2001.

NETO, José Paulo; BRAZ, Marcelo. *Economia política: uma introdução crítica.* 2. ed. São Paulo: Cortez, 2007.

ORLANDI, Luís B. Lacerda. Que estamos ajudando a fazer de nós mesmos? In: RAGO, Margareth; ORLANDI, Luiz B. L.; VEIGA-NETO, Alfredo (Orgs.). *Imagens de Foucault e Deleuze: ressonâncias nietzschianas.* Rio de Janeiro: DP&A, 2002. p. 217-238.

PACHECO, Anelise; COCCO, Giuseppe; VAZ, Paulo (Orgs.). *O trabalho da multidão: Império e resistências.* Rio de Janeiro: Griphus; Museu da República, 2002.

PACHECO, Anelise. *Das estrelas móveis do pensamento: ética e verdade em um mundo digital.* Rio de Janeiro: Civilização Brasileira, 2001.

PACHECO, Anelise; VAZ, Paulo (Orgs.). *Vozes do milênio: para pensar a globalização.* Rio de Janeiro: Griphus; Museu da República, 2002.

PARENTE, André (Org.). *Tramas da rede: novas dimensões filosóficas, estéticas e políticas da comunicação.* Porto Alegre: Sulina, 2004.

PASSETTI, Edson. *Anarquismos e sociedade de controle.* São Paulo: Cortez, 2003.

PASSETTI, Edson. *Éticas dos amigos: invenções libertárias da vida.* São Paulo: Imaginário; CAPES, 2003.

PASSETI, Edson; OLIVEIRA, Salete (Orgs.). *A tolerância e o intempestivo.* Cotia (SP): Ateliê, 2005.

PASTORINI, Alejandra. *A categoria "questão social" em debate.* São Paulo: Cortez, 2004.

PAXTON, Robert O. *A anatomia do fascismo.* São Paulo: Paz e Terra, 2007.

PELBART, Peter Pál. Filosofia para suínos. In: LINS, Daniel; PELBART, Peter Pál (Orgs.). *Nietzsche e Deleuze: bárbaros e civilizados.* São Paulo: Annablume, 2004. p. 187-197.

PELBART, Peter Pál. O corpo, a vida, a morte. In: PASSETTI, Edson (Coord.). *Kafka, Foucault: sem medos.* Cotia (SP): Ateliê, 2004. p. 139-155.

PELBART, Peter Pál. *Vida capital: ensaios de biopolítica.* São Paulo: Iluminuras, 2003.

PELIANO, Anna Maria T. M. (Coord.). *Bondade ou interesse: como e porque as empresas atuam na área social*. 2. ed. Brasília (DF): IPEA, 2001.

PETERS, Michael A. Governamentalidade neoliberal e educação. In: SILVA, Tomaz Tadeu da (Org.). *O sujeito da educação*. Petrópolis (RJ): Vozes, 1995. p. 211-224.

PETERS, Michael A.; BESLEY, Tina (Orgs.). *Por que Foucault? Novas diretrizes para a pesquisa educacional*. Porto Alegre: Artmed, 2008.

PINHEIRO, Paulo Sérgio; GUIMARÃES, Samuel P. (Orgs.). *Direitos humanos no século XXI*. Brasília (DF): Senado Federal, Instituto de pesquisa de Relações Internacionais, Fundação Alexandre de Gusmão, Parte I, s/d.

PINHEIRO, Paulo Sérgio; GUIMARÃES, Samuel P. (Orgs.). *Direitos humanos no século XXI*. Brasília (DF): Senado Federal, Instituto de pesquisa de Relações Internacionais, Fundação Alexandre de Gusmão, Parte II, 2002.

PRADO FILHO, Cléber. *Michel Foucault: uma história da governamentalidade*. Rio de Janeiro: Insular; Achiamé, 2006.

RAMOS DO Ó, Jorge. Notas sobre Foucault e a governamentalidade. In: FALCÃO, Luis Felipe; SOUZA, Pedro de (Orgs.). *Michel Foucault: perspectivas*. Rio de Janeiro: Achiamé, 2005. p. 15-39.

REVEL, Judith. Nas origens do biopolítico: de *Vigiar e punir* ao pensamento da atualidade. In: GONDRA, José; KOHAN, Walter (Orgs.). *Foucault 80 anos*. Belo Horizonte: Autêntica, 2006. p. 51-62.

RIFKIN, Jeremy. *A era do acesso: a transição de mercados convencionais para networks e o nascimento de uma nova economia*. São Paulo: Pearsom Education do Brasil; Makron Books, 2001.

RIFKIN, Jeremy. *O século da biotecnologia: a valorização dos genes e a reconstrução do mundo*. São Paulo: Makron Books, 1999.

ROLIM, Marcos. *A síndrome da rainha vermelha: policiamento e segurança pública no século XXI*. Rio de Janeiro: Jorge Zahar; Oxford, Inglaterra: University of Oxford, Centre for Brazilian Studies, 2006.

SANTOS, Boaventura de Sousa. *O Fórum Social Mundial: manual de uso*. São Paulo: Cortez, 2005.

SANTOS, Laymert Garcia dos. *Politizar as novas tecnologias: o impacto sócio-técnico da informação digital e genética*. São Paulo: Ed. 34, 2003.

SCHMIDT, Saraí (Org.). *A educação em tempos de globalização.* Rio de Janeiro: DP&A, 2001.

SCHWARTZMAN, Simon. *As causas da pobreza.* Rio de Janeiro: Ed. FGV, 2004.

SCHWARTZMAN, Simon. *Pobreza, exclusão social e modernidade: uma introdução ao mundo contemporâneo.* São Paulo: Augurium, 2004.

SENELLART, Michel. *As artes de governar.* São Paulo: Ed. 34, 2006.

SENNETT, Richard. *A corrosão do caráter: consequências pessoais do trabalho no novo capitalismo.* Rio de Janeiro: Record, 1999.

SENNETT, Richard. *A cultura do novo capitalismo.* Rio de Janeiro: Record, 2006.

SENNETT, Richard. *Autoridade.* Rio de Janeiro: Record, 2001.

SENNETT, Richard. *O declínio do homem público: as tiranias da intimidade.* São Paulo: Companhia das Letras, 1988.

SILVA, Tomaz Tadeu da. Adeus às metanarrativas educacionais. In: SILVA, Tomaz Tadeu da (Org.). *O sujeito da educação.* Petrópolis (RJ): Vozes, 1995. p. 247-258.

SILVA, Tomaz Tadeu da. *Documentos de identidade: uma introdução às teorias do currículo.* 2. ed. 3. reimp. Belo Horizonte: Autêntica, 2001.

SILVA, Tomaz Tadeu da (Org.). *Antropologia do ciborgue: as vertigens do pós-humano.* Belo Horizonte: Autêntica, 2000.

SILVA, Tomaz Tadeu da. *Pedagogia dos monstros: os prazeres e os perigos da confusão de fronteiras.* Belo Horizonte: Autêntica, 2000.

SILVA, Tomaz Tadeu da (Org.). *Nunca fomos humanos: nos rastros do sujeito.* Belo Horizonte: Autêntica, 2001.

SILVEIRA, Sérgio Amadeu da. *Exclusão digital: a miséria na era da informação.* São Paulo: Ed. Fundação Perseu Abramo, 2001.

SILVEIRA, Sérgio Amadeu et al. *Comunicação digital e a construção dos commons: redes virais, espectro aberto e as novas possibilidades de regulação.* São Paulo: Ed. Fundação Perseu Abramo, 2007.

SKLIAR, Carlos. *Pedagogia (improvável) da diferença: e se o outro não estivesse aí?* Rio de Janeiro: DP&A, 2003.

SORJ, Bernardo. *brasil@povo.com: a luta contra a desigualdade na sociedade de informação.* Rio de Janeiro: Jorge Zahar; Brasília: UNESCO, 2003.

SOUZA, Luís Antonio Francisco de. Paradoxos da modernidade vigiada: Michel Foucault e as reflexões sobre a sociedade de controle. In: SCAVONE, Lucila; ALVAREZ, Marcos César; MISKOLCI, Richard (Orgs.). *O legado de Foucault*. São Paulo: Ed. UNESP, 2006. p. 241-259.

STEINBERG, Gustavo S. *Política em pedaços ou Política em bits*. Brasília (DF): Ed. Universidade de Brasília, 2004.

SYMONIDES, Janusz (Org.). *Direitos humanos: novas dimensões e desafios*. Brasília (DF): UNESCO Brasil, Secretaria Especial dos Direitos Humanos, 2003.

TERNES, José. Foucault e a lei. In: CALOMENI, Tereza Cristina (Org.). *Michel Foucault: entre o murmúrio e a palavra*. Campos (RJ): Ed. Faculdade de Direito de Campos, 2004. p. 207-224.

VALLE, Silvio; TELLES, José Luiz (Orgs.). *Bioética e biorrisco: abordagem transdisciplinar*. Rio de Janeiro: Interciência, 2003.

VARELLA, Marcelo Dias; FONTES, Eliana; ROCHA, Fernando Galvão da. *Biossegurança & biodiversidade: contexto científico e regulamentar*. Belo Horizonte: Del Rey, 1999;

VAZ, Paulo. Risco e justiça. In: CALOMENI, Tereza Cristina (Org.). *Michel Foucault: entre o murmúrio e a palavra*. Campos (RJ): Ed. Faculdade de Direito de Campos, 2004. p. 101-131.

VAZ, Paulo. Tempo e tecnologia. In: DOCTORS, Marcio (Orgs.). *Tempo dos tempos*. Rio de Janeiro: Jorge Zahar, 2003. p. 69-92.

VAZ, Paulo. Coisas do governo. In: RAGO, Margareth; ORLANDI, Luiz B. L.; VEIGA-NETO, Alfredo (Orgs.). *Imagens de Foucault e Deleuze: ressonâncias nietzschianas*. Rio de Janeiro: DP&A, 2002. p. 13-34.

VAZ, Paulo. Dominação, violência, poder e educação escolar em tempos de Império. In: RAGO, Margareth; VEIGA-NETO, Alfredo (Orgs.). *Figuras de Foucault*. Belo Horizonte: Autêntica, 2006. p. 13-38.

VAZ, Paulo. Educação e governamentalidade neoliberal: novos dispositivos, novas subjetividades. In: PORTOCARRERO, Vera; CASTELO BRANCO, Guilherme (Orgs.). *Retratos de Foucault*. Rio de Janeiro: NAU, 2000. p. 179-217.

VEIGA-NETO, Alfredo. Foucault e a educação: outros estudos foucaultianos. In: SILVA, Tomaz Tadeu da (Org.). *O sujeito da educação*. Petrópolis (RJ): Vozes, 1995. p. 225-246.

VELLOSO, João Paulo dos; ALBUQUERQUE, Roberto Cavalcanti de (Coords.). *Pobreza, cidadania e segurança.* Rio de Janeiro: José Olympio, 2000.

VILLAÇA, Nízia; GÓES, Fred (Orgs.). *Nas fronteiras do contemporâneo: território, identidade, arte, moda, corpo e mídia.* Rio de Janeiro: Mauad; FUJB, 2001.

WACQUANT, Loic. *As prisões da miséria.* Rio de Janeiro: Jorge Zahar, 2001.

WACQUANT, Loic. *Punir os pobres: a nova gestão da miséria nos Estados Unidos.* Rio de Janeiro: Revan, Instituto Carioca de Criminologia, 2003.

WEISSHEIMER, Marco Aurélio. *Bolsa Família: avanços, limites e possibilidades do programa que está transformando a vida de milhões de famílias no Brasil.* São Paulo: Ed. Fundação Perseu Abramo, 2006.

YOUNG, Jock. *A sociedade excludente: exclusão social, criminalidade e diferença na modernidade recente.* Rio de Janeiro: Revan; Instituto Carioca de Criminologia, 2002.

ZIZEK, Slavoj. *Bem-vindo ao deserto do real: cinco ensaios sobre o 11 de setembro e datas relacionadas.* São Paulo: Boitempo, 2003.

Filmografia

Sobre as disciplinas e a educação

Coronel Redl (*Coronel Redl* – Alemanha, Hungria e Áustria, 1985, Direção: István Szabó); *Adeus Mr. Chips* (*Goodbye, Mr. Chips* – EUA, 1969, Direção: Herbert Ross); *Sociedade dos poetas mortos* (*Dead Poets Society* – EUA, 1989, Direção: Peter Weir); *O clube do imperador* (*The Emperor's Club* – EUA, 2002, Direção: Michael Hoffman).

Sobre o dispositivo da sexualidade

O libertino (*Diderot, le libertin* – Reino Unido, 2005, Direção: Laurence Dunmore); *Freud, além da alma* (*Freud: the secret passion* – EUA, 1962, Direção: John Huston); *Kinsey* (*Kinsey* – EUA, 2004, Direção: Bill Condon); *Má educação* (*La mala educación* – Espanha, 2004, Direção: Pedro Almodóvar); *Jornada da alma* (*Prendimi L' Anima* – Inglaterra, França e Itália, 2002, Direção: Roberto Faenza).

Referências

Sobre a norma e os processos de normalização

As loucuras do Rei George (*The Madness of King George* – Inglaterra, 1994, Direção: Nicholas Hytner); *Minha vida em cor-de-rosa* (*Ma vie en rose* – França, 1997, Direção: Alain Berliner); *Um estranho no ninho* (*One Flew Over the Cuckoo's Nest* – EUA, 1975, Direção: Milos Forman); *Bicho de sete cabeças* (Brasil, 2000 – Direção: Lais Bodanzky).

Sobre as sociedades de soberania e o poder soberano

O leopardo (*Il Gattopardo* – França e Itália, 1963, Direção Luchino Visconti); *Morte ao rei* (*To Kill a King* – Alemanha e Inglaterra, 2003, Direção: Mike Barker); *Danton – o processo da revolução* (*Danton* – França, 1982, Direção: Andrzej Wajda); *Elizabeth* (*Elizabeth* – Inglaterra, 1998, Direção: Shekhar Kapur).

Sobre a medicina social

O cavaleiro do telhado e a dama das sombras (*Le hussard sur le toit* – França, 1995, Direção: Jean-Paul Rappeneau); *Testemunha da corrupção* (*Damaged Care*, EUA – 2002, Direção: Harry Winer); *Sonhos tropicais* (Brasil – 2003, Direção: André Sturm); *Sicko: SOS Saúde* (*Sicko* – EUA, 2007, Direção: Michael Moore).

Sobre a guerra das raças

Excalibur (*Excalibur* – Inglaterra, 1981, Direção: John Boorman); *Tristão e Isolda* (*Tristan + Isolde* – Reino Unido e EUA, 2006, Direção: Kevin Reynolds); *Rob Roy: a saga de uma paixão* (*Rob Roy* – EUA, 1994, Direção: Michael Caton-Jones), *Reds* (*Reds* – EUA, 1981: Direção Warren Beatty).

Sobre o poder pastoral

Os dez mandamentos (*The Ten Commandments* – EUA, 1956, Direção: Cecil B. De Mille); *Lutero* (*Luther* – Alemanha, 2003, Direção: Eric Till); *Coach Carter: treino para a vida* (*Coach Carter* – EUA e Alemanha, 2006, Direção: Thomas Carter).

Sobre o racismo biológico de Estado (eugenia, nazismo, fascismo, totalitarismo)

A trégua (*La tregua* – Itália, 1997, Direção: Francesco Rosi); *A lista de Schindler* (*Schindler's List* – EUA, 1993, Direção: Steven Spielberg); *O pianista* (*Le Pianiste* – França, 2002, Direção: Roman Polanski); *Rompendo o silêncio* (*Broken Silence* – EUA, 2001, Direção: vários, Coordenação: Steven Spielberg); *Arquitetura da destruição* (*Undergangens Arkitektur*, Suécia, 1989, Direção: Peter Cohen); *Homo sapiens 1900* (*Homo sapiens 1900*, Suécia, 1998, Direção: Peter Cohen); *O julgamento de Nuremberg* (*Judgment at Nuremberg* – Inglaterra e Alemanha, 1962, Direção: Stanley Krammer); *Stalin* (*Stalin* – EUA, 1992, Direção Ivan Passer); *1900* (*Novecento* – Alemanha, França e Itália, 1976, Direção: Bernardo Bertolucci); *Terra e liberdade* (*Land and Freedom* – Itália, Espanha, Reino Unido e Alemanha, 1986, Direção: Ken Loach).

Sobre o modo de vida das populações (disciplinarização, normalização, regulamentação e governo)

Germinal (*Germinal* – Bélgica, França e Itália, 1994, Direção: Claude Berri); *Gangues de Nova York* (*Gangs of New York* – EUA, 2002, Direção: Martin Scorsese); *Oliver Twist* (*Oliver Twist* – Inglaterra, 2005, Direção: Roman Polanski); *As vinhas da Ira* (*The Grapes of Wrath* – EUA, 1940, Direção: John Huston); *Tempos modernos* (*Modern Times* – EUA, 1936, Direção: Charles Chaplin); *Justiça* (Brasil – 2004, Direção: Maria Ramos); *O prisioneiro da grade de ferro* (Brasil – 2003, Direção: Paulo Sacramento); *Cidade sob ameaça* (*Bordertown* – EUA e Reino Unido, 2006, Direção: Gregory Nava); Guerra de Canudos (Brasil – 1997, Direção: Sérgio Rezende); *Getúlio Vargas* (Brasil – 1974, Direção: Ana Carolina); *Os anos JK: uma trajetória política* (Brasil – 1980, Direção: Sílvio Tendler); *La vida loca* (*La vida loca* – França, Espanha e México – 2008, Direção Christian Poveda).

Sobre a governamentalidade neoliberal

Hoffa – um homem, uma lenda (*Hoffa* – EUA, 1992, Direção: Danny DeVito); *Wall Street – poder e cobiça* (*Wall Street* – EUA, 1987, Direção: Oliver Stone); *As invasões bárbaras* (*Les invasions barbares* – Canadá, 2003, Direção: Denys Arcand); *Enron: os mais espertos da sala* (*Enron: The Smartest Guys in the Room* – EUA, 2005, Direção: Alex Gibney); *Rogue Trader* (*A Fraude* – EUA, 1999, Direção: James Dearden); *A corporação* (*The Corporation* – 2003, Canadá, Direção: Mark Achbar, Jennifer Abbott); *A fraude* (*The Rogue* – Inglaterra, 1998, Direção: James Dearden); *O corte* (*Le couperet* – Bélgica, Espanha e França, 2005, Direção: Costa-Gavras), *O que você faria* (*El método* – Argentina, Espanha e Itália, 2005, Direção: Marcelo Piñeyro).

Sobre as sociedades de controle

O homem duplo (*A Scanner Darkly* – EUA, 2006, Direção Richard Linklatter); *Mar adentro* (*Mar adentro* – Espanha, 2004, Direção: Alejandro Amenábar); *A conversação* (*The Conversation* – 1974, EUA, Direção: Francis Ford Coppola); *Inimigo do Estado* (*Enemy of the State*, 1998, EUA, Direção: Tony Scott).

Sobre biopolítica e meio ambiente

Ilha das flores (Brasil – 1989, Direção: Jorge Furtado); *Uma verdade inconveniente* (*An Inconvenient Truth* – EUA, 2006, Direção: David Guggenheim); *Mudanças do clima, mudanças de vidas: como o aquecimento global já afeta o Brasil* (Brasil – 2005, Greenpeace Brasil).

Sobre guerra, genocídio, violência, preconceito, pobreza e exclusão social

Sob a névoa da guerra (*The Fog of War: Eleven Lessons from the Life of Robert S. McNamara* – EUA, 2003, Direção: Errol Morris); *Razões para a guerra* (*Why We Fight* – EUA, 2006, Direção: Eugene Jarecki); *Fahrenheit 9/11* (*Fahrenheit 9/11* – EUA, 2004, Direção: Michael Moore); *Timor Lorosae - o massacre que o mundo não viu* (Brasil – 2000, Direção: Lucélia Santos); *Falcão – meninos do tráfico* (Brasil – 2006, Direção: Mv Bill); *Nascidos em bordéis* (*Born int o Brothels: Calcutta's Red Light* – Índia e EUA – 2005, Direção: Zana Briski, Ross Kauffman); *Notícias de uma guerra Particular* (Brasil – 1999, Direção: João Moreira Salles, Kátia Lund); *Medo e obsessão* (*Land of Plenty* – EUA, 2006, Direção: Wim Wenders); *Tiros em Ruanda* (*Shooting Dogs* – Alemanha e Inglaterra, 2005, Direção: Michael Caton-Jones); *Hotel Ruanda* (*Hotel Rwanda* – Canadá, Reino Unido, Itália e África do Sul, 2005, Direção: Terry George); *Terra de ninguém* (*No Men's Land* – França e Itália, 2001, Direção: Danis Tanovic); *Esperança e preconceito* (*Sorry, Haters* – EUA, 2005, Direção: Jeff Stanzler, Sandra Oh, Jim Ryan, Abdellatif Kechiche); *Syriana* (*Syriana* – EUA, 2005, Direção: Stephen Gaghan); *O jardineiro fiel (The Constant Gardener* – EUA, 2005, Direção: Fernando Meireles); *Traffic (Traffic* – EUA, 2000, Direção: Steven Soderbergh); *Um grito de liberdade (Cry Freedon* – Inglaterra, 1987, Direção: Richard Attenborough); *O ódio (Le haine* – França, 1995, Direção: Mathieu Kossovitz).

Biopolítica, biotecnologias e controle na ficção científica

Laranja mecânica (A Clockwork Orange – Inglaterra, 1971, Direção: Stanley Kubrick); *Thx 1138 (Thx 1138* – EUA, 1984, Direção: George Lucas); *A. I. – Inteligência artificial (Artificial Inteligence: A. I.* – EUA, 2001, Direção: Steven Spielberg); *Matrix Revolutions (The Matrix Revolutions* – EUA – 2003, Direção: Andy Wachowski, Larry Wachowski); *Matrix Reloaded (The Matrix Reloaded* – EUA – 2003, Direção: Larry Wachowski); *Gattaca (Gattaca* – EUA, 1997, Direção: Andrew Niccol); *Caçador de Andróides (Blade Runner* – EUA, 1982, Direção: Ridley Scott); *Código 46 (Code 46* – Inglaterra, 2003, Direção: Michael Winterbottom).

Educação e temáticas contemporâneas

Os educadores (The Edukaters – Alemanha, 2004, Direção: Hans Weingartner); *Elefante (Elephant* – EUA, 2003, Direção: Gus van Sant); *Tolerância zero (The Believer* – EUA, 2001, Direção: Henry Bean); *Farenheit 451 (Farenheit 451* – França – 1966, Direção: François Truffaut); *Pro dia nascer feliz* (Brasil – 2006, Direção: João Jardim); *Alpha dog (Alpha Dog* – EUA, 2006, Direção: Nick Cassavetes); *Entre os muros da escola (Entre les murs* – França, 2008, Direção: Laurent Cantet).

Este livro foi composto com tipografia Garamond e impresso
em papel Off set 75 g/m² na Formato Artes Gráficas